KB120327

주요국 사회보장제도 9

중국의 사회보장제도

한국보건사회연구원
Korea Institute for Health and Social Affairs   나남
nanam

《주요국 사회보장제도》 총서 기획진

노대명 한국보건사회연구원 선임연구위원
김근혜 한국보건사회연구원 연구원
정희선 한국보건사회연구원 연구원

주요국 사회보장제도 9

중국의 사회보장제도

2018년 12월 10일 발행
2018년 12월 10일 1쇄

지은이   김병철 · 류샤오징 · 리즈밍 · 야오젠펑 · 양쓰빈 · 양젠하이
          양준 · 왕완 · 장진바오 · 주야평 · 챠오칭메이
발행자   趙相浩
발행처   (주) 나남
주소   10881 경기도 파주시 회동길 193
전화   (031) 955-4601 (代)
FAX   (031) 955-4555
등록   제 1-71호(1979. 5. 12)
홈페이지 www.nanam.net
전자우편 post@nanam.net

ISBN 978-89-300-8951-7
ISBN 978-89-300-8942-5 (세트)

책값은 뒤표지에 있습니다.

주요국 사회보장제도 9

중국의 사회보장제도

김병철 · 류샤오징 · 리즈밍 · 야오젠핑 · 양쓰빈 · 양젠하이
양준 · 왕완 · 장진바오 · 주야핑 · 챠오칭메이

한국보건사회연구원
Korea Institute for Health and Social Affairs   나남 nanam

머리말

개혁개방 이래 중국은 강력한 정치체제를 바탕으로 고성장을 지속하였지만 빈부격차, 교육 불평등, 도시와 농촌 간의 격차 등 많은 사회문제를 품고 있다. 서방국가가 산업혁명 이래 150년간 경험해온 각종 사회문제를 중국은 개혁개방 이후 불과 35년이 조금 넘는 기간 동안 압축적으로 경험하고 있다. 이 과정에서 사회주의 시기부터 누적된 각종 정치, 경제, 사회적 모순이 집중적으로 사회문제로 표출되면서 변화의 아픔을 겪고 있는 곳이 바로 지금의 중국사회이다.

중국사회의 역동적인 변화에 관한 연구는 단지 기존 사회체제 연구 패러다임의 전환, 개념과 방법론의 재구성이란 학술적 차원의 의미만 있는 것이 아니라 조만간 어떤 형식으로든 우리나라에 영향을 미칠 것이라는 실제적 차원의 고민이기도 하다. 중국 사회문제의 역사는 사회주의의 역사와 함께 진행되었고 그 영역도 체제가 변하기 시작한 모든 시점과 모든 장소에서 다양하고 복잡하게 전개되었다. 사회주의 시장경제체제로의 전환이 점차 이루어지면서 사회문제는 더욱 심각해졌고 중국은 해결책을 찾으려는 노력을 꾸준히 진행하였다. 그리고 그러한 노력의 일환으로 사회보장 개혁을 단행해왔다. 그러므로 이번 연구의 주요 목표는 사회문제의 해결방안으로 제시된 사회보장제도 및 정책을 통해 중국사회의 객관적 상황을 정확히 이해하는 한편, 중국의 사회보장 개혁동향에 대해 총괄적으로 검토하는 것이다.

최근 각종 모델론으로 중국의 사회보장체계를 이해하려는 시도에도 단웨이보장체제, 호구제도, 국가주도형 정책, 도시와 농촌으로 이원화된 구조, 농민공 등 특수성으로 인해 중국은 다른 사회보장체계와 함께 묶어 범주화하기 어려웠다. 그뿐만 아니라 그 '특수성'에 대한 올바른 이해 없이는 범주화 자체가 결국 중국 사회보장체계에 대한 이해를 더욱 혼란스럽게 할 수밖에 없다. 사회주의 토대 위에 서구식 사회보장시스템을 도입하는 과정은 서구복지국가의 발전과정과는 매우 상이했기 때문이다. 이번 연구는 이런 중국의 '특수성'의 주요 특징에 기초를 두고 구체적으로 소득보장, 의료보장 및 사회서비스 등 전반적인 중국 사회보장제도의 현황을 살펴보았다.

경제사회체제의 변형에 따른 중국 사회보장제도를 올바르게 이해하기 위해 관련 국내문헌, 외국문헌, 논문, 학술지, 정부간행물 등을 분석하고 정리하였다. 이 과정에서 지방정부 사회보장제도 현황에 대한 문헌과 자료 접근의 제한성 등을 고려하여 주로 중앙정부 사회보장제도 현황에 대한 문헌과 자료를 활용하였다.

중국 역시 노령, 질병, 상해, 빈곤, 실업 등의 방면에서 다른 나라와 유사한 문제에 직면했다. 그러나 사회보장제도의 핵심 주체인 정부의 이념, 역할과 대응방식은 다르게 나타나고 있다. 사회적 위험 대응방식의 일환으로 제시된 중국정부의 사회보장제도 및 정책을 집중적으로 살펴봄으로써 중국 사회보장제도의 특징을 파악할 수 있을 것으로 기대한다.

중국인민대학교

김 병 철

중국의 사회보장제도

차 례

2부 소득보장제도

3부 의료보장 및 사회서비스

제 **1** 부 　사회보장 총괄

01

사회보장의 역사적 전개*

1. 머리말

중국 사회보장제도는 개혁개방을 기점으로 사회주의 계획경제식 사회보장
제도에서 사회주의 시장경제식 사회보장제도로 전환되고 있다. 중국정부
는 1978년 개혁개방정책에 따른 '사회주의 시장경제'를 도입함으로써 시장
경제에 맞는 사회보장제도를 수립·개선하는 데 중점을 두면서 개혁에 박
차를 가하고 있다. 사회주의 시장경제로의 전환과 더불어 발생한 사회문제
에 대응하기 위해 새로운 사회보장제도의 도입뿐 아니라 그 기능과 위치가
갈수록 강조되고 있다.

이렇듯 중국의 사회보장제도는 개혁개방정책에 따른 새로운 사회변화에
대응하면서 발전했다. 발전과정은 크게 개혁개방 이전 '도시형 복지국가'
시대와 개혁개방 이후 '국가 사회보장' 시대로 구분할 수 있다. 그러므로

---

* 이 글은 2012년 《주요국의 사회보장제도: 중국》(한국보건사회연구원, 2012)에서 필자가
작성한 "제1부 제1장 역사적 전개과정"을 수정 보완한 것이다.

이번 장은 개혁개방정책을 기점으로 중국 사회보장제도의 변천과정을 살펴보고자 한다.

2. 개혁개방 이전 '도시형 복지국가' 시대

개혁개방 이전 '도시형 복지국가' 시대에는 도시 단웨이(單位, 직장)[1]를 중심으로 보편적 복지가 제공되었다. 당시 계획경제체제 안에서 사회주의의 핵심 가치인 '생산수단의 사회화'를 실현하기 위해 도시에서는 단웨이를, 농촌에서는 집체경제조직(集體經濟組織)[2]을 바탕으로 한 집단소유제를 실시하였다(李迎生, 2008; 柳婉, 2006). 도시주민은 국가기관, 준공공기관, 기업 등 단웨이에 소속된 반면, 농촌주민은 인민공사, 생산대대 또는 생산소대 등 집체조직에 소속되었다.

　　그중 도시의 '단웨이보장체제'는 국가 책임, 단웨이체제, 분할식 제도, 폐쇄적 운영, 보편적 보장 등의 특징이 두드러진다(郑功成, 2003). 이 체제에서 도시주민은 중공업 우선 정책의 일환으로 농촌주민과 구별되게 단웨이를 중심으로 구성되었고 단웨이로부터 평생 근로정책에 의한 확실한 소득보장과 광범위한 복지서비스 혜택을 누렸다. 이에 따라 가정의 보장기능은 상대적으로 약화된 모습이었다. 반면 농촌에서는 토지 개혁과 집체화의

---

1) '단웨이'란 사전적 의미로는 '직장'을 의미한다. 단웨이는 생산을 중심으로 하는 경제공간이자 근로자 개인과 가족의 재생산까지 책임지는 일상생활의 공간이기도 하다. 단웨이는 근로자에게 종신고용을 보장하고 안정된 임금을 지불하며 사회보장을 제공하는 틀인 동시에, 갖가지 신원을 보장하고 일상생활을 영위케 하며 문화·교육의 기회를 부여하고 정치적 통제를 관철하는 틀이다. 예를 들어, 중국에서 국영기업은 가장 기초이면서 중요한 단웨이이다.
2) 농촌 집체경제조직은 줄여서 농경조(農經組)라고 부르며 농촌의 단체토지에 대하여 소유권을 가지는 경제조직을 말한다.

과정을 통해 가정과 집체가 상호 협력하는 형식의 사회보장제도가 실시되었다. 이로 인해 도시주민과 농촌주민 간의 사회보장제도의 형식, 내용과 급여 수준에 있어 이원화된 구조를 보였다(李迎生, 2002).

1) 단웨이보장체제의 수립단계: 1949~1957년

신중국 성립 초기에 중국은 경제적으로 심각하게 낙후되어 있었다. 생산력은 위축되었으며 실업과 통화팽창 등 사회문제가 만연해 있었다. 당시 경제건설의 목표는 국가재정의 회복이었기에 사회보장법규도 이러한 목표를 염두에 두어야만 했다. 1951년 2월 정무원(현 국무원)에서는 〈노동보험조례〉(이하 〈조례〉)를 반포했으며, 1953년과 1956년 두 차례 수정을 거쳐 도시근로자를 위한 노동보험제도의 틀이 마련되었다. 이 〈조례〉에 따라 100명 이상 국영기업과 공사합영기업(joint state-private enterprise)에서는 근로자를 위해 노동보험을 실시했다. 기업은 근로자 총임금의 3%를 노동보험기금으로 인출했는데, 근로자에게 별도로 징수하거나 임금에서 공제하지 않았다(郑功成, 2003).

중국경제는 1953년부터 회복되기 시작했다. 1953년 1월 국무원에서는 〈노동보험조례 수정안〉을 반포해 적용범위를 확대하고 급여 수준을 향상했다. 한편 국가기관, 준공공기관, 사회단체 등에 종사하는 직원의 근무기간 산출방안과 임금 기준 등은 기업과 달리 〈조례〉를 실시할 수 없어 별도로 사회보장제도를 마련해야만 했다. 1952년 6월 정무원에서는 〈전국 각급 인민정부, 준공공기관, 정당, 사회단체, 국가공무원의 공비의료(公費醫療) 예방에 관한 지시〉를 반포하였는데, 이는 공비의료제도의 수립을 의미했다. 1955년 12월 국무원에서는 〈국가기관 직원 퇴직처리 임시시행방안〉, 〈국가기관 직원 사직처리 임시시행방안〉, 〈국가기관 직원 퇴직·사직 시 근무기간 산출에 관한 임시규정〉, 〈국가기관 직원 병가기간 생활·

대우 시행방안〉 등 국가기관(준공공기관 포함) 직원을 위한 일련의 법규를 반포했다. 이때부터 국가기관·준공공기관에 종사하는 직원의 퇴직·사직제도가 수립되었다.

1953년 6월 제1기 전국인민대표대회 제3차 회의에서 〈고급농업생산합작사(高級農業生産合作社)[3] 시범방안〉이 통과되어 농촌에서는 무의탁 노인, 장애인, 과부, 고아 등을 대상으로 '오보공양제도'(五保供養制度)[4] 가 신설되었다. 또한 이 시기에 중앙정부 및 각급 부서에서는 직공복지서비스, 사회복지서비스 사업, 복지공장, 생활난 보조 등 사회보장과 관련된 법률성 문건을 반포하였다.

이처럼 1956년까지 중국정부는 주도적으로 사회보장의 책임을 졌으며 도시 단웨이(농촌에서는 집체)와 함께 사회보장사업을 조직·실시하였다. 이러한 체계에서 국가는 통일적으로 각종 사회보장정책을 제정하고 재원을 조달하며 사회보장사업을 조직·실시했다.

2) 단웨이보장체제의 조정단계: 1958~1966년

사회주의 3대 개조사업(농업, 수공업, 자본주의 상공업의 공유화 조치) 완성과 함께 중국정부는 계획적이고 전면적인 사회주의 경제체제를 건설하고자 했다. 새로운 정세에 대응하기 위해 사회보장제도를 수정·개선하였

---

3) 농업생산합작사의 제1단계로서, 노동력의 공동을 목적으로 하는 호조조(互助組, 작업이나 학습 따위를 서로 돕기 위하여 조직한 조)가 1952년부터 전국적으로 조직되었고, 제2단계로서의 토지 출자와 통일적 경영을 목적으로 하는 초급농업생산합작사로 이행되었다. 제3단계로서의 생산수단의 공유제(共有制)를 목적으로 하는 고급농업생산합작사는 1956년까지 기본적으로 달성되었다.
4) '오보공양'이란 노동능력과 생활비가 없으며 법정 부양인이 없는 자를 위해 의(衣), 식(食), 주(住), 의료(醫療), 장례(葬禮, 노인의 경우) 또는 교육(敎育, 아동의 경우) 등 다섯 가지를 보장한다는 의미이다.

는데, 도시 사회보장의 발전방향은 노동보험의 개선·관리에 대한 강화였다. 국무원에서는 전국인민대표대회 상무위원회의 비준을 얻어 1957년 3월과 1958년 3월 〈생산직근로자와 사무직근로자의 퇴직처리에 관한 임시시행규정〉과 〈생산직근로자와 사무직근로자의 퇴사처리에 관한 임시시행규정〉 등의 법규를 제정·반포하였고 기업근로자의 퇴직제도는 독립된 제도로서 기능할 수 있게 되었다. 반면 농촌에서는 현, 향(인민공사)과 촌(생산대대) 3급 의료보건망이 점차 구축됨으로써 농촌합작의료제도가 광범위하게 확대·실시되었다(蔡仁華, 1998).

3) 단웨이보장체제의 정체단계: 1966~1976년

1966년 8월 '문화대혁명'(1966~1976년)이 시작되면서 중국은 10년간 혼란기에 접어들었다. 1968년 말 재해구제와 사회서비스 등의 업무를 주관하던 내무부의 폐지를 시작으로 노동보험사무를 관장하던 노동조합마저 그 기능을 상실하였으며, 노동부 역시 제대로 작동할 수 없게 되면서 사회보장은 거의 허울뿐이었다. 사회보장 관련 징수, 관리, 조절 등 일반적인 업무가 중지되었고 대다수 단웨이에서 법·규정을 준수하지 않는 경우가 다반사였다. 예를 들면 1954년 국무원에서는 중화전국총공회(中華全國總工會)5)에서 노동보험사무를 통합적으로 관리하기로 했으나 문화대혁명 시기에 중화전국총공회가 폐지되어 더 이상 노동보험사무를 관리할 수 없었다.

1969년 2월 재정부에서 반포한 〈국영기업 재무업무 관련 제도 개혁의견〉(초안)에 따르면, "국영기업은 일률적으로 노동보험료의 징수를 중지하고 기업의 퇴직근로자와 장기질환자 임금, 기타 노동보험료를 기업의 영업외 지출에서 지급한다"라고 규정하였다. 이때부터 전체 사회보장사업의 핵

---

5) 중국 노동조합공회의 전국적 조직으로 약칭은 총공회이며 1925년 5월 결성되었다.

심이었던 노동보험이 재원조성 기능을 상실하면서 기업에서 이를 떠맡게 되었다. 사회보장제도는 기업에 의지해 근근이 유지될 수 있었다. 이 시기 동안 사회보장 기능의 정체로 인해 전체 사회는 상당히 큰 피해를 입었다.

3. 개혁개방 이후 '국가 사회보장' 시대

개혁개방 이후 농촌의 가정생산책임제와 도시의 경제 개혁이 추진됨에 따라, 단웨이보장체제를 지탱했던 경제·사회적 기반이 흔들리기 시작했다. 폐쇄적으로 운영되어 기업에 큰 부담을 안겼던 단웨이보장체제는 경제 개혁과 함께 개혁 대상이 되었다(成思危, 2000). 더군다나 시장경제체제가 확립되고 사회구조가 분화됨에 따라, 사회화(社會化)6)된 사회보장제도에 대한 요구가 더욱 절실해지면서 1980년대 중반부터 사회보장제도 개혁에 착수하기 시작하였다(郑功成, 2005).

사회보장제도는 이러한 개혁과정에서 사회화 방식을 통해 도시 단웨이 위주로 보편적 복지가 제공되던 '도시형 복지국가제도'에서 국가와 사회가 공동으로 부담하는 '국가 사회보장제도'로 점차 전환되었다(郑功成, 2008a). 그러므로 중국 사회보장은 개혁개방 이후 '도시형 복지국가' 시대에서 '국가 사회보장' 시대로 전환되었다고 볼 수 있다.

1) 국가 사회보장제도의 준비단계: 1978~1985년

1978년은 중국 경제·사회 발전과정에서 매우 중요한 해이다. 지난 10여 년 동안 지속되었던 문화대혁명의 혼란이 종결되면서 혼란한 정세를 바로

---

6) '사회화'란 국가, 기업, 지역사회, 개인이 공동으로 사회보장에 대한 책임을 분담한다는 의미이다.

잡기 위한 계기가 마련되었다. 이러한 배경 아래에서 사회보장 영역에서도 중요한 사건이 발생했다.

첫째, 1978년 3월과 1982년 4월 두 차례에 걸쳐 수정된 〈중화인민공화국 헌법〉에서 국민의 사회보장권익을 광범위하게 규정했다. 둘째, 문화대혁명 기간 동안 폐지되었던 민정부(民政部)[7]를 재건하여 공공부조, 사회서비스, 무휼사업(撫恤事業)[8] 등을 주관하도록 했으며 노동부의 기능도 정상적으로 회복되기 시작했다. 셋째, 국무원에서는 퇴직제도, 소득분배제도, 노동제도 등과 관련된 법규를 발표했다. 넷째, 폐쇄적으로 운영되던 전통 단웨이보장체제를 개선하는 차원에서 일부 국영기업에서는 근로자에게 의료보험료 일부를 부담케 하였으며 일부 지역에서는 연금보험료를 기업과 개인이 공동으로 부담하기 시작했다. 마지막으로, 사회보장 관리·조직체제에 대한 정부개입이 강화되어 사회보장제도의 질서가 회복되기 시작했다. 그러나 이러한 변화에도 1978년에서 1985년까지 전통 단웨이보장체제의 본질과 단웨이 중심의 구조에는 큰 변화가 없었다(鄭功成, 2008a).

2) 국가 사회보장제도의 성장단계: 1986~1992년

1980년대 중반 이후 경제 개혁이 심화되면서 사회·경제구조 전반에 걸쳐 많은 변화가 발생했다. 단웨이보장체제를 포함해 계획경제와 관련된 제도 개혁이 단행되었다. 특히, 1986년 사회보장 영역에서 3대 변화가 발생했

---

7) 중화인민공화국 국무원에 속한, 사회행정에 관한 업무를 담당하는 부서이다. 1949년 11월에 내무부라는 이름으로 공식 출범하였으며 1978년 5월에 민정부로 개칭되었다.
8) 무휼사업이란 군인이나 국가기관 직원이 희생 또는 사망하거나, 공무 또는 전쟁으로 부상을 당해 생활이 어려울 때 본인 및 가족에게 정신적인 위로나 현물로 도와주는 공익사업을 말한다.

는데 이는 국가 사회보장제도로 전환되는 계기가 되었다(郑功成, 1996).

첫째, 1986년 4월 '제7차 5개년 계획'에서 최초로 사회보장의 개념을 건의했고 사회보장의 사회화를 그 발전목표로 삼았다. 둘째, 1986년 7월 국무원에서는 〈국영기업 노동계약제 실시 임시시행규정〉과 〈국영기업근로자 대업보험(待業保險)9) 임시시행규정〉을 제정하였다. 전자는 종신고용제 폐지, 연금의 사회통합기금 실시, 기업과 개인의 쌍방 납부의무 명시 등을 제시했고 후자는 고용보험제도의 수립을 제시하였다. 셋째, 1986년 11월 노동인사부에서는 〈외국자본 투자기업의 임용 자주권과 근로자 임금, 보험, 복지비용에 관한 규정〉을 발표했고 주요 내용은 외국 기업의 연금보험료와 고용보험료 납부에 관한 것이었다.

이상 3가지 변화는 모두 국유기업 개혁과 관련된 것으로, 도시 단웨이보장체제의 포기를 선언한 사회보장 개혁은 결국 국유기업 개혁을 위한 것임을 알 수 있다. 한편, 농촌에서는 대규모 빈민구제운동 전개를 통한 빈곤탈출이 사회보장 개혁의 주요 목표였다.

3) 국가 사회보장제도의 개혁단계: 1993~1997년

이 시기 동안 중국 지도부의 주요 목표는 사회주의 시장경제로의 전환이었다. 사회보장 개혁은 시장경제 개혁속도에 맞춰 신속하게 진행되었다. 개혁의 중심은 의료보장과 연금이었다. 첫째, 1994년부터 사회통합기금과 개인계좌가 서로 결합된 의료보험제도 개혁이 시작되었는데, 기존의 노동

---

9) 대업보험은 고용보험의 전신이다. 국무원에서는 1986년 〈국영기업근로자 대업보험 임시 시행규정〉에서 이데올로기를 고려하여 '실업'이란 용어 대신 '대업'이란 용어를 사용하였다. 당시 공산주의 사회에서는 이론적으로 실업현상을 부정했고 '대업'만이 존재한다고 여겼다. '대업'은 정식 직업이 없고 정부의 배정을 기다리고 있는 상태를 의미한다. 1970년대 말 도시로 돌아온 지식청년과 도시지역에서 새로 증가한 노동력이 직업배정을 기다렸다.

보험의료와 공비의료제도가 사회의료보험제도로 전환되기 시작했다. 둘째, 1995년부터 사회통합기금과 개인계좌가 서로 결합된 연금제도 개혁이 시작되었다. 그러나 각 지역에서 자유롭게 제도를 채택·운용했기 때문에 지역별로 제도 차이가 심각했다.

이 밖에도 주택체제 개혁 시범방안, 도시주민 최저생활보장 시범방안과 농촌 오보부양사업이 실시되었다. 우선 주택체제 개혁이 전면적 개혁단계로 접어들면서 주택공직금(住宅公積金)[10] 제도가 수립되었다. 다음으로 1997년 9월 국무원에서는 〈전국 도시주민의 최저생활보장제도를 수립하는 데 관한 통지〉를 발표해 최저생활보장제도를 도시 전 지역으로 확대·실시하였다. 마지막으로 1994년 1월 국무원에서는 〈농촌 오보부양조례〉를 발표하면서 농촌 오보부양사업을 법제화했다. 이러한 사회보장제도 개혁은 모두 기존 단웨이보장체제의 포기를 선언하는 개혁조치의 일환이었다.

한편, 중국정부는 효율성을 우선시한 탓에 사회보장의 책임은 등한시했다. 전국 200만 명의 퇴직자가 제때에 적당한 연금을 받지 못했고 실업자와 하강(下崗) 근로자[11] 도 기초생활보조금을 지급받지 못했으며, 일부 단웨이에서는 근로자의 의료보험비용을 지급하지 못했다. 이로 인해 도농주민의 생활 안정감은 급속도로 떨어졌고 미래 발전에 대한 믿음에도 상당한 타격을 주었으며 소비도 급속하게 하락하여 국가 경제발전에 부정적 영향을 미쳤다(郑功成, 2008a).

---

10) 주택준비기금(*housing provident fund*) 은 주택공직금(住宅公積金) 으로 표기한다.
11) 국유기업 구조조정 과정에서 주로 나타난 하강근로자는 소속 직장은 있으나 실제 출근할 필요가 없는 '재직실업' 상태로 볼 수 있다. 여기서 하강은 우리말로 면직, 정리휴직, 정리해고 등으로 표현할 수 있다.

4) 국가 사회보장제도의 확립단계: 1998년~현재

이 시기부터 사회보장체계가 안정적으로 확립되기 시작했다. 1998년은 실질적 성과를 거둔 매우 특별한 해였다. 1998년부터 사회보장 개혁은 국유기업 개혁과 시장경제를 위한 부속물에서 벗어나 점차 사회제도로 거듭나면서 전면적 제도 확립단계에 접어들었다(郑功成, 2008b).

첫째, 1998년 3월 중앙정부에서는 민정부를 유보하되 노동·사회보장부를 신설해 사회보험업무를 관리하도록 했다. 둘째, 각급 정부는 퇴직자의 연금급여와 실업자와 하강근로자를 위한 최저생활보장급여를 제공하고 재취업센터 등록, 실업급여 지급, 최저생활보장제도 실시를 추진하였다. 셋째, 연금제도의 개혁과정에서 업종통합기금을 해체함으로써 업종별로 기금관리가 분산적으로 실시되던 현상을 해소했다. 넷째, 사회화와 탈(脫)단웨이화의 정책방향으로 기업과 준공공기관의 독립된 체계가 만들어지기 시작했으며 기금 조성의 다층화와 관리서비스의 사회화가 추진되었다.

사회보장의 개혁 의지는 중국 〈사회보험법〉(社會保險法)의 반포에서 명백하게 드러났다. 2010년 10월 제11기 전국인민대표대회 상무위원회 제17차 회의에서 중국 최초의 〈사회보험법〉이 통과되었으며 2011년 7월 본격적으로 시행되었다. 〈사회보험법〉의 제정은 사회보장제도의 기본 틀을 구축하는 계기가 되었다. 〈사회보험법〉에서는 "연금과 의료보험이 전 국민에게 적용되며, 모두 사회보장의 형식으로 운영된다"라고 명시했다. 그러므로 〈사회보험법〉의 반포 및 실시는 사회보장제도 개혁이 장기적 시범사업단계에서 정형화되고 안정되며 지속가능한 발전단계로 향했으며 개혁 의지를 반영한다고 볼 수 있다.

4. 맺음말

1949년 이후 신중국 사회보장의 역사적 전개를 회고해 보면 중국의 사회보장제도는 개혁개방 이전 도시 단웨이를 위주로 제공된 보편적 복지인 '도시형 복지국가'에서 도시와 농촌을 아우르며 국가와 사회가 공동으로 부담하는 '국가 사회보장'으로 전환·발전되었다. 보건의료의 경우, 도시에서는 단웨이보장체제의 색채가 강한 공비의료와 노동의료보험이 사회의료보험으로 대체되었으며, 농촌에서는 농촌합작의료보험제도가 실시되어 도시와 농촌을 아우르는 국민 보건의료제도가 수립되었다.

그러나 개혁개방정책 이전 도농 이원화 구조와 단웨이보장체제의 영향이 남아 지역(특히, 도시와 농촌) 간의 그리고 단웨이 간의 사회보장혜택 격차가 존재한다. 그럼에도 '도시형 복지국가' 시대에서 '국가 사회보장' 시대로의 전환은 중국 사회보장제도의 발전과정에서 매우 중요한 의미를 지닌다. 이러한 전환은 새로운 제도로의 전환이라는 차원을 넘었을 뿐만 아니라, 과거 사회주의 아래에서 실시된 단웨이 위주의 보편적 복지에서 벗어나 시장주의 경제구조 아래에서 정부가 주도하되 다양한 사회주체나 조직이 함께 사회보장을 책임지고 있음을 보여 준다.

■ 참고문헌

해외 문헌

柳婉(2006). 《我国城镇二元社会保障体系现况研究》, 第33卷. 山西师大学报.

李迎生(2002). 《以城乡整合为目标推进我国社会保障体系的改革》, 第2期. 社会科学研究.

_____(2008). 《社会保障与社会结构转型：二元社会保障体系研究》. 中国人民大学出版社.

成思危(主编)(2000). 《中国社会保障体系的改革与完善》. 民主与建设出版社.

郑功成(1996). 《中国社会保障体系的发展与框架设计》, 第1期. 武汉大学学报.

_____(2003). 《中国社会保障制度的变迁与评估》. 中国人民大学出版社.

_____(2005). 《构建和谐社会：郑功成教授演讲录》. 人民出版社.

_____(2008a). 《中国社会保障30年》. 人民出版社.

_____(2008b). 《中国社会保障改革与发展战略：理念, 目标与行动方案》. 人民出版社.

察仁华(主编)(1998). 《中国医疗保障制度改革实用全书》. 中国人事出版社.

02

사회보장제도의 기본구조

1. 머리말

중국의 사회복지체계는 하나의 법령으로 체계화되지 않아 학자에 따라 분류가 다르다. 일반적으로 중국 현행의 법정 사회보장체계는 크게 사회보험(社會保險), 공공부조(社會救助, 사회구조), 사회서비스(社會福利, 사회복리) 등 3대 기본형 제도와 군인과 그 가족을 위한 군인보험과 군인직업복지, 퇴역군인 취업보장 등 군인보장으로 구성된다(郑功成, 2005). 그러나 일부 학자는 중국 현행 사회보장체계가 크게 3대 기본형 제도로 구성되었다는 점에는 동의하지만, 군인보장이 아닌 상업보장, 민간복지사업 등을 보충형 제도로 포함한다(潘锦棠, 2012; 杨庆信·赵国红, 2010). 즉, 3대 기본형 제도를 제외한 보충형 제도에 관해서는 아직도 의견이 분분하다. 하지만 중국 현행의 사회보장체계는 적어도 사회보험, 공공부조, 사회서비스 등 3대 기본형 제도로 구성되어 있다고 보는 견해가 지배적이다(杨燕绥, 1999; 褚福灵, 2010). 그러므로 이 글에서는 사회보험, 공공부조, 사회서비스 등 3대 기본형 제도의 내용을 살펴보고자 한다.

2. 사회보험제도

사회보험은 전체 사회보장체계의 핵심으로 근로자의 노후문제를 해결하고 근로자의 복지서비스를 증진하며 노사관계의 조화와 안정을 도모한다. 중국의 현행 사회보험제도는 연금, 의료보험, 산재보험, 고용보험, 출산보험 등 5대 보험제도로 구성된다(成思危, 2000). 그러나 최근 의료보험제도와 출산보험제도 간의 통합을 추진하고 있어 출산보험제도는 5대 사회보험의 자리에서 내려올 것으로 보인다. 한편 노인장기요양보험제도 시범사업이 일부 지역에서 실시되고 있어 향후 출산보험제도를 대체하여 5대 보험으로 성장할 것으로 예상된다(郑功成, 2016).

2010년 10월 28일 제 11기 전국인민대표대회 상무위원회 제 17차 회의에서는 중국 최초의 〈사회보험법〉(社會保險法)을 통과시켰고 2011년 7월 1일부터 본격적으로 시행했다. 〈사회보험법〉의 시행 전까지 중국정부는 조례, 의견 등 다수의 행정법규를 제정하여 사회보험제도를 구축·운영해왔다. 〈사회보험법〉은 이러한 행정법규를 법률의 형태로 통합·보완한 것이라 볼 수 있다. 〈사회보험법〉은 총 12장 98개조로 구성되어 있으며, 5대 보험에 대한 세부내용과 운용 및 관리, 감독 등을 규정하고 있다. 특히, 5대 보험 중 연금, 의료보험, 산재보험에 대해 중점적으로 규정하고 있다.

1) 연금제도

중국에서 연금제도는 양로보험으로 불린다. 이는 일정한 연령에 달한 노령자에 대한 권리로서 정기적으로 지급되는 금전적 급부이다. 중국의 연금체계는 기본연금제도(1층), 보충연금제도(2층)와 개인 저축성 연금제도(3층)등 3층으로 구성된 다층화 체계이다(杨俊主編, 2011). 그중 1층을 구성하는 기본연금제도는 사회보험적 성격으로, 도시 기업근로자 연금(城鎮職工養

老保險), 도농주민 기본연금(城鄉居民養老保險), 국가기관·준공공기관 직원 연금(機關事業單位養老保險)의 3가지 제도로 구성되어 있다. 2014년 이전에는 도시주민과 농촌주민 사이에 연금이 분리되어 도시주민 기본연금과 농촌주민 기본연금의 2가지 제도가 별도로 실시되었는데, 2014년 2월부터 도농주민 기본연금으로 통합되었다.

〈사회보험법〉 제정·실시를 통해 도시근로자 연금제도는 적용 대상자를 기존의 기업근로자에서 사회보험 혜택을 받지 못했던 자영업자, 시간제근로자, 농민공까지 확대하였다. 〈사회보험법〉에서는 현(縣) 단위로 분산된 연기금을 점진적으로 전국적인 통합〔타 보험기금은 성(省)급 통합〕을 실시하며, 구체적인 절차와 일정은 국무원에서 규정하도록 한다. 지역 간의 경제수준 차이로 인해 중국은 지방별로 사회보험을 운영하며 지방마다 사회보험료율의 격차가 심한데, 〈사회보험법〉은 보험 적용 등에 대해 '전국적인 통일화'를 도모하고자 제정되었다. 이러한 노력의 결실은 2014년 2월 도시주민 연금제도와 농촌주민 연금제도의 2가지 제도를 일원화한 도농주민 기본연금제도로 나타났다.

2) 의료보험제도

의료보험제도는 각종 사고와 질병으로부터 국민의 건강과 생활을 보장하기 위해 국가가 비용을 부담하고 관리하도록 마련한 제도이다. 중국 의료보험의 정식 명칭은 '기본의료보험'으로 강제가입의 성격을 가지며, 도시근로자 기본의료보험(城鎮職工醫療保險), 도농주민 기본의료보험(城響居民醫療保險) 등 2가지 제도로 구성된다. 도시근로자 기본의료보험은 도시의 모든 사업장과 그 근로자를 대상으로 하고, 도농주민 기본의료보험은 취업하지 않은 모든 주민을 대상으로 한다.

2010년 〈사회보험법〉의 제정·실시는 의료보험의 성급 통합을 실시하고, 점진적으로 성 전체를 아우르는 의료보험 연계망을 구축하기 위한 근거를 마련하였다는 점에서 의의가 있다. 연금 규정과 마찬가지로, 의료보험 관련 규정도 개인이 타 지역으로 이동하여 취업할 경우 보험관계가 당사자와 함께 이전되고 보험금 납부연한도 누적되어 보험가입자의 경제적 이익을 최대한 보장하도록 한 것이 주요 특징이다. 2016년 1월 3일 도농간의 의료보험 통합 추진으로 인해 도시주민과 농촌주민 모두 도농주민 기본의료보험제도로 통합되었다. 또한 최근 위생부에서는 중병보험을 실시하여 빈곤층의 의료복지 증진에 기여하고 있다.

3) 산재보험제도

중국에서 산재보험은 공상보험으로 불린다. 산재보험제도는 근로자가 생산·업무활동 중 상해를 입거나 직업병 및 직장상해로 인해 업무에 정상적으로 종사하지 못할 때, 국가나 사회에서 근로자와 그 가족에게 물질적 지원을 제공하는 사회보험제도이다. 2003년 4월 〈공상보험조례〉(工傷保險條例)가 발표되면서 산재보험의 기본 틀이 마련되었고 "중국 내 모든 기업과 자영업자는 산재보험에 가입해야 한다"라고 명시함으로써 모든 유형의 기업이 산재보험의 적용범위에 포함되었다. 2011년 1월 시행된 〈공상보험조례 수정안〉은 이전의 조례에 대해 24곳을 수정·개선하여 산재보험제도 수립을 확립하였다(郑功成, 2008).

4) 고용보험제도

중국에서 고용보험은 실업보험으로 불린다. 고용보험제도는 근로자가 노동능력이 있음에도 불구하고 자신의 의지에 반해 실업할 경우, 일정 기간 동안 근로자에게 소득을 보장하는 사회보험제도이다. 1986년 7월 〈국영기업근로자 대업보험 임시시행규정〉의 발표는 고용보험제도의 탄생을 알렸다. 1999년 1월〈실업보험조례〉(失業保險條例)가 발표되면서 적용 대상자가 도시의 모든 기업·사업단위 근로자로 확대되었으며, 기존에 기업이 모든 비용을 지불했던 것을 사업자와 개인이 공동으로 납부하도록 하였다(鄭功成, 2003). 2011년 7월에 시행된〈사회보험법〉은 고용보험제도의 강제성, 규범화와 안정성을 강화하였고, 단독조항의 형식으로 고용보험의 적용범위, 자금출처, 혜택조항과 혜택조건 등을 정확히 규정하였다.

5) 출산보험제도

중국에서 출산보험은 생육보험으로 불린다. 출산보험제도는 여성근로자가 임신과 출산으로 인해 근로가 일시적으로 중단될 경우 국가와 사회가 의료지원, 출산수당 및 출산휴가를 제공하는 사회보험제도이다.

출산보험제도는 1951년에 수립되었다. 적용 대상자는 일반 도시근로자이다. 1994년 12월〈기업근로자 생육보험 시행조치〉가 발표되면서 전국적으로 통일된 출산보험기금의 통합방안이 마련되었다. 출산보험제도는 사회보험제도의 중요한 부분을 차지하며 여성근로자의 취업, 사회보장 및 가정안전, 사회협력·발전을 촉진하는 데 기여한다.

3. 공공부조제도

중국에서 공공부조는 사회구조(社會救助)로 불린다. 공공부조제도는 전체 사회보장제도 가운데 가장 기본적인 제도로서 국민의 생존위기를 해소하고 기본생활을 보장하며 취약계층이 곤궁에 빠지지 않도록 지원하는 제도이다.

2014년 5월 〈사회구조 임시시행방안〉(社會救助暫行辦法)의 반포·시행을 계기로 중국에서는 최저생활보장, 의료구조, 교육구조, 주택구조, 취업구조, 임시구조, 수재민구조, 특수빈곤인원공양 등 8가지 항목으로 구성된 공공부조제도의 기본 틀이 마련되었다(郑功成, 2016). 이는 크게 생활구조와 전문항목구조로 구분되는데 생활구조는 최저생활보장을 포함하며, 전문항목구조는 의료구조, 교육구조, 주택구조, 취업구조, 임시구조, 수재민구조, 특수빈곤인원공양으로 구성된다.

1) 최저생활보장제도

최저생활보장제도는 빈곤층을 대상으로 국민의 최저생활을 보장하는 제도로서, 공동으로 생활하는 가정구성원의 평균 소득이 해당 지역의 최저생활보장 기준보다 낮으며 재산상황이 최저생활보장의 규정에 부합한 가정에게 지급된다. 최저생활보장 기준은 성, 자치구, 직할시 혹은 시급 정부에서 해당 지역 주민생활에 필요한 비용에 근거하여 확정·공표하며, 해당 지역의 경제·사회발전 수준과 물가의 변동상황에 따라 적절하게 조정한다. 최저생활보장급여는 공동으로 생활하는 가정구성원의 평균 소득과 해당 지역의 최저생활보장 기준 간의 차액으로, 매월 지급된다.

2) 의료구조제도

의료구조제도는 빈곤층을 대상으로 건강하고 인간다운 생활을 보장하기 위해 국가 부담으로 제공하는 의료보장을 의미한다. 의료구조 대상자는 최저생활보장 가정구성원, 특수빈곤인원공양 대상자, 현급 이상 정부에서 규정한 기타 특수빈곤자 등이다. 의료구조는 도시주민 기본의료보험이나 신형 농촌 합작의료의 보험료 납부를 지원하고, 기본의료보험, 중병보험과 기타 의료보험급여를 지급하며, 개인이나 가정이 스스로 의료비를 감당할 수 없을 경우 의료비를 지원한다.

의료구조 기준은 현급 이상 정부가 경제·사회발전의 수준과 의료구조 기금 상황에 따라 공시한다. 의료구조를 신청할 경우에 향·촌 민정소(民政所)에서 신청·심사하고, 시·현 민정국(民政局)에서 심의한다. 한편 최저생활보장 가정구성원과 특수빈곤인원공양 대상자의 의료구조는 시·현 민정국에서 직접 주관한다(楊立雄·于洋·金炳徹, 2012). 현급 이상 정부는 건전한 의료구조를 수립하기 위해 기본의료보험, 중병보험과 관련된 의료비 결산시스템을 구축해서 의료구조 대상자에게 더욱 간편한 서비스를 제공하고, 질병응급부조제도를 수립해서 응급치료가 필요하나 신분이 불분명하거나 응급치료비를 지불할 수 없는 응급환자를 지원하며, 규정에 부합하는 응급비는 질병응급부조기금에서 지급한다.

3) 교육구조제도

교육구조제도는 빈곤층을 대상으로 의무교육을 받는 데 필요한 비용이나 재화·서비스를 보장하기 위해 국가 부담으로 제공하는 교육보장을 의미한다. 교육구조 대상자의 욕구에 따라 관련 비용 감면, 장학금 혹은 생활비 지원, 근로장학생(勤工助學)[1] 등의 방식을 통해서 교육구조 대상자의 학업과 생활을 보장한다. 교육구조의 기준은 성급 행정구인 성, 직할시, 자치구, 특별행정구에서 경제·사회발전 수준과 교육구조 대상자의 학업과 생활 수요에 근거하여 공시한다. 교육구조는 국가에서 규정한 바에 의거하여 학교에 신청·제출하고 심의·통과가 되면 학교에서 국가규정에 따라 교육구조를 제공한다.

---

1) 중국 일부 학교에서 실시하는 학교운영 방식으로, 재학 중인 학생이 근로를 제공하고 그 대가를 학비로 납부한다.

4) 주택구조제도

주택구조제도는 생활기반으로서의 건강하고 문화적인 주거생활을 보장하기 위해 국가 부담으로 제공하는 주택보장을 뜻한다. 충분한 주거생활이 보장되지 않은 최저생활보장 가정과 분산공양(分散供養)2)의 빈곤층이 주택구조의 대상자이다. 주택구조는 주택기금, 염가임대주택, 경제실용주택, 농촌의 위험주택 개조 등을 지원한다. 주택구조의 기준은 현급 이상 정부에서 해당 지역의 경제·사회발전 수준과 주택가격 등을 고려해서 정한다. 도시주민은 시·현 주택·도농건설국(住房和城鄕建設局)에 주택구조를 신청할 수 있으며, 시·현 주택·도농건설국에서 신청 가정의 소득 및 재산상황과 주택상황을 조사한 후 신청조건에 부합될 경우 주택구조를 제공한다. 농촌주민의 주택구조 신청은 현급 이상 정부의 관련 규정에 따라 처리되며, 재정지출과 용지제공 등의 방식을 통해 제공된다.

5) 취업구조제도

취업구조제도는 최저생활보장 대상자의 자활에 필요한 금품의 지급 또는 대여, 기능습득의 지원, 취업의 알선 등 자활조성을 위해 국가 부담으로 제공하는 취업보장을 의미한다. 최저생활보장 대상자 중 근로능력은 있으나 실업상태인 자에게 사회보험료 지원, 취업 알선, 업무능력 제고, 공공근로 알선, 대출 등의 방식을 통해서 취업구조를 제공한다. 현급 이상 정부에서는 현실적 방안으로 최저생활보장 가정에 대해 최소한 '1인 취업'보

---

2) 중국 농촌지역에서는 경제상황에 근거하여 농촌주민을 위해 집중공양 또는 분산공양을 실시한다. 집중공양은 향(鄕)·진(鎭) 정부가 경로원을 직접 지원하거나 오보공양인원을 지원하는 것이며, 분산공양은 삼자(향·진 정부 혹은 농촌집체경제조직, 피위탁인과 오보공양인원)가 합의서에 체결하여 공양관계를 승인하는 방식이다.

장을 추진한다.

　취업구조는 소재 중인 지역사회 공공취업서비스센터에서 신청·등록하며, 무료로 취업정보, 직업 소개, 업무능력 제고 등의 관련 서비스를 제공받을 수 있다. 취업구조 대상자는 인력자원·사회보장부의 관련 부처에서 알선한 직장을 받아들여야 하고, 정당한 이유 없이 3회 연속으로 거절할 경우 현급 이상 정부가 최저생활보장급여를 삭감 혹은 중단할 수 있다(楊立雄, 2008). 취업구조 대상자는 알선한 직장을 다니는 동안 국가에서 규정한 사회보험료 지원, 세금 혜택, 대출 등의 혜택을 누릴 수 있다.

6) 임시구조제도

임시구조제도는 갑작스럽게 위기상황에 처한 저소득층을 위한 지원제도이다. 화재, 교통사고 등 우발사고로 생활이 곤란하거나 주 소득자의 사망, 질병 등으로 인해 생계곤란 등의 위기상황에 처하여 도움이 필요한 사람을 대상으로 각종 지원을 제공한다. 임시구조는 우발성, 임시성, 긴박성을 고려한 정책이다.

7) 수재민구조제도

수재민구조제도는 자연재해로 인해 생활에 어려움을 겪는 국민의 기본생활을 보장하기 위해 국가가 부담하여 제공하는 제도이다. 시급 이상 정부와 자연재해가 다발적으로 발생하는 지역의 현급 정부에서는 자연재해 발생 후 응급서비스와 물질적 지원을 제공한다.

　자연재해 발생 후 현급 이상 정부 혹은 수재민구조 응급종합기관은 상황에 따라 비상대피, 이전, 안전요원 배치 등의 방식을 통해서 재해에 대응하고 안전요원에게 필요한 음식, 보온, 임시숙소, 방역 등 응급구조를 제공한다. 재해상황이 안정된 후 재해지역의 현급 이상 정부는 해당 지역의 피해상태를 파악하여 주택피해가 심각한 수재민에게 임시거처를 제공한다. 자연재해 위험이 완전히 사라진 후에는 해당 지역의 민정부 관련 부처가 지역주민을 대상으로 물질적 지원을 제공한다. 자연재해 발생 후 해당 지역에서는 그해 혹은 이듬해 생활고를 겪는 수재민을 지원한다.

8) 특수빈곤인원공양제도

부양의무자가 없거나 혹은 법정 부양의무자가 부양능력이 없으며, 본인이 근로능력과 소득이 없는 노인, 장애인 혹은 16세 미만 미성년자에게 일시적으로 특수빈곤인원공양(特困人員供養)을 제공한다. 2014년 5월 〈사회구조 임시시행방안〉의 반포·시행을 계기로, 기존의 농촌 '오보공양'(五保供養)3) 인원과 도시 '삼무'(三無)4) 인원이 앞으로 특수빈곤인원공양으로 통합될 예정이다.

특수빈곤인원공양제도는 기본생활환경을 제공하고 자립생활을 할 수 없는 자에게 돌봄을 제공하며 질병치료와 장·상례서비스를 제공한다. 특수빈곤인원공양의 기준은 성, 자치구, 직할시 혹은 시급 정부에서 정한다. 특수빈곤인원공양은 도농주민 기본연금, 기본의료보장, 최저생활보장, 고아 기본생활보장 등의 제도와 연결되어 있다(郑功成, 2016). 특수빈곤인원공양의 신청은 본인 호족의 향·진 정부에 서면으로 가능하고, 직접 신청이 어렵다면 농촌주민위원회, 거주민위원회에 위탁해서 신청할 수 있다. 특수빈곤인원공양의 심사는 제11항 규정에 따라 향진 정부에서 신속

---

3) 오보공양은 의, 식, 주, 의료, 장례(혹은 교육) 등 5가지 방면에서 농촌주민의 생활보호와 물질을 지원하는 제도이다.

4) 영어로는 'three-nos'라고 해석되는데, 여기에는 스스로 부양할 능력(근로능력)이 없고 직장이 없으며 법적 부양인이 없는 자가 포함된다.

히 주민생활을 파악한 후, 특수빈곤인원공양 조건에 부합하는 자에게 지급한다. 특수빈곤인원공양에 더 이상 부합하지 않는 자에게는 농촌주민위원회, 거주민위원회 혹은 공양서비스 제공기관에서 향·진 정부에 공지·심의한 다음 현급 정부의 결제 후 정지를 통보한다. 특수빈곤인원공양 대상자는 호적 소재 중인 공양서비스기관에서 집중공양 혹은 분산공양을 제공받을 수 있다.

4. 사회서비스제도

중국에서 사회서비스는 사회복리(社會福利)로 불린다. 사회서비스제도는 국민의 특정한 생활 욕구를 충족시키고 전 국민이 경제발전의 성과 분배에 참여하며 그 성과를 공유하도록 한다. 이러한 광의적인 사회서비스의 개념 외에도 중국에서 사회서비스는 협의적으로 사회취약계층을 대상으로 실시되는 노인복지, 아동복지, 장애인복지, 부녀자5) 복지 등을 의미한다. 다음으로는 주로 협의적 개념의 사회서비스에 대해 살펴보고자 한다.

1) 노인복지제도

노인복지제도는 국가 혹은 사회가 노인의 생활, 건강, 사회참여를 실현하기 위해 수립한 사회서비스제도 중 하나이다. 노인복지제도는 현대 사회복지사업의 중요한 부분을 차지하며 중국의 인구고령화가 심화됨에 따라 그 중요성은 나날이 강조되고 있다.

---

5) 부녀자는 기혼여성과 비혼여성(성인)을 모두 아우르는 말이다.

2) 아동복지제도

아동복지제도는 부모의 돌봄을 보완·대체하거나 아동을 관리하며, 특히 고아, 장애아동, 유랑아동, 편부모가정의 아동, 폭력·학대를 당한 아동 및 에이즈 피해아동 등 취약아동에게 제공하는 사회서비스이다. 아동 관련 수당과 위생보건서비스, 아동서비스 등을 포함한다.

3) 장애인복지제도

장애인복지제도란 장애를 가진 국민이 나이 들거나 질병에 걸렸거나 노동력을 상실했거나 또는 퇴직, 실업, 실학 등의 상황에 처했을 때 국가가 일상생활을 영위하는 데 필요한 물질과 서비스를 보장하는 제도이다. 또한 사회·경제·문화 발전 수준에 맞는 재활, 의료, 교육, 취업, 문화생활, 생활환경 등 장애인의 권익을 보장함으로써 장애인의 '평등, 참여, 공동향유'를 실현하는 제도이다.

4) 부녀자복지제도

부녀자복지제도는 부녀자가 생리적, 심리적으로 남성과 차이가 있다는 점에 기인하여 부녀자를 위해 제공하는 복지서비스와 관련된 제도이다. 중국의 현행 부녀자복지제도는 주로 생육보험, 여성근로자 노동보호, 여성 취업보장, 여성사회보험, 여성사회서비스 등을 포함한다. 구체적으로 부녀자에게 물질적, 문화·정신적 복지를 제공한다. 물질적 복지는 각종 수당, 복지시설과 복지서비스이며 문화·정신적 복지는 부녀자 휴일 제정 등을 포함한다.

5. 맺음말

사회보험제도, 공공부조제도, 사회서비스제도로 구성된 중국 현행의 법정 사회보장체계는 도시에서 시작하여 점차 농촌으로 확대·적용되었으며, 국민의 다양한 복지 욕구를 충족하기 위해 물질과 서비스 보장을 제공하고 있다. 현재 중국은 도농 이원화 구조로 인한 지역(도시와 농촌 간)과 계층(농민공, 도시근로자, 국가기관·준공공기관 직원 등) 간의 사회보장 격차를 해소하는 데 중점을 두고 제도 개혁에 박차를 가하고 있다.

■ 참고문헌

해외 문헌

潘锦棠(2012). 《社会保障学概论》. 北京师范大学出版社.

成思危(2000). 《中国社会保障体系的改革与完善》. 北京: 民主与建设出版社.

杨立雄(2008). 《社会救助研究》. 北京: 经济日报出版社.

杨立雄·于洋·金炳彻(2012). 《中日韩生活保护制度研究》. 北京: 中国经济出版社.

杨庆信·赵国红(2010). 建立多层次的社会保障体系. 〈党政干部学刊〉, 10, 20~21.

杨燕绥(1999). 中国社会保障体系的结构分析. 〈北京劳动保障职业学院学报〉, 4, 16~20.

杨俊主编(2011). 《养老保险经济学》. 夏旦大学出版社.

褚福灵(2010). 中国社会保障体系的科学架构研究. 〈社会保障研究〉, 1, 59~71.

郑功成(2003). 《中国社会保障制度的变迁与评估》. 中国人民大学出版社.

_____(2005). 《社会保障学》. 中国劳动社会保障出版社.

_____(2008). 《中国社会保障30年》. 人民出版社.

_____(主编)(2016). 《中国社会保障发展报告》. 北京: 人民出版社.

03

경제여건과 소득분배구조*

중국은 1978년 이후 연평균 9~10%대의 실질 경제성장률을 기록하였다. 중국의 경제성장률은 2007년 14.2%로 최고 경제성장률을 기록한 후, 계속 내림세를 보이고 있다. 최근 중국정부는 양적 성장에서 질적 성장으로 경제발전 방식을 점진적으로 전환하였고 2012년부터 2015년까지 안정적으로 6~7%대의 성장률을 기록하고 있다. 지난 12·5 규획(2011~2015년) 기간 동안 중국은 안정적인 거시경제정책을 통해 성장과 물가안정을 동시에 달성함으로써 궁극적으로 국민이 경제·사회발전의 성과를 누리도록 민생을 개선하고자 했다.

---

* 이 글은 2012년 《주요국의 사회보장제도: 중국》(한국보건사회연구원, 2012)에서 필자가 작성한 "제1부 제4장 소득분배와 사회보장재정"을 수정 보완한 것이다.

1. 경제 현황

1) 국내총생산량

당해 연도 가격산출에 따르면 2010년 중국의 GDP 총량은 40조 8,900억 위안이었다. 2011~2015년은 각각 48조 4,100억 위안, 53조 4,100억 위안, 58조 8천억 위안, 63조 6,100억 위안, 67조 6,700억 위안이었다.

산업별로 살펴보면 2010년 제1차 산업 국내총생산량은 3조 9,400억 위안, 제2차 산업 국내총생산량은 18조 8,800억 위안, 제3차 산업 국내총생산량은 18조 700억 위안으로, 3대 산업 국내총생산량이 당해 연도의 GDP 총량에서 차지하는 비율은 각각 9.6%, 46.2%, 44.2%였다.

2011년 제1차, 제2차, 제3차 산업 국내총생산량은 각각 4조 6,200억 위안, 22조 3,400억 위안, 21조 4,600억 위안으로, 당해 연도의 GDP 총량에서 차지하는 비율은 각각 9.5%, 46.1%, 44.3%였다.

〈그림 3-1〉 국내총생산량 추이

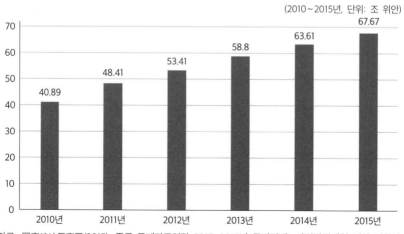

(2010~2015년, 단위: 조 위안)

자료: 国家统计局官网(2015). 중국 통계자료연감 2015, 2015년 국민경제·사회발전계획 집행 상황과 2016년 국민경제·사회발전계획 초안 보고서에서 정리.

〈표 3-1〉 산업별 국내총생산량

(2010~2014년, 단위: 조 위안, %)

		2010년	2011년	2012년	2013년	2014년
제1차 산업	총량	3.94	4.62	5.09	5.53	5.83
	비율	9.6	9.5	9.5	9.4	9.2
제2차 산업	총량	18.88	22.34	24.02	25.68	27.18
	비율	46.2	46.1	45.0	43.7	42.7
제3차 산업	총량	18.07	21.46	24.30	27.59	30.60
	비율	44.2	44.3	45.5	46.9	48.1

자료: 国家统计局官网(2015). 중국 통계자료연감 2015.

〈그림 3-2〉 제1차, 제2차, 제3차 산업 국내총생산량 비율

(2011~2014년, 단위: %)

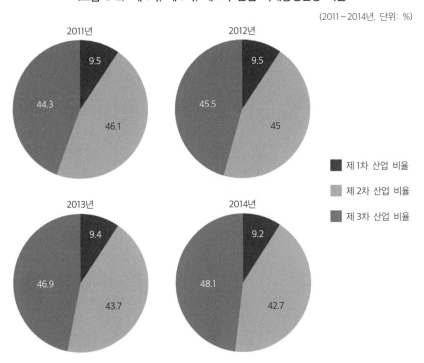

자료: 国家统计局官网(2015). 중국 통계자료연감 2015.

2012년 제1차 산업, 제2차 산업, 제3차 산업 국내총생산량은 각각 5조 900억 위안, 24조 200억 위안, 24조 3천억 위안으로, 당해 연도의 GDP 총량에서 차지하는 비율은 각각 9.5%, 45.0%, 45.5%였다.

2013년 제1차 산업 국내총생산량은 5조 5,300억 위안, 제2차 산업 국내총생산량은 25조 6,800억 위안, 제3차 산업 국내총생산량은 27조 5,900억 위안으로, 당해 연도의 GDP 총량에서 차지하는 비율은 각각 9.4%, 43.7%, 46.9%였다.

2014년 3대 산업 국내총생산량은 각각 5조 8,300억 위안, 27조 1,800억 위안, 30조 6천억 위안으로, 당해 연도의 GDP 총량에서 차지하는 비율은 9.2%, 42.7%, 48.1%였다.

3대 산업 증가량과 GDP 증가량 간 기여율을 살펴보면, 2010년 제1차 산업 기여율은 3.6%, 제2차 산업 기여율은 57.2%, 제3차 산업 기여율은 39.2%였으며, 2011년 3대 산업 기여율은 각각 4.2%, 51.5%, 44.3%, 2012년에는 각각 5.3%, 49.3%, 45.4%, 2013년에는 각각 4.4%, 48.0%, 47.6%, 그리고 2014년에는 각각 4.8%, 47.1%, 48.1%였다(国家统计局官网, 2015).

2010~2014년 동안 제1차 산업 기여율은 증감을 반복했고, 제2차 산업 기여율은 해마다 감소하였으며, 제3차 산업 기여율은 매년 증가했다. 제1차, 제2차, 제3차 산업 국내총생산량이 그해 GDP 총량에서 차지하는 비율의 변화 추세는 거의 일치했다. 제3차 산업이 제2차 산업을 능가한다는 특징이 명백히 드러났고 2015년 제3차 산업 증가치는 국내총생산량에서 차지하는 비율이 최초로 절반을 넘어 50.5%에 달했다(国家发展和改革委员会, 2016. 3. 5). 2016년 상반기 제3차 산업 증가치가 국내총생산량에서 차지하는 비율은 54.1%로, 제2차 산업보다 14.7%가 높았다(中央政府官网, 2016. 7. 16). 이것은 중국 산업구조가 한층 고도화되고 있음을 보여준다.

2) 국내총생산량 증가율

2010년 중국 GDP는 전년도 동기 대비 10.6% 증가했고, 2011년 GDP는 전년도 동기 대비 9.5% 증가했으며, 2012~2015년 GDP는 각각 7.7%, 7.7%, 7.3%, 6.9% 증가했다. 2016년 상반기 GDP는 전년도 동기 대비 6.7% 증가했다. 최근 중국의 경제성장률은 지난 30여 년 동안 기록한 10%대 경제성장률과는 거리가 있지만, 전체적인 경제성장 속도는 적절한 편이고 경제 운영은 전반적으로 안정적인 모습을 보이고 있다. 즉, 중국경제는 안정세 가운데 점차 향상되고 있고 이런 안정세는 긍정적인 모습으로 보인다.

3대 산업의 GDP 성장에 대한 촉진작용(GDP 성장 × 3대 산업 기여율)을 살펴보면, 2010년 10.6%의 GDP 증가율 중 제1차 산업은 0.4%, 제2차 산업은 6.0%, 제3차 산업은 4.2%를 촉진했다. 반면, 2011년 제1차 산업은 GDP 성장에 0.4%, 제2차 산업은 4.9%, 제3차 산업은 4.2%를 촉진했다. 2012년 제1차, 제2차, 제3차 산업의 촉진작용은 각각 0.4%, 3.8%, 3.5%, 2013년에는 각각 0.3%, 3.7%, 3.7%, 2014년에는 각각

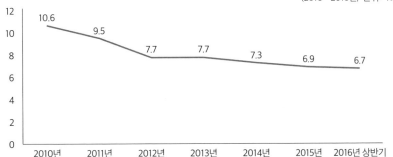

〈그림 3-3〉 GDP 증가율

(2010~2016년, 단위: %)

자료: 国家统计局官网(2015). 중국 통계자료연감 2015, 2015년 국민경제·사회발전계획 집행 상황과 2016년 국민경제·사회발전계획 초안 보고서, 2016년 중국경제 상반기 통계자료에서 정리.

0.3%, 3.4%, 3.5%를 촉진했다. 제 3차 산업의 GDP 성장에 대한 촉진 작용은 제 2차 산업의 촉진작용보다 컸다.

3) GDP 성장 기여율에 대한 소비 · 투자 · 수출의 촉진작용

기여율은 소비 · 투자 · 수출 등 3대 수요 증감의 국내총생산량 증가량 대비 로, 국내총생산량의 증가속도와 3대 수요 기여율의 곱으로 표시된다.

　2010년 최종 소비지출 기여율은 46.3%로 4.9%를 촉진했고, 총자본 형성 기여율은 65.2%으로 6.9%를 촉진했으며, 화물과 서비스 순 수출 기여율은 -11.5%로 -1.2%를 기록했다. 2011년 최종 소비지출 기여율은 62.8%로 6.0%를 촉진했고, 총자본 형성 기여율은 45.4%로 4.2%를 촉진했으며, 화물과 서비스 순 수출 기여율은 -8.2%로 -0.8%를 기록했다. 2012년 소비, 투자와 수출 기여율은 각각 56.5%, 41.8%, 1.7%로 각각 4.3%, 3.2%, 0.1%를 촉진했다. 2013년 소비 기여율은 48.2%로 3.7% 를 촉진했고, 투자 기여율은 54.2%로 4.2%를 촉진했으며, 수출 기여율 은 -2.4%로 -0.2%를 기록했다. 2014년 소비, 투자, 수출 기여율은 각각 51.6%, 46.7%, 1.7%로 3.8%, 3.4%, 0.1%를 촉진했다(国家统计局

〈표 3-2〉 3대 수요의 국내총생산량 성장 기여율과 촉진율

(2010~2014년, 단위: %)

	최종 소비지출		총자본 형성		화물과 서비스 순 수출	
	기여율	촉진율	기여율	촉진율	기여율	촉진율
2010년	46.3	4.9	65.2	6.9	-11.5	-1.2
2011년	62.8	6.0	45.4	4.2	-8.2	-0.8
2012년	56.5	4.3	41.8	3.2	1.7	0.1
2013년	48.2	3.7	54.2	4.2	-2.4	-0.2
2014년	51.6	3.8	46.7	3.4	1.7	0.1

자료: 国家统计局官网(2015). 중국 통계자료연감 2015.

官网, 2015). 2015년 소비의 경제성장 기여율은 66.4%에 달했다(国家发展和改革委员会, 2016. 3. 5). 2016년 상반기 최종 소비지출의 기여율은 73.4%에 달해 전년도 동기 대비 13.2% 증가했다(中央政府官网, 2016. 7. 16). 전체적으로 소비의 GDP 공헌과 촉진작용은 투자를 넘어섰고 경제구조를 지속적으로 고도화했다.

4) 주민 소비자물가지수

전년도를 100%로 해서 주민 소비자물가지수(CPI)를 살펴보면 2010년 소비자물가지수는 103.3%를 기록했다. 그중 도시주민 소비자물가지수는 103.2%, 농촌주민 소비자물가지수는 103.6%였다. 2011년 주민 소비자물가지수는 105.4%로 도시는 105.3%, 농촌은 105.8%였고, 2012년 주민 소비자물가지수는 102.6%, 도시는 102.7%, 농촌은 102.5%였다. 2013년 주민 소비자물가지수는 102.6%, 도시는 102.6%, 농촌은 102.8%였고, 2014년 주민 소비자물가지수는 102.0%로, 도시는 102.1%, 농촌은 101.8%를 기록했다(国家统计局官网, 2015). 2015년 전국 주민 소비자물가지수 전체 수준은 2014년 대비 1.4% 증가했다. 그중 식품 가격은 2.3% 증가했고, 비식품 가격은 1.0% 증가했다. 식품 중 고기류, 채소류, 수산물류 가격은 각각 9.5%, 7.4%, 1.8% 증가한 한편, 비식품 중 의류 가격은 2.0% 증가했다(人社部, 2016. 1. 9).

2016년 9월 주민 소비자물가지수는 0.7% 상승했고, 채소류와 과일류의 상승으로 인해 주민 소비자물가지수가 0.33% 상승했다. 9월 주민 소비자물가지수는 전년도 동기 대비 1.9% 상승했고 8월보다는 0.6%의 증가세를 보였다.

한편, 일부 소비품 가격은 전년도 동기 대비 감소하기도 하고 증가하기도 하였다. 예를 들어 채소류, 어류, 휘발유 가격은 전달 대비 각각 3.9%,

0.6%, 3.6%로 감소했다가 다시금 7.5%, 6.7%, 2.2%로 증가했다. 다른 한편, 일부 서비스 가격은 전년도 동기 대비 대폭 상승했는데 비행기표, 교육서비스 가격은 전년도 동기 대비 각각 4.0%, 3.2% 상승해서 상승 폭은 각각 전달 대비 2.2%, 1.0%를 기록했다(国家统计局官网, 2016. 10. 14).

<그림 3-4> 주민 소비자물가지수

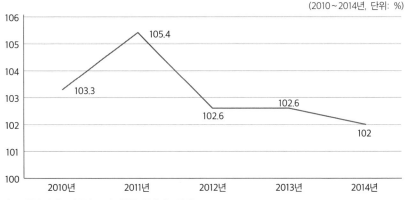

자료: 国家统计局官网(2015). 중국 통계자료연감 2015.

<그림 3-5> 전국 주민 소비자물가지수 상승 폭

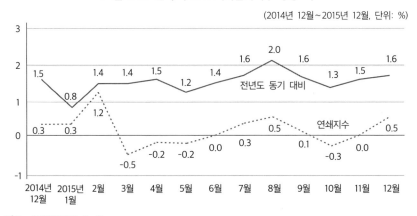

자료: 人社部(2016. 1. 9).

5) 전국 주민 1인당 평균 가처분소득과 지출

2011~2015년 전국 주민 1인당 평균 가처분소득은 각각 14,551위안, 16,510위안, 18,311위안, 20,167위안, 21,966위안으로 조사되었다. 가격요소를 제외한, 전년도 동기 대비 실제 증가율은 각각 10.3%, 10.6%, 8.1%, 8.0%, 7.4%를 기록했다. 2015년 전국 주민 가처분소득은 21,966위안이었는데, 그중 임금소득은 12,459위안, 경영 순소득은 3,955위안, 재산 순소득은 1,739위안, 이전 순소득은 3,811위안이었다. 한편 도시주민 가처분소득은 31,194위안인 반면, 농촌주민 가처분소득은 11,421위안이었다.

2015년 전국 주민 1인당 평균 소비지출은 15,712위안으로 전년도 동기 대비 8.4% 증가했는데, 가격요소를 제외하면 실제로 6.9% 증가했다. 상주 지역별로 살펴보면, 도시주민 1인당 평균 소비지출은 21,392위안으로 7.1% 증가했고, 가격요소를 제외하면 실제로 5.5% 증가했다. 반면 농촌주민 1인당 평균 소비지출은 9,223위안으로 10.0% 증가했는데, 가격요소

〈그림 3-6〉 전국 주민 1인당 평균 가처분소득과 증가율

자료: 国家统计局(2016. 2. 29). 2015년 국민경제·사회 발전 통계공보.

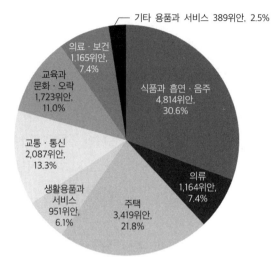

〈그림 3-7〉 전국 주민 1인당 평균 소비지출과 구성

(2015년)

기타 용품과 서비스 389위안, 2.5%

의료 · 보건 1,165위안, 7.4%

교육과 문화 · 오락 1,723위안, 11.0%

교통 · 통신 2,087위안, 13.3%

생활용품과 서비스 951위안, 6.1%

식품과 흡연 · 음주 4,814위안, 30.6%

의류 1,164위안, 7.4%

주택 3,419위안, 21.8%

자료: 国家统计局(2016. 2. 29). 2015년 국민경제 · 사회 발전 통계공보.

를 제외하면 실제로 8.6% 증가했다. 소비지출 중 식품과 흡연 · 음주가 30.6%, 주택이 21.8%, 교통 · 통신이 13.3%, 교육과 문화 · 오락이 11.0%, 의류가 7.4%, 의료 · 보건이 7.4%, 생활용품과 서비스가 6.1%, 기타 용품과 서비스가 2.5%를 차지했다(国家统计局, 2016. 2. 29).

6) 고정자산 투자와 국내외 무역

2011~2015년 전체 사회의 고정자산 투자액은 각각 31조 1,485억 위안, 37조 4,695억 위안, 44조 4,618억 위안, 51조 2,021억 위안, 56조 2천억 위안을 기록했다. 2015년 전체 사회의 고정자산 투자는 전년도 동기 대비 9.8% 증가했고 가격요소를 제외하고 사실상 11.8% 증가했다. 지역별로 살펴보면 동부지역 투자는 23조 2,107억 위안으로 전년도 동기 대비 12.4% 증가했고, 중부지역 투자는 14조 3,118억 위안으로 전년도 동기

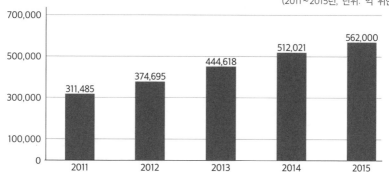

〈그림 3-8〉 전체 사회의 고정자산 투자

(2011~2015년, 단위: 억 위안)

자료: 国家统计局(2016. 2. 29). 2015년 국민경제·사회 발전 통계공보.

대비 15. 2% 증가했으며, 서부지역 투자는 14조 416억 위안으로 전년도 동기 대비 8. 7% 증가한 반면, 동북지역 투자는 4조 806억 위안으로 전년도 동기 대비 11. 1% 감소했다.

2011~2015년 사회소비품 총소매액은 각각 18조 7, 206억 위안, 21조 4, 433억 위안, 24조 2, 843억 위안, 27조 1, 896억 위안, 30조 931억 위안을 기록했다. 2015년 사회소비품 총소매액은 전년도 동기 대비 10. 7% 증가했고, 가격요소를 제외하고 사실상 10. 6% 증가했다. 경영 통계자료에 따르면 도시 소비품 소매액은 25조 8, 999억 위안으로 10. 5% 증가했고, 농촌 소비품 소매액은 4조 1, 932억 위안으로 11. 8% 증가했다. 소비유형 통계자료에 따르면 상품 소매액은 26조 8, 621억 위안으로 10. 6% 증가했고, 요식업종 소득액은 3조 2, 310억 위안으로 11. 7% 증가했다.

2011~2015년 화물 수출액은 각각 12조 3, 241억 위안, 12조 9, 359억 위안, 13조 7, 131억 위안, 14조 3, 884억 위안, 14조 1, 255억 위안이었고, 화물 수입액은 각각 11조 3, 161억 위안, 11조 4, 801억 위안, 12조 1, 037억 위안, 12조 358억 위안, 10조 4, 485억 위안을 기록했다. 2015년 한 해 화물 수출입 총액은 24조 5, 741억 위안으로 전년도 동기 대비

7.0% 감소했다. 그중 수출은 1.8% 감소했으며 수입 역시 13.2% 감소했다. 화물 수출입 차액(수출-수입)은 3조 6,770억 위안으로 전년도 동기 대비 1조 3,244억 위안이 증가했다.

2. 중국 취업 현황

2015년 국민경제·사회 발전 통계공보에 따르면, 2015년 말 전국 취업자는 7억 7천 451만 명으로, 그중 도시 취업자는 4억 410만 명을 기록했다. 한 해 도시 신규 취업자는 1,312만 명, 도시 실업자의 재취업 수는 567만 명, 취업 곤란인원의 취업 수는 173만 명을 기록했다. 연말 도시 등록실업자 수는 966만 명, 도시 등록실업률은 4.05%를 기록했다. 한 해 전국적으로 총 5만 7천 호 가정을 지원해 한 가정에 최소한 한 명은 취업하도록 했고

〈그림 3-9〉 도시 신규 취업자 수

(2011~2015년, 단위: 만 명)

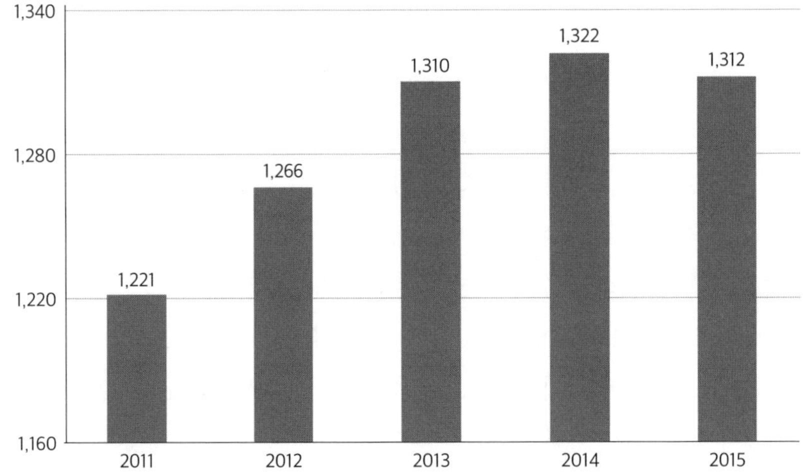

자료: 国家统计局(2016. 2. 29). 2015년 국민경제·사회 발전 통계공보.

<그림 3-10> 도시 실업자 재취업과 취업 곤란인원 취업 현황

(2011~2015년, 단위: 만 명)

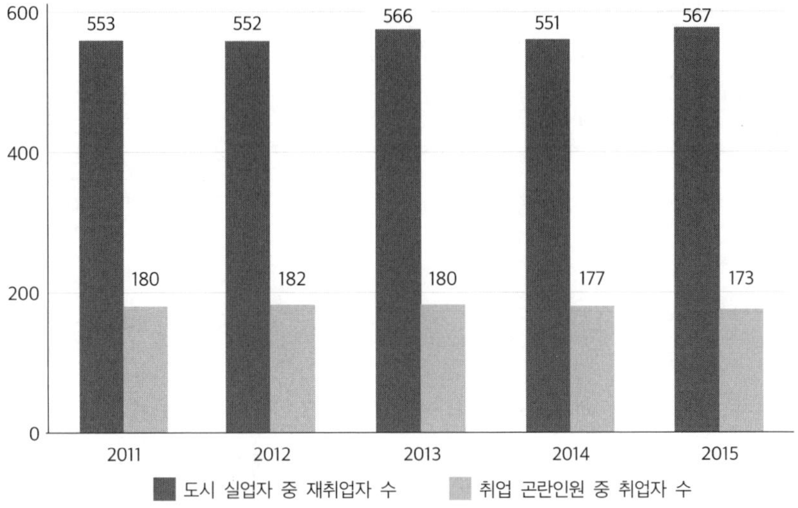

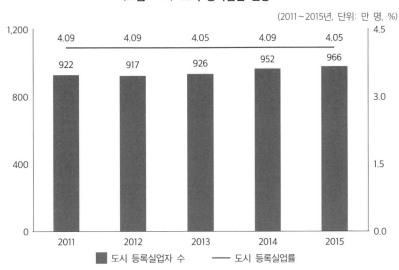

■ 도시 실업자 중 재취업자 수   ■ 취업 곤란인원 중 취업자 수

자료: 国家统计局(2016. 2. 29). 2015년 국민경제 · 사회 발전 통계공보.

<그림 3-11> 도시 등록실업 현황

(2011~2015년, 단위: 만 명, %)

■ 도시 등록실업자 수   —— 도시 등록실업률

자료: 国家统计局(2016. 2. 29). 2015년 국민경제 · 사회 발전 통계공보.

2만 6천 명의 대학졸업자가 '삼지일부(三支一扶, 교육, 농업, 의료지원 및 빈곤구제) 계획'에 기여할 수 있도록 기회를 제공하였다(人社部, 2016. 6. 1). 전국 농민공은 2억 7,747만 명으로 전년도 동기 대비 1.3% 증가했는데, 그중 외출농민공(外出農民工, 호구 소재지 이외 지역에서 종사하는 농민공)은 1억 6,884만 명으로 0.4% 증가했으며, 본지농민공(本地農民工, 호구 소재지 지역에서 종사하는 농민공)은 1억 863만 명으로 2.7% 증가했다. [1]

1) 경제활동인구

국가통계자료국 통계자료에 따르면, 경제활동인구는 만 16세 이상으로서 근로능력을 갖추고 사회경제활동에 참여하거나 혹은 참여해야 하는 인구를 가리킨다. 여기에는 취업자, 실업자가 포함된다. 한편, 취업자는 일정한 연령 이상의, 근로능력을 갖추고 근로임금 혹은 경영소득을 취해 일정한 사회근로에 종사하는 자를 의미한다. 구체적으로 근로임금 혹은 경영이윤을 얻기 위해 조사기간 내 1시간(1시간 포함) 이상 근로 혹은 학습에 종사하거나 휴가 등의 원인으로 조사기간 내 일시적으로 근로상태가 아니지만 사업체 혹은 근로장소에 속하는 인구를 가리킨다.

2010년 중국 경제활동인구는 총 7억 8,388만 명이었다. 그중 취업자는 7억 6,105만 명이었다. 2011년 경제활동인구는 총 7억 8,579만 명, 취업자는 7억 6,420만 명이었다. 2012년 경제활동인구와 취업자는 각각 7억 8,894만 명, 7억 6,704만 명이었다. 2013년 경제활동인구는 총 7억 9,300만 명이었고 그중 취업자는 7억 6,977만 명이었다. 2014년 중국 경제활동인구는 총 7억 9,690만 명이었고 그중 취업자는 7억 7,253만 명이었다.

---

1) 농민공 수는 자신의 본 향(鄕)·진(鎭) 지역 이외의 도시지역에서 비농업활동에 6개월 이상 종사하는 외출농민공과 본 향·진 지역 내에서 비농업활동에 6개월 이상 종사하는 본지농민공을 포함한다.

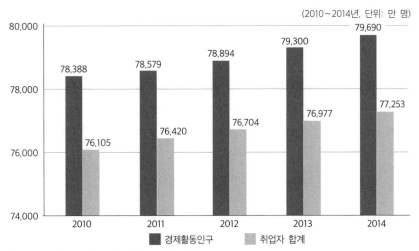

〈그림 3-12〉 경제활동인구와 취업자 수 변화 추세

(2010~2014년, 단위: 만 명)

자료: 国家统计局官网(2015). 중국 통계자료연감 2015.

2) 산업별 취업자 구성

2010년 전국 취업자 중 제1차 산업 취업자는 2억 7,931만 명으로 그해 전체 취업자의 36.7%를 차지했고, 제2차 산업 취업자는 총 2억 1,842만 명으로 28.7%를 차지했으며, 제3차 산업 취업자는 총 2억 6,332만 명으로 34.6%를 차지했다. 2011년 제1차 산업 취업자는 2억 6,594만 명으로 당해 연도 전체 취업자 수의 34.8%를 차지했고, 제2차 산업 취업자는 총 2억 2,544만 명으로 29.5%를 차지했으며, 제3차 산업취업자는 총 2억 7,282만 명으로 35.7%를 차지함으로써 제1차 산업 취업자 비율을 초과했다. 2012년 제1차 산업, 제2차 산업, 제3차 산업의 취업자 수는 각각 2억 5,773만 명, 2억 3,241만 명, 2억 7,690만 명으로 각각 당해 연도 전체 취업자 수의 33.6%, 30.3%, 36.1%를 차지했다. 2013년 제1차 산업 취업자는 총 2억 4,171만 명, 제2차 산업 취업자는 총 2억 3,170만 명, 제3차 산업 취업자는 총 2억 9,636만 명으로 3대 산업 취업자 수가 당해 연도 전체

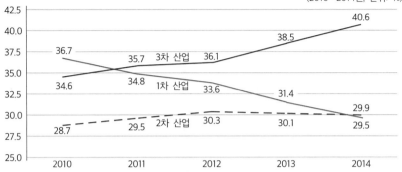

〈그림 3-13〉 제1차, 제2차, 제3차 산업 취업자 비율

(2010~2014년, 단위: %)

자료: 国家统计局官网(2015). 중국 통계자료연감 2015.

취업자 수에서 차지하는 비중은 각각 31.4%, 30.1%, 38.5%를 기록했다. 2014년 제1차, 제2차, 제3차 산업 취업자 수는 각각 2억 2,790만 명, 2억 3,099만 명, 3억 1,364만 명으로, 당해 연도 전체 취업자 수의 29.5%, 29.9%, 40.6%를 차지했다.

제1차 산업 취업자는 매년 감소하고 있고 제3차 산업 취업자가 전체 취업자 수에서 차지하는 비중이 대폭 증가하고 있으며 제3차 산업이 전국 취업 증가에 미치는 작용이 점차 강화되고 있다.

3) 도농 경제활동인구 현황

도시지역의 2010년 취업자는 총 3억 4,687만 명이었다. 그중 국유 고용 부문 취업자 6,516만 명, 민영 기업 취업자 6,071만 명, 자영업자 4,467만 명, 유한책임공사 취업자 2,613만 명, 외상투자 단위 취업자 1,053만 명, 주식유한공사 취업자 1,024만 명, 홍콩·마카오·대만 상업투자 단위 취업자 770만 명, 도시집체 단위 취업자 597만 명, 주식합작 단위 취업자 156만 명, 연합경영 단위 취업자 36만 명을 기록했다. 2014년 도시 취업

〈표 3-3〉 도시 취업자 수와 구성 현황

(2010~2014년, 단위: 만 명)

	2010	2011	2012	2013	2014
도시 취업자	34,687	35,914	37,102	38,240	39,310
국유 단위	6,516	6,704	6,839	6,365	6,312
도시집체 단위	597	603	589	566	537
주식합작 단위	156	149	149	108	103
연합경영 단위	36	37	39	25	22
유한책임공사	2,613	3,269	3,787	6,069	6,315
주식유한공사	1,024	1,183	1,243	1,721	1,751
민영 기업	6,071	6,912	7,557	8,242	9,857
홍콩·마카오·대만 상업투자 단위	770	932	969	1,397	1,393
외상투자 단위	1,053	1,217	1,246	1,566	1,562
자영업자	4,467	5,227	5,643	6,142	7,009

자료: 国家统计局官网(2015). 중국 통계자료연감 2015.

〈그림 3-14〉 중국 도시 등록실업률

(2010~2015년, 단위: %)

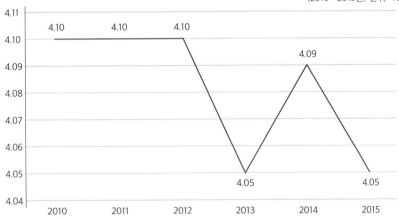

자료: 国家统计局官网(2015). 중국 통계자료연감 2015; 国家统计局(2016. 2. 29). 2015년 국민경제·사회 발전 통계공보.

자는 3억 9,310만 명이었는데, 그중 민영 기업 취업자 9,857만 명, 자영업자 7,009만 명, 유한책임공사 취업자 6,315만 명, 국유 단위 취업자 6,312만 명, 주식유한공사 취업자 1,751만 명, 외상투자 단위 취업자 1,562만 명, 홍콩·마카오·대만 상업투자 단위 취업자 1,393만 명을 기록했다. 2011~2013년 도시 취업자 수는 각각 3억 5,914만 명, 3억 7,102만 명, 3억 8,240만 명이었는데, 그중 민영 기업 취업자는 각각 6,912만 명, 7,557만 명, 8,242만 명, 국유 고용 부문 취업자는 각각 6,704만 명, 6,839만 명, 6,365만 명, 자영업자는 각각 5,227만 명, 5,643만 명, 6,142만 명을 기록했다. 전체적으로 민영 기업과 자영업자의 비중이 해마다 증가하고 있다.

농촌지역의 경우, 2010년 농촌의 취업자는 총 4억 1,418만 명, 2011년 4억 506만 명, 2012년 3억 9,602만 명, 2013년 3억 8,737만 명, 2014년 3억 7,943만 명을 기록했다.

실업 현황을 살펴보면 2010년 도시 등록실업자[2] 수는 908만 명으로 도시 등록실업률[3]은 4.1%였다. 2011년 도시 등록실업자 수는 922만 명, 등록실업률은 4.1%였다. 2012년 도시 등록실업자 수는 917만 명, 등록실업률은 4.1%였다. 2013년 도시 등록실업자 수는 926만 명, 등록실업률은 4.05%였다. 2014년 도시 등록실업자 수는 952만 명, 등록실업률은 4.09%였다.

---

2) 도시 등록실업자는 비농업호구를 소지하고 일정한 근로연령(만 16세부터 퇴직연령까지)에 해당하며 근로능력이 있으며 직업이 없어 취업을 원하는 사람을 대상으로 해당 지역 노동보장부처에서 실업등록을 진행한 인원을 의미한다.

3) 도시 등록실업률은 도시 등록실업자와 도시 직장취업자(농촌노동력, 퇴직자, 홍콩·마카오·대만과 외국인 제외) 중 재직하지 않은 자, 도시 민영업주, 자영업자, 프리랜서, 도시 등록실업자의 합의 비율을 나타낸다.

4) 도시 취업자 임금 현황

(1) 2015년 도시 민영 부문 취업자 연평균 임금

2015년 전국 도시 민영 부문[4] 취업자 연평균 임금은 3만 9,589위안으로 2014년의 3만 6,390위안보다 3,199위안이 증가했다. 전년도 동기 대비 명목성장(*nominal growth*)은 8.8%를 기록하였고 증가속도는 2014년보다 2.5% 감소했다. 물가요소를 제외하면, 2015년 전국 도시 민영 부문 취업자의 연평균 임금은 사실상 7.2% 증가한 셈이다.

4대 지역으로 구분해 볼 때, 2015년 도시 민영 부문 취업자의 연평균 임금수준을 위로부터 차례로 나열하면 동부, 서부, 중부, 동북 순이며, 각각 4만 3,439위안, 3만 6,478위안, 3만 2,773위안, 3만 2,176위안이었다. 전년도 동기 대비 명목성장을 위로부터 차례로 나열하면 동부(9.0%), 중부(8.2%), 서부(8.1%), 동북(5.3%) 순이었다.

〈그림 3-15〉 도시 민영 부문 취업자의 연평균 임금과 명목성장 속도

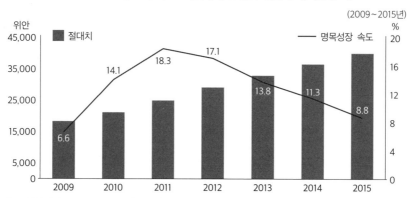

자료: 国家统计局(2016. 5. 13). "2015년 도시 민영 고용 부문 취업자의 연평균 임금은 39,589위안".

---

4) 통계자료 중 민영 법인사업체는 주로 〈회사법〉, 〈외상투자 파트너십 기업법〉, 〈민영 기업 임시시행조례〉 등에서 규정한 사업체로서 등기·등록한 민영 유한책임회사, 민영 주식회사, 민영 외상투자 파트너와 민영 개인기업을 포함한다.

(2) 2015년 도시 비민영 부문 취업자 연평균 임금

2015년 전국 도시 비민영 부문 취업자 연평균 임금은 6만 2,029위안으로 2014년의 5만 6,360위안보다 5,669위안이 증가하여 전년도 동기 대비 명목성장은 10.1%를 기록하였다. 증가속도는 2014년보다 0.6% 증가했다. 그중 재직근로자의 연평균 임금은 6만 3,241위안으로 전년도 동기 대비 명목성장은 10.3%이며 증가속도는 0.8% 증가했다. 물가요소를 제외하면 2015년 전국 도시 비민영 고용 부문 취업자의 연평균 임금은 사실상 8.5% 증가했다.

4대 지역으로 구분해 볼 때, 2015년 도시 비민영 고용 부문 취업자의 연평균 임금을 위로부터 차례로 나열하면 동부, 서부, 동북, 중부 순으로 각각 7만 611위안, 5만 7,319위안, 5만 1,064위안, 5만 842위안을 기록했으며, 전년도 동기 대비 명목성장을 위로부터 차례로 나열하면 서부(11.9%), 동부(9.9%), 동북(9.8%), 중부(8.6%) 순이었다.

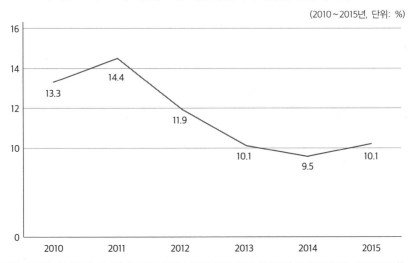

〈그림 3-16〉 도시 비민영 고용 부문 취업자의 연평균 임금 증가속도

(2010~2015년, 단위: %)

자료: 国家统计局(2016. 5. 13). "2015년 도시 비민영 고용 부문 취업자의 연평균 임금은 62,029위안".

(3) 도시 고용 부문 취업자 임금 현황: 2010~2014년

2010년 도시 고용 부문 취업자의 임금 총액은 4조 7, 269억 9천만 위안이었고 평균 임금은 3만 6, 539위안이었다. 2011년 도시 고용 부문 취업자의 임금 총액과 평균 임금은 각각 5조 9, 954억 7천만 위안, 4만 1, 799위안이었다. 2012년 도시 고용 부문 취업자의 임금 총액은 7조 914억 2천만 위안, 평균 임금은 4만 6, 769위안이었다. 2013년 도시 고용 부문 취업자의 임금 총액과 평균 임금은 각각 9조 3, 064억 3천만 위안, 5만 1, 483위안이었다. 2014년 도시 고용 부문 취업자의 임금 총액은 10조 2, 817억 2천만 위안, 평균 임금은 5만 6, 360위안이었다.

2010년 도시 고용 부문 취업자의 평균 임금 증가율은 13. 3%였고 2011~ 2014년 평균 임금 증가율은 각각 14. 4%, 11. 9%, 10. 1%, 9. 5%였다.

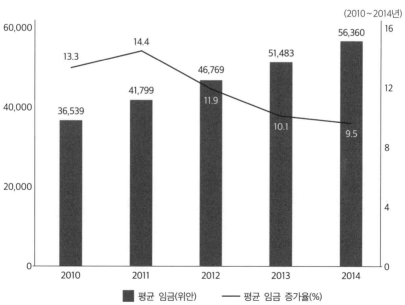

〈그림 3-17〉 도시 취업자 평균 임금과 임금 증가율

자료: 国家统计局官网(2015). 중국 통계자료연감 2015.

3. 중국 소득분배 현황

도농 간, 지역 간 주민 소득격차가 모두 감소하였고 주민 총소득격차 역시 지속적으로 감소하고 있다. 2015년 전국 주민 1인당 평균 가처분소득의 지니계수는 0. 462로 2012년보다 0. 012만큼 감소하였다. 한편으로 도농주민 1인당 평균 가처분소득비도 축소되고 있다. 2015년 도농주민 1인당 평균 소득비는 2. 73 : 1로 2013년보다 0. 08만큼 감소하였다. 다른 한편으로 지역 간 주민 소득의 상대격차는 지속적으로 감소하고 있다. 소득수준이 낮은 서부지역 주민의 증가속도가 가장 빠르다. 2013년 이래 서부지역 주민 1인당 평균 가처분소득은 연평균 10. 1%로 중부지역보다 0. 2% 높고, 동부지역보다 0. 9% 높으며, 동북지역보다 1. 7% 높다. 동부와 서부, 동부와 중부 1인당 평균 소득비는 각각 2013년보다 0. 03, 0. 02만큼 감소하였다(国家统计局官网, 2016. 3. 8).

통계자료로 지니계수를 살펴보면, 2001년 0. 490, 2002년 0. 454, 2003년 0. 479, 2004년 0. 473, 2005년 0. 485, 2006년 0. 487, 2007년 0. 484, 2008년 0. 491을 기록했다. 이후 점차 감소하는 추세이다. 2009년 0. 490,

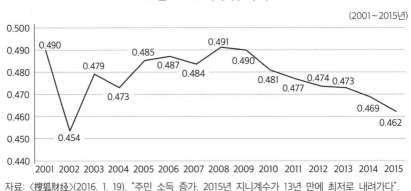

〈그림 3-18〉 지니계수 추이

(2001~2015년)

자료: 〈搜狐财经〉(2016. 1. 19). "주민 소득 증가, 2015년 지니계수가 13년 만에 최저로 내려가다".

2010년 0. 481, 2011년 0. 477, 2012년 0. 474, 2013년 0. 473, 2014년 0. 469를 기록했다(〈搜狐财经〉, 2016. 1. 19).

1) 전국 주민 1인당 평균 가처분소득 현황

2015년 전국 주민 1인당 평균 가처분소득은 2만 1, 966위안으로 2014년보다 8. 9% 증가했는데, 가격요소를 제외하면 실제로 7. 4% 증가했다. 2014년 전국 주민 1인당 평균 가처분소득은 2만 167. 1위안으로 전년도 동기 대비 10. 1% 증가했다. 2013년 전국 주민 1인당 평균 가처분소득은 1만 8, 310. 8위안을 기록했다.

소득 5분위로 구분해 볼 때, 2013년 저소득가정 1인당 평균 가처분소득은 4, 402. 4위안, 중등소득 이하 가정 1인당 평균 가처분소득은 9, 653. 7위안, 중등소득가정은 1만 5, 698. 0위안, 중등소득 이상 가정은 2만 4, 361. 2위안, 고소득가정은 4만 7, 456. 6위안을 기록했다. 고소득가정 1인당 평균 가처분소득은 저소득가정 1인당 평균 가처분소득의 10. 78배를 기록했다. 2014년 저소득가정, 중등소득 이하 가정, 중등소득가정, 중등소득 이상 가정, 고소득가정 1인당 평균 가처분소득은 각각 4, 747. 0위안, 1만 887. 0위안, 1만 7, 631. 0위안, 2만 6, 937. 0위안, 5만 968. 0위안을 기록했다. 고소득가정 1인당 평균 가처분소득은 저소득가정 1인당 평균 가처분소득의 10. 74배를 기록했다.

동부, 중부, 서부, 동북의 네 지역으로 구분할 때, 2013년 동부지역 1인당 평균 가처분소득은 2만 3, 658. 4위안, 중부지역 1만 5, 263. 9위안, 서부지역 1만 3, 919. 0위안, 동북지역 1만 7, 893. 1위안으로 동부지역 1인당 평균 가처분소득은 중부지역의 1. 55배, 서부지역의 1. 70배, 동북지역의 1. 32배를 기록했다. 2014년 동부지역, 중부지역, 서부지역, 동북지역의 1인당 평균 가처분소득은 각각 2만 5, 954. 0위안, 1만 6, 868. 0위안, 1만

<표 3-4> 전국 주민 소득 5분위와 지역별 1인당 평균 가처분소득

(2013~2014년, 단위: 위안)

		2013년	2014년
소득 5분위	저소득가정(20%)	4,402.4	4,747.0
	중등소득 이하 가정(20%)	9,653.7	10,887.0
	중등소득가정(20%)	15,698.0	17,631.0
	중등소득 이상 가정(20%)	24,361.2	26,937.0
	고소득가정(20%)	47,456.6	50,968.0
4대 지역	동부지역	23,658.4	25,954.0
	중부지역	15,263.9	16,868.0
	서부지역	13,919.0	15,376.0
	동북지역	17,893.1	19,604.0

자료: 国家统计局官网(2015). 중국 통계자료연감 2015.

5,376.0위안, 1만 9,604.0위안으로 동부지역 1인당 평균 가처분소득은 중부지역의 1.54배, 서부지역의 1.69배, 동북지역의 1.32배를 기록했다.

2) 도농주민 1인당 평균 가처분소득 현황

2015년 도시주민 1인당 평균 가처분소득은 3만 1,195위안으로 전년도 동기 대비 8.2% 증가했고 가격요소를 제외하면 실제로 6.6% 증가했다. 도시주민 1인당 평균 가처분소득 중앙값은 2만 9,129위안으로 9.4% 증가했다. 농촌주민 1인당 평균 가처분소득은 1만 1,422위안으로 전년도 동기 대비 8.9% 증가했고 가격요소를 제외하면 실제로 7.5% 증가했다. 농촌주민 1인당 평균 가처분소득 중앙값은 1만 291위안으로 8.4% 증가했다. 2015년 도농주민 1인당 평균 소득격차는 2.73으로 2014년보다 0.24가 감소했다. 반면 농촌주민 1인당 평균 가처분소득의 실제 증가속도는 도시주민 1인당 평균 가처분소득의 실제 증가속도보다 0.9% 높다.

도시주민 1인당 평균 가처분소득은 2010년 1만 9,109.4위안, 2011년 2만 1,809.8위안, 2012년 2만 4,564.7위안, 2013년 2만 6,955.1위안,

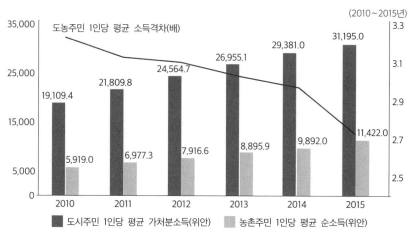

〈그림 3-19〉 도농주민 1인당 평균 소득 절대치와 격차

(2010~2015년)

도농주민 1인당 평균 소득격차(배)

19,109.4
21,809.8
24,564.7
26,955.1
29,381.0
31,195.0

5,919.0
6,977.3
7,916.6
8,895.9
9,892.0
11,422.0

2010   2011   2012   2013   2014   2015

■ 도시주민 1인당 평균 가처분소득(위안)　■ 농촌주민 1인당 평균 순소득(위안)

자료: 国家统计局官网(2015). 중국 통계자료연감 2015; 国家统计局(2016. 2. 29). 2015년 국민경제·
사회 발전 통계공보.

2014년 2만 9,381.0위안을 기록했다. 반면 농촌주민 1인당 평균 순소득은
2010~2014년 각각 5,919.0위안, 6,977.3위안, 7,916.6위안, 8,895.9
위안, 9892.0위안을 기록했다. 2010~2014년 도농주민 1인당 평균 소득
격차는 각각 3.23, 3.13, 3.10, 3.03, 2.97로 도농주민 소득격차의 감소
세가 두드러진다.

도시주민 1인당 평균 가처분소득을 소득 5분위로 구분하면, 2014년 도
시주민 저소득가정 1인당 평균 가처분소득은 1만 1,219.3위안, 중등소득
이하 가정은 1만 9,650.5위안, 중등소득가정은 2만 6,650.6위안, 중등소
득 이상 가정은 3만 5,631.2위안, 고소득가정은 6만 1,615.0위안이었다.
1인당 평균 가처분소득을 기준으로 보면 2014년 도시주민 고소득가정(최
상위 20%)과 저소득가정(최하위 20%)의 5분위 배율은 5.49로 2010년보다
0.08만큼 증가했다.

4대 지역으로 구분하면, 2014년 동부지역 도시주민 1인당 평균 가처분소
득은 3만 3,905.4위안, 중부지역은 2만 4,733.3위안, 서부지역은 2만

<표 3-5> 도시주민 소득 5분위와 지역별 1인당 평균 가처분소득

(2010~2014년, 단위: 위안)

		2010	2011	2012	2013	2014
소득 5분위	저소득가정(20%)	7,605.2	8,788.9	10,353.8	9,895.9	11,219.3
	중등소득 이하 가정(20%)	12,702.1	14,498.3	16,761.4	17,628.1	19,650.5
	중등소득가정(20%)	17,224.0	19,544.9	22,419.1	24,172.9	26,650.6
	중등소득 이상 가정(20%)	23,188.9	26,420.0	29,813.7	32,613.8	35,631.2
	고소득가정(20%)	41,158.0	47,021.0	51,456.4	57,762.1	61,615.0
4대 지역	동부지역	23,272.8	26,406.0	29,621.6	31,152.4	33,905.4
	중부지역	15,962.0	18,323.2	20,697.2	22,664.7	24,733.3
	서부지역	15,806.5	18,159.4	20,600.2	22,362.9	24,390.6
	동북지역	15,941.0	18,301.3	20,759.3	23,507.2	25,578.9

자료: 国家统计局官网(2015). 중국 통계자료연감 2015.

4,390.6위안, 동북지역은 2만 5,578.9위안이었다. 2014년 동부지역과 중부지역 간의 격차는 1.37로 2010년보다 0.09 감소하였고, 동부지역과 서부지역 간의 격차는 1.39로 2010년보다 0.08 감소하였으며, 동부지역과 동북지역 간의 격차는 1.33으로 2010년보다 0.17 감소하였다.

농촌주민 1인당 평균 순소득을 소득 5분위로 구분하면, 2014년 농촌주민 저소득가정 1인당 평균 가처분소득은 2,768.1위안, 중등소득 이하 가정은 6,604.4위안, 중등소득가정은 9,503.9위안, 중등소득 이상 가정은 1만 3,449.2위안, 고소득가정은 2만 3,947.4위안이었다. 2014년 농촌주민 고소득가정 1인당 평균 가처분소득과 저소득가정 간의 격차는 8.65로 2010년보다 1.14가 증가했다.

4대 지역으로 구분해 볼 때, 2014년 동부지역 농촌주민 1인당 평균 가처분소득은 1만 3,144.6위안, 중부지역은 1만 11.1위안, 서부지역은 8,295.0위안, 동북지역은 1만 802.1위안이었다. 2014년 동부지역 농촌주민 1인당 평균 가처분소득과 중부지역 간의 격차는 1.31로 2010년보다 0.17 감소했다. 동부지역과 서부지역 간의 격차는 1.58로 2010년보다 0.26 감소했다. 동부지역과 동북지역 간의 격차는 1.22로 2010년보다 0.05 감소했다.

<표 3-6> 농촌주민 소득 5분위와 지역별 1인당 평균 가처분소득

(2010~2014년, 단위: 위안)

		2010	2011	2012	2013	2014
소득 5분위	저소득가정(20%)	1,869.8	2,000.5	2,316.2	2,877.9	2,768.1
	중등소득 이하 가정(20%)	3,621.2	4,255.7	4,807.5	5,965.6	6,604.4
	중등소득가정(20%)	5,221.7	6,207.7	7,041.0	8,438.3	9,503.9
	중등소득 이상 가정(20%)	7,440.6	8,893.6	10,142.1	11,816.0	13,449.2
	고소득가정(20%)	14,049.7	16,783.1	19,008.9	21,323.7	23,947.4
4대 지역	동부지역	8,142.8	9,585.0	10,817.5	11,856.8	13,144.6
	중부지역	5,509.6	6,529.9	7,435.2	8,983.2	10,011.1
	서부지역	4,417.9	5,246.7	6,026.6	7,436.6	8,295.0
	동북지역	6,434.5	7,790.6	8,846.5	9,761.5	10,802.1

자료: 国家统计局官网(2015). 중국 통계자료연감 2015.

도시와 농촌을 구분하면 지역 간의 소득격차가 매우 감소하였는데, 2014년 동부지역, 중부지역, 서부지역, 동북지역 주민 1인당 평균 소득격차는 2010년보다 많이 감소하였다. 고·저소득가정의 주민 1인당 평균 소득격차가 크게 감소하는 추세는 보이지 않았으며, 도시와 농촌 간의 고·저소득가정 1인당 평균 소득격차는 2010년보다 2014년에 증가하였다.

■ 참고문헌

해외 문헌

国家发展和改革委员会(2016. 3. 5). 〈关于2015年国民经济和社会发展计划执行情况 与2016年国民经济和社会发展计划草案的报告〉.

기타 자료

〈搜狐财经〉(2016. 1. 19). "居民收入上涨, 2015年基尼系数降至13年来最低"(주민 소득 증가, 2015년 지니계수가 13년 만에 최저로 내려가다). http://business. sohu. com/20160119/n435230377. shtml.

国家统计局(2016. 2. 29). 2015年国民经济和社会发展统计公报(2015년 국민경제·사회 발전 통계공보). http://www. stats. gov. cn/tjsj/zxfb/201602/t20160229_1323991. html.

_____(2016. 5. 13). "2015年城镇非私营单位就业人员年平均工资62029元"(2015년 도시 비민영 고용 부문 취업자의 연평균 임금은 62,029위안). http://www. stats. gov. cn/tjsj/zxfb/201605/t20160513_1356091. html.

_____(2016. 5. 13). "2015年城镇私营单位就业人员年平均工资39589元"(2015년 도시 민영 고용 부문 취업자의 연평균 임금은 39,589위안). http://www. stats. gov. cn/tjsj/zxfb/201605/t20160513_1356093. html.

国家统计局官网(2016. 10. 14). 国家统计局城市司高级统计师余秋梅解读2016年9月份CPI, PPI数据. http://www. stats. gov. cn/tjsj/sjjd/201610/t20161014_1409-508. html.

_____(2016. 3. 8). 居民收入快速增长, 人民生活全面提高: 十八大以来居民收入及生活状况. http://www. stats. gov. cn/tjsj/sjjd/201603/t20160308_1328214. html.

_____(2015). 中国统计年鉴2015(중국 통계자료연감 2015). http://www. stats. gov. cn/tjsj/ndsj/2015/indexch. htm.

国家卫计委(2016. 7. 20). 2015年我国卫生和计划生育事业发展统计公报. http://www. nhfpc. gov. cn/guihuaxxs/s10748/201607/da7575d64fa04670b5f375c87b6229b0. shtml.

民政部官网(2016. 7. 11). 2015年社会服务发展统计公报. http://www. mca. gov. cn/article/zwgk/mzyw/201607/20160700001136. shtml.

人社部(2016. 6. 1). 2015年度人力资源和社会保障事业发展统计公报. http://www. mohrss. gov. cn/SYrlzyhshbzb/zwgk/szrs/tjgb/201606/t20160601_241070. html.

_____(2016. 1. 9). 2015年全国居民消费价格指数(CPI)上涨1.4%. http://finance. people. com. cn/GB/n1/2016/0109/c1004-28032408. html.

财政部国库司(2016. 1. 29). 2015年财政收支情况. http://gks. mof. gov. cn/zheng-fuxinxi/tongjishuju/201601/t20160129_1661457. html.

财政部预算司. 2016年中央一般公共预算收入预算表. http://yss. mof. gov. cn/2016-czys/201603/t20160325_1924501. html.

_____. 2016年中央一般公共预算支出预算表. http://yss. mof. gov. cn/2016czys/20-1603/t20160325_1924496. html.

中央政府官网(2016. 7. 16). 2016年中国经济半年报. http://www. gov. cn/xinwen/2016-07/16/content_5092020. htm.

68

04

인구구조의 변화와 전망*

12·5 규획(2011~2015년) 기간 동안 중국의 인구 규모는 안정적으로 증가해 평균 증가율 5%를 기록하였다. 2015년 말 현재 중국의 전체 인구는 약 13억 7,500만 명이고 평균 기대수명은 76.34세이며 노동인구의 평균 교육기간은 10.23년으로 집계되었다. 전면 '두 자녀 정책'에 따라 13·5 규획(2016~2020년) 기간 동안 인구가 점차 증가하고 있고, 2021~2025년 이후 가임여성 인구의 감소 및 인구고령화에 따른 사망률 감소로 인구 증가세가 꺾일 것이며, 전체 인구는 2030년 무렵 정점을 기록한 이후 점차 하락할 것으로 예상된다.

---

* 이 글은 2012년 《주요국의 사회보장제도: 중국》(한국보건사회연구원, 2012)에서 필자가 작성한 "제1부 제3장 인구구조와 인구문제"를 수정 보완한 것이다.

1. 인구수와 구성

2015년 말 현재 총인구는 13억 7,462만 명으로 전년도 대비 680만 명이 증가했다. 그중 도시 상주인구는 7억 7,116만 명으로 총인구에서 차지하는 비율(상주인구의 도시화율)은 56.10%이다. 이는 2014년 말보다 1.33% 성장한 수치다. 농촌인구는 6억 346만 명으로 총인구의 43.90%를 차지했다.

성별로 구분해서 볼 때, 2015년 말 남성은 7억 414만 명으로 총인구의 51.2%를 차지한 반면, 여성은 6억 7,048만 명으로 총인구의 48.8%를 차지해 여성이 남성보다 3,366만 명 적은 것으로 조사됐다. 성별구조에서 볼 때, 2015년 출생인구의 성비(性比, 여성 100명에 대한 남성의 수)는 113.51로 2014년보다 2.37만큼 감소했다. 출생인구 성비는 2009년 이래 7년 동안 줄곧 감소했다. 1982년 출생인구 성비는 107.2로 국제 일반수준인 103~107보다 높았다. 1994년 이래 출생인구 성비는 줄곧 115 이상을 기록했고, 2000년은 119.2, 2004년은 최고치인 121.2를 기록했다. 2009년 출생인구 성비는 119.45로 정점을 찍고 감소하기 시작했으며 2014년은 115.88을 기록했다(阎妍·秦华, 2016. 1. 21; 国家统计局官网, 2015. 1. 20).

〈표 4-1〉 인구수와 구성 변화 추세

(2011~2015년, 단위: 만 명, %)

구분	총인구(연말)	성별 구분				도농 구분*			
		남		여		도시		농촌	
		인구수	비율	인구수	비율	인구수	비율	인구수	비율
2011	134,735	69,068	51.26	65,667	48.74	69,079	51.27	65,656	48.73
2012	135,404	69,395	51.25	66,009	48.75	71,182	52.57	64,222	47.43
2013	136,072	69,728	51.24	66,344	48.76	73,111	53.73	62,961	46.27
2014	136,782	70,079	51.23	66,703	48.77	74,916	54.77	61,866	45.23
2015	137,462	70,414	51.22	67,048	48.78	77,116	56.10	60,346	43.90

주: * 도시인구 = 도시지역에 거주하는 모든 상주인구; 농촌인구 = 도시인구를 제외한 모든 인구.
자료: 国家统计局官网(2015). 중국 통계자료연감 2015; 国家统计局(2016. 2. 29). 2015년 국민경제·사회 발전 통계공보.

2. 인구 출생률, 사망률과 자연증가율

2015년 한 해 출생인구는 1,655만 명으로 출생률은 12.07‰임에 반해, 사망인구는 975만 명으로 사망률은 7.11‰을 기록했으며, 자연증가율은 4.96‰을 기록했다. 2011∼2014년 출생률은 각각 11.93‰, 12.10‰, 12.08‰, 12.37‰이었다. 2011년 사망률은 2011년 7.14‰, 2012년은 7.15‰, 2013년과 2014년은 모두 7.16‰이었다. 2011년 인구 자연증가율은 4.79‰이었고 2012∼2014년은 각각 4.95‰, 4.92‰, 5.21‰이었다.

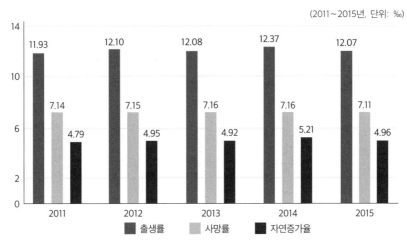

〈그림 4-1〉 인구 출생률, 사망률과 자연증가율 변화 추이

(2011∼2015년, 단위: ‰)

자료: 国家统计局官网(2015). 중국 통계자료연감 2015; 国家统计局(2016. 2. 29). 2015년 국민경제·사회 발전 통계공보.

3. 연령구조

2015년 말 중국의 0∼15세 인구는 2억 4,166만 명으로 총인구의 17.6%, 16∼59세 인구는 9억 1,096만 명으로 총인구의 66.3%, 60세 이상 인구는

2억 2,200만 명으로 총인구의 16.1%를 차지했다. 그중 65세 이상 인구는 1억 4,386만 명으로 총인구의 10.5%를 차지했다.

1999년 65세 이상 노인인구는 총 8,679만 명으로 총인구의 6.9%를 차지했다. 그러나 1999~2015년 노인인구는 급속히 증가했다. 65세 이상 노

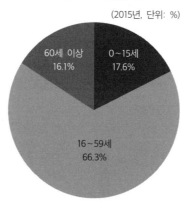

〈그림 4-2〉 연령구조

(2015년, 단위: %)

자료: 国家统计局(2016. 2. 29). 2015년 국민경제·사회 발전 통계공보.

〈그림 4-3〉 65세 이상 노인인구의 규모와 비중

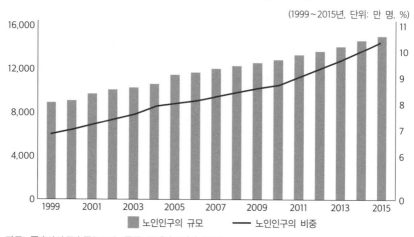

자료: 国家统计局官网(2015). 중국 통계자료연감 2015.

〈표 4-2〉 중국 연령구조

(2010~2014년, 단위: 만 명, %)

구분	0~14세		15~64세		65세 이상	
	인구수	비율	인구수	비율	인구수	비율
2010	22,259	16.6	99,938	74.5	11,894	8.9
2011	22,164	16.5	100,283	74.4	12,288	9.1
2012	22,287	16.5	100,403	74.1	12,714	9.4
2013	22,329	16.4	100,582	73.9	13,161	9.7
2014	22,558	16.5	100,469	73.4	13,755	10.1

자료: 国家统计局官网(2015). 중국 통계자료연감 2015.

〈표 4-3〉 60세 이상 노인인구의 변화 전망

(2016~2050년, 단위: 만 명)

구분	60세 이상	65세 이상	80세 이상
2016	22,960	14,916	2,730
2017	23,911	15,700	2,829
2018	24,667	16,446	2,937
2019	25,035	17,312	2,981
2020	25,500	18,134	3,077
2021	25,669	18,854	3,173
2022	26,652	19,680	3,251
2023	28,255	20,316	3,325
2024	29,482	20,581	3,426
2025	30,734	20,936	3,537
2026	31,957	21,008	3,683
2027	32,896	21,853	3,859
2028	34,335	23,285	4,043
2029	35,543	24,354	4,305
2030	36,944	25,440	4,576
2031	38,101	26,492	4,826
2032	39,174	27,267	5,189
2033	40,139	28,513	5,515
2034	40,963	29,531	5,902
2035	41,588	30,725	6,245
2036	42,131	31,682	6,512
2037	42,403	32,557	6,834
2038	42,766	33,328	7,026

<표 4-3> 60세 이상 노인인구의 변화 전망(계속)

구분	60세 이상	65세 이상	80세 이상
2039	43,135	33,967	6,982
2040	43,387	34,419	7,004
2041	43,671	34,795	6,857
2042	44,181	34,913	7,219
2043	44,394	35,119	7,952
2044	44,600	35,332	8,433
2045	44,800	35,435	8,916
2046	45,234	35,571	9,370
2047	45,929	35,933	9,638
2048	46,486	36,013	10,219
2049	47,216	36,094	10,639
2050	48,060	36,174	11,172

자료: 中国人口多状态发展趋势预测 2011~2100.

인인구는 2005년 1억 100만 명으로 총인구의 7. 7%, 2010년 1억 1, 900만 명으로 총인구의 8. 9%, 2015년 1억 4, 400만 명으로 총인구의 10. 47%를 차지했다. 1999~2015년 노인인구는 무려 5, 695만 명이 증가했는데 해마다 평균 약 355. 94만 명이 증가해 연평균 3. 21%의 증가율을 기록했다.

80세 이상 고령인구도 꾸준히 증가할 것으로 예상된다. 2015년 80세 이상 고령인구는 1. 85%를 기록했지만 2060년에는 12~13%, 2100년에는 16~18%에 달할 것으로 예상된다.

부양비(扶養比, 생산연령인구에 대한 비생산연령인구의 백분비)를 보면 2015년 중국 총부양비는 37%로 전년도보다 0. 8%p가 증가했다. 총부양비의 변화 추이를 살펴보면 2010~2014년 총부양비는 각각 34. 2%, 34. 4%, 34. 9%, 35. 3%, 36. 2%를 기록했다.

2015년 유년부양비(youth dependency ratio)는 22. 6%로 전년도보다 0. 1%p 증가한 반면, 노년부양비(old dependency ratio)는 14. 3%로 전년도보다 0. 6%p 증가했다. 유년부양비의 변화 추이를 살펴보면, 2010년 유년

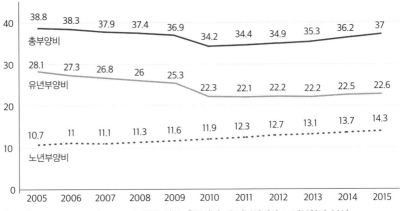

〈그림 4-4〉 중국 총부양비, 유년부양비와 노년부양비 변화 추이

(2005~2015년)

자료: 产业网(2016. 9. 2). 2016년 중국 인구 총부양비, 유년부양비와 노년부양비 분석.

부양비는 22.3%, 2011년 22.1%, 2012년과 2013년 모두 22.2%, 2014
년 22.5%로 증가했다. 한편 노년부양비는 2010년 이래 계속 증가하는 추
세이다. 2010~2015년 노년부양비는 각각 11.9%, 12.3%, 12.7%,
13.1%, 13.7%, 14.3%를 기록했으며, 최근 5년(2011~2015년)간 무려
2%p 증가했다.

일상생활 자립이 불가능한 노인인구의 규모는 빠르게 증가하고 있다.
2007년 말 전국 도농 일상생활 자립이 불가능한 노인인구는 1,350만 명이
었다(中国社会新闻出版总社, 2008. 4. 16). 2010년 말 도농 일상생활 자립이
부분적으로 불가능하거나 혹은 완전히 불가능한 노인인구는 약 3,300만 명
으로 전체 노인인구의 19.0%를 차지했다. 그중 일상생활 자립이 완전히
불가능한 노인은 1,080만 명으로 전체 노인인구의 6.23%를 차지했다.

도시와 농촌으로 구분해서 볼 때, 도시와 농촌에서 일상생활 자립이 완
전히 불가능한 노인이 전체 노인인구에서 차지하는 비율은 각각 5.0%와
6.9%로 농촌이 도시보다 훨씬 높게 나타났다. 지역별로 살펴볼 때, 동북
지역에서 일상생활 자립이 완전히 불가능한 노인의 비율은 8.8%로 가장

높게 나타났고 다음으로 서부지역과 중부지역에서 각각 7.4%와 6.7%를 기록했으며 동부지역의 비율은 4.8%로 가장 낮게 나타났다(張愷悌, 2011. 3. 1). 2020년에 일상생활 자립이 불가능한 노인은 4,200만 명, 2030년에는 6,168만 명, 2050년에는 9,750만 명에 달할 것으로 예상된다(〈新华网〉, 2016. 10. 26).

4. 유동인구

2015년 말 전국 호적지 이탈(人戸分离, 거주지역과 호적등록지역이 불일치) 인구는 약 2억 940만 명으로 2014년보다 약 400만 명이 감소했다. 그중 유동인구는 약 2억 470만 명으로 2014년보다 600만 명이 감소했다. 2010년 전국 호적지 이탈인구는 약 2억 610만 명이었다. 그중 유동인구는 약 2억 210만 명이었다. 2011~2014년 전국 호적지 이탈인구는 각각 2억 710만 명, 2억 790만 명, 2억 890만 명, 2억 980만 명이었다. 그중 유동인구는 각각 2억 300만 명, 2억 360만 명, 2억 450만 명, 2억 530만 명이었다.

국가위생계획생육위원회가 발표한 〈중국 유동인구 발전보고 2016〉에 따르면, 2015년 말 현재 총인구 13억 7,400만 명 중 2억 4,700만 명이 호적 소재지를 떠나 타 지역에 거주하는 것으로 조사되었다. 이는 중국 전체 인구의 18%를 차지하는 것으로, 중국인 6명 중 1명꼴로 타향살이를 하는 셈이다. 국가위생계획생육위원회는 현재와 같은 도시화 추세로 봤을 때 2020년쯤이면 유동인구 수가 2억 명 이상이 될 것으로 예상했다.

유동인구의 평균 연령은 2013년 27.9세에서 2015년 29.3세로 1.4세 증가하였다. 연령대별로는 '바링허우'(八零後, 1980년대 출생자)와 1990년 이후 태어난 젊은 세대가 생산연령층 유동인구의 48.8%를 차지했다. 지역별로 살펴볼 때, 2013년 전체 유동인구 중 75.7%가 동부에, 14.9%가 서

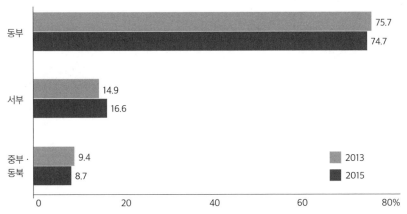

〈그림 4-5〉 유동인구 분포 지역

동부 75.7 / 74.7
서부 14.9 / 16.6
중부·동북 9.4 / 8.7

2013
2015

0   20   40   60   80%

자료: 국가위생계획생육위원회(2016). 중국 유동인구 발전보고 2016.

부에, 9.4%가 중부·동북에 거주한 것으로 조사된 반면, 2015년 전체 유
동인구 중 74.7%가 동부에, 16.6%가 서부에, 8.7%가 중부·동북에 거
주한 것으로 나타났다. 2013~2015년 사이에 동부 유동인구는 약간 감소
하고 서부 유동인구는 다소 증가했지만 유동인구가 동부에 편중된 현상은
여전하다.

5. 가임기 여성의 출산 상황

2014년 전국 인구변동 조사결과에 따르면 2013년 11월 1일부터 2014년
10월 31일까지의 평균 가임기 여성은 총 30만 4,733명, 출생자 수는 1만
1,377명이었다. 그중 한 자녀는 6,553명, 두 자녀는 4,082명, 세 자녀
이상은 735명이었다. 출산율은 37.33‰로 조사됐는데 한 자녀 출산율은
21.50‰, 두 자녀 출산율은 13.40‰, 세 자녀 이상 출산율은 2.41‰로
나타났다.

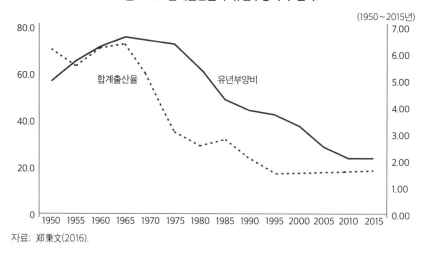

〈그림 4-6〉 합계출산율과 유년부양비의 변화

(1950~2015년)

합계출산율

유년부양비

자료: 郑秉文(2016).

합계출산율(合計出産率, 여성 1명이 평생 낳을 수 있는 평균 자녀 수)을 보면 2000년 전국 제5차 인구센서스 결과는 1.22명, 2005년 전국 1% 인구를 대상으로 실시한 샘플조사 결과는 1.34명, 2010년 전국 제6차 인구센서스 결과는 1.18명으로 전 세계 평균수준의 절반에도 미치지 못했다. 〈2010년 세계 인구수 지표〉에서 보다시피, 2010년 전 세계 가임기 여성은 평균적으로 2.5명을 출생하였다. 2015년 전국 1% 인구를 대상으로 실시한 샘플조사 결과는 1.047명으로, 인구구조를 유지할 수 있는 대체인구율(2.1명)의 절반에도 못 미친다.

6. 평균 예상수명

제6차 전국 인구센서스 조사결과에 따르면, 2010년 평균 예상수명은 74.83세로 2000년보다 3.43세가 높아졌다. 그중 남성인구의 평균 예상수명은 72.38세로 2000년보다 2.75세가 높아졌고 여성인구의 평균 예상수명은

〈표 4-4〉 평균 예상수명의 변화

(단위: 세)

연도	합계	남	여	남녀 차이
1981	67.77	66.28	69.27	-2.99
1990	68.55	66.84	70.47	-3.63
2000	71.40	69.63	73.33	-3.70
2010	74.83	72.38	77.37	-4.99

자료: 国家统计局官网(2012. 9. 21). "중국 인구의 평균 예상수명이 74.83세에 달했다".

77.37세로 2000년보다 4.04세가 높아졌다. 2000~2010년 사이에 남녀 평균 예상수명 차이를 비교해 볼 때 2000년 남녀 평균 예상수명 차이는 3.70세에서 2010년에는 4.99세로 높아졌다(国家统计局官网, 2012. 9. 21). 2015년 주민 1인당 평균 예상수명은 76.34세로 2010년보다 1.51세가 높아졌다(〈南方日报〉, 2016. 7. 25).

■ 참고문헌

해외 문헌

国家发展和改革委员会(2016. 3. 5). 〈关于2015年国民经济和社会发展计划执行情况与2016年国民经济和社会发展计划草案的报告〉.
郑秉文(2016). "高龄少子"到"全面二孩": 人口均衡发展的必然选择, 基于"人口转变"的国际比较〔J〕. 〈新疆师范大学学报〉(哲学社会科学版), 37(4), 24~35.

기타 자료

국가위생계획생육위원회(2016). 中国流动人口发展报告2016(중국 유동인구 발전보고 2016).
中国人口多状态发展趋势预测 2011~2100.

张恺悌(2011. 3. 1). 全国城乡失能老年人状况研究. 上海老龄网.

〈新华网〉(2016. 10. 26). 4年后我国失能老人将达4200万, 80岁以上高龄老人2900万. http://news. xinhuanet. com/photo/2016-10/26/c_129338788. htm.

〈南方日报〉(2016. 7. 25). 我国居民人均预期寿命76. 34岁, 比2010年提高1. 51岁.

闫妍·秦华(2016. 1. 21). 我国出生人口性别比连续第七次下降.〈中国妇女报〉.

国家卫计委(2016. 7. 20). 2015年我国卫生和计划生育事业发展统计公报. http://www. nhfpc. gov. cn/guihuaxxs/s10748/201607/da7575d64fa04670b5f375c87b6-229b0. shtml.

国家统计局(2016. 2. 29). 2015年国民经济和社会发展统计公报(2015년 국민경제·사회 발전 통계공보). http://www. stats. gov. cn/tjsj/zxfb/201602/t20160229_1323991. html.

_____(2016. 2. 29). 2015年国民经济和社会发展统计公报. http://www. stats. gov. cn/tjsj/zxfb/201602/t20160229_1323991. html.

国家统计局官网(2015). 中国统计年鉴2015(중국 통계자료연감 2015). http://www. stats. gov. cn/tjsj/ndsj/2015/indexch. htm.

_____(2015. 1. 20). 2014年国民经济在新常态下平稳运行. http://www. stats. gov. cn/tjsj/zxfb/201502/t20150211_682459. html.

_____(2012. 9. 21). "我国人口平均预期寿命达到74. 83岁"(중국 인구의 평균 예상수명이 74. 83세에 달했다). http://www. stats. gov. cn/tjsj/tjgb/rkpcgb/qgrkpcgb/201209/t20120921_30330. html.

产业网(2016. 9. 2). 2016年中国人口总抚养比, 少儿抚养比及老年抚养比分析(2016년 중국 인구 총부양비, 유년부양비와 노년부양비 분석). http://www. chyxx. com/industry/201609/444602. html.

人社部(2016. 6. 1). 2015年度人力资源和社会保障事业发展统计公报. http://www. mohrss. gov. cn/SYrlzyhshbzb/zwgk/szrs/tjgb/201606/t20160601_241070. html.

中国社会新闻出版总社(2008. 4. 16). 中国失能老年人问题的解决之道. http://bzs. mca. gov. cn/article/zgshdk/zbtj/200805/20080500015255. shtml.

中央政府官网(2016. 7. 16). 2016年中国经济半年报. http://www. gov. cn/xinwen/2016-07/16/content_5092020. htm.

05
정부재정과 사회복지재정*

중국경제에서 재정의 역할과 영향력이 확대되면서 중국의 재정상황과 시스템 및 구조에 대한 관심이 증가하고 있다. 통화정책은 상대적으로 긴축기조 성격이 강해지면서 경제성장을 지원하기 위한 확장적 재정정책의 중요성이 부각되고 있으며 성장둔화, 인구고령화, 빈부격차 등 재정여건 변화에 따른 재정시스템의 변화 필요성도 증가하고 있다. 이러한 변화로 인한 복지지출 증가 등 재정여건의 악화에 대비하여 재정의 효율화 등 지속가능성을 높이는 데 큰 노력을 기울여야 할 것이다.

1. 정부재정 현황

"2016년 중앙정부 일반 공공예산 수입예산표"에 따르면, 2016년 중앙 일반 공공예산 수입은 7조 570억 위안으로 전년도 대비 102.2% 증가했다(財政

* 이 글은 2012년 《주요국의 사회보장제도: 중국》(한국보건사회연구원, 2012)에서 필자가 작성한 "제1부 제4장 소득분배와 사회보장재정"을 수정 보완한 것이다.

部預算司, 2016a). "2016년 중앙정부 일반 공공예산 지출예산표"에 따르면, 2016년 중앙 일반 공공예산 지출은 8조 5,885억 위안으로 전년도 대비 106.3% 증가했다(財政部預算司, 2016b).

1) 일반 공공예산 수지 현황

2015년 전국 일반 공공예산 수입은 15조 2,217억 위안으로 전년도 대비 8.4% 증가했다. 그중 중앙 일반 공공예산 수입은 6조 9,234억 위안으로 전

〈표 5-1〉 일반 공공예산 수입 현황

(2010~2015년, 단위: 억 위안)

구분	일반 공공예산 수입		
	합계	중앙	지방
2010년	83,101.51	42,488.47	40,613.04
2011년	103,874.43	51,327.32	52,547.11
2012년	117,253.52	56,175.23	61,078.29
2013년	129,209.64	60,198.48	69,011.16
2014년	140,370.03	64,493.45	75,876.58
2015년	152,217.00	69,234.00	82,983.00

자료: 国家统计局官网(2015). 중국 통계자료연감 2015; 財政部国庫司(2016. 1. 29). 2015년 재정수지 현황.

〈표 5-2〉 일반 공공예산 지출 현황

(2010~2015년, 단위: 억 위안)

구분	일반 공공예산 지출		
	합계	중앙	지방
2010년	89,874.16	15,989.73	73,884.43
2011년	109,247.79	16,514.11	92,733.68
2012년	125,952.97	18,764.63	107,188.34
2013년	140,212.10	20,471.76	119,740.34
2014년	151,785.56	22,570.07	129,215.49
2015년	175,768.00	25,549.00	150,219.00

자료: 国家统计局官网(2015). 중국 통계자료연감 2015; 財政部国庫司(2016. 1. 29). 2015년 재정수지 현황.

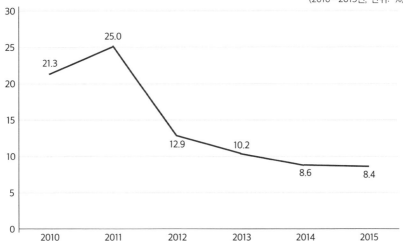

〈그림 5-1〉 일반 공공예산 수입 증가 속도 변화 추이

(2010~2015년, 단위: %)

자료: 国家统计局官网(2015). 중국 통계자료연감 2015; 财政部国库司(2016. 1. 29). 2015년 재정수지 현황.

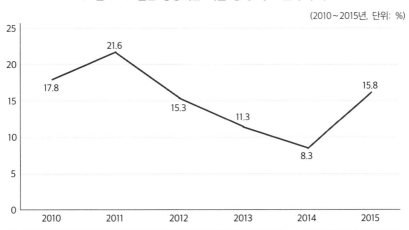

〈그림 5-2〉 일반 공공예산 지출 증가 속도 변화 추이

(2010~2015년, 단위: %)

자료: 国家统计局官网(2015). 중국 통계자료연감 2015; 财政部国库司(2016. 1. 29). 2015년 재정수지 현황.

년도 대비 7.4% 증가했다. 지방 일반 공공예산 수입은 8조 2,983억 위안으로 전년도 대비 9.4% 증가했다. 전국 일반 공공예산 수입 중 세금수입은 12조 4,892억 위안으로 전년도 대비 4.8% 증가했고 비세금수입은 2조 7,325억 위안으로 전년도 대비 28.9% 증가했다(財政部国库司, 2016. 1. 29).

2015년 일반 공공예산 지출은 17조 5,768억 위안으로 전년도 대비 15.8% 증가했다. 중앙과 지방을 구분해 볼 때, 중앙 일반 공공예산 지출은 2조 5,549억 위안으로 13.2% 증가한 반면, 지방 수입, 중앙 세금상환, 이전지급(*transfer payments*) 기금과 이월적립금 동원 등에 사용된 지방 재정지출은 15조 219억 위안으로 16.3% 증가했다(財政部国库司, 2016. 1. 29).

2) 일반 공공예산의 주요 수입항목 현황

2015년 전국 일반 공공예산 수입 중 세금수입은 12조 4,892억 위안이었다. 그중 국내 부가가치세는 3조 1,109억 위안으로 전년도 대비 0.8% 증가했고 부가가치세 통합정책(營業稅改征增値稅) 이전수입의 영향을 제외하면 5% 감소했다. 국내 소비세는 1조 542억 위안으로 전년도 대비 18.4% 증가했다. 영업세는 1조 9,313억 위안으로 전년도 대비 8.6% 증가했고 부가가치세 통합정책 이전수입의 영향을 제외한 후 9.3% 증가했다.

업종별로 살펴볼 때, 금융업 영업세가 4,561억 위안으로 19.5% 증가했고, 부동산 영업세는 6,104억 위안으로 8.5% 증가했으며, 건축업 영업세는 5,136억 위안으로 7.2% 증가했다. 기업소득세는 27,125억 위안으로 전년도 대비 10.1% 증가했고, 2014년도와 2015년도의 기업소득세 환급을 제외하더라도 4.5% 증가했다. 업종별로 살펴볼 때, 금융업 기업소득세는 8,572억 위안으로 13.9% 증가했고, 부동산 기업소득세는 2,871억 위안으로 3% 감소했으며, 공업 기업소득세는 7,425억 위안으로 5.3% 감소했다. 개인소득세는 8,618억 위안으로 전년도 대비 16.8% 증가했다. 수입

〈표 5-3〉 중앙과 지방 일반 공공예산의 주요 수입항목

(2014년, 단위: 억 위안)

| | | 일반 공공예산 수입 | | |
		합계	중앙	지방
합계		140,370.03	64,493.45	75,876.58
세수입	소계	119,175.31	60,035.40	59,139.91
	국내 부가가치세	30,855.36	21,103.03	9,752.33
	국내 소비세	8,907.12	8,907.12	
	수입품 부가가치세와 소비세	14,425.30	14,425.30	
	수출품 부가가치세와 소비세	-11,356.46	-11,356.46	
	영업세	17,781.73	68.94	17,712.79
	기업소득세	24,642.19	15,813.55	8,828.64
	개인소득세	7,376.61	4,426.03	2,950.58
	자원세	1,083.82	44.44	1,039.38
	도시유지보호건설세	3,644.64	182.82	3,461.82
	임대 소득세	1,851.64		1,851.64
	인지세	1,540.00	646.88	893.12
	도시 토지 사용세	1,992.62		1,992.62
	토지 부가가치세	3,914.68		3,914.68
	차량선박세	541.06		541.06
	항만시설사용료	45.23	45.23	
	차량구입세	2,885.11	2,885.11	
	관세	2,843.41	2,843.41	
	경지점용세	2,059.05		2,059.05
	취득세	4,000.70		4,000.70
	연초세	141.05		141.05
	기타 세수입	0.45		0.45
비세수입	소계	21,194.72	4,458.05	16,736.67
	특별 수입	3,711.35	406.59	3,304.76
	행정사업성 요금	5,206.00	365.63	4,840.37
	벌금 부과 및 재물 몰수 수입	1,721.82	88.93	1,632.89
	국유 자본 경영 수입	3,176.33	2,029.99	1,146.34
	국유 자원 (자산)유상 사용 수입	4,366.77	179.12	4,187.65
	기타 수입	3,012.45	1,387.79	1,624.66

자료: 国家统计局官网(2015). 중국 통계자료연감 2015.

<표 5-4> 주요 세수입

(2010~2014년, 단위: 억 위안)

구분	국내 부가가치세	국내 소비세	영업세	기업 소득세	개인 소득세	관세
2010년	21,093.48	6,071.55	11,157.91	12,843.54	4,837.27	2,027.83
2011년	24,266.63	6,936.21	13,679.00	16,769.64	6,054.11	2,559.12
2012년	26,415.51	7,875.58	15,747.64	19,654.53	5,820.28	2,783.93
2013년	28,810.13	8,231.32	17,233.02	22,427.20	6,531.53	2,630.61
2014년	30,855.36	8,907.12	17,781.73	24,642.19	7,376.61	2,843.41

자료: 国家统计局官网(2015). 중국 통계자료연감 2015.

품 부가가치세와 소비세는 1조 2,517억 위안으로 전년도 대비 13.2% 감소했고, 관세는 2,555억 위안으로 전년도 대비 10.2% 감소했다. 수출 환급은 12,867억 위안으로 전년도 대비 13.3% 증가했다. 차량구입세는 2,793억 위안으로 전년도 대비 3.2% 감소했다. 증권거래 인지세는 2,553억 위안으로 전년도 대비 2.8배 증가했다. 지방세 방면에서, 취득세는 3,899억 위안으로 전년도 대비 2.6% 감소했고, 토지 부가가치세는 3,832억 위안으로 전년도 대비 2.1% 감소한 반면, 경지점용세는 2,097억 위안으로 전년도 대비 1.9% 증가했고, 도시 토지 사용세는 2,142억 위안으로 전년도 대비 7.5% 증가했다(财政部国库司, 2016. 1. 29).

2015년 비세수입(非稅收入)은 2조 7,325억 위안으로 28.9% 증가했다. 그중 중앙 비세수입은 6,997억 위안으로 57% 증가했다. 지방 비세수입은 2조 328억 위안으로 21.5% 증가했다(财政部国库司, 2016. 1. 29).

3) 일반 공공예산의 주요 지출항목 현황

2015년 일반 공공예산 지출 중 교육 지출은 2조 6,205억 위안으로 전년 대비 8.4% 증가했다. 문화·교육과 대중매체 지출은 3,067억 위안으로 9.3% 증가했고, 의료·위생과 계획출산 지출은 1조 1,916억 위안으로 17.1% 증가했고, 사회보장과 취업 지출은 1조 9,001억 위안으로 16.9%

증가하였으며, 도농 지역사회 지출은 1조 5,912억 위안으로 11.5% 증가했다. 농업·임업·수업 지출은 1조 7,242억 위안으로 16.9% 증가했고, 에너지 절약과 환경보호 지출은 4,814억 위안으로 26.2% 증가했으며, 교통·운수 지출은 1조 2,347억 위안으로 17.7% 증가했다.

〈그림 5-3〉 전국 일반 공공예산 주요 지출항목

(2015년, 단위: 억 위안)

- 에너지 절약과 환경보호 지출 4,814
- 교통·운수 지출 12,347
- 교육 지출 26,205
- 문화·교육과 대중매체 지출 3,067
- 농업·임업·수업 지출 17,242
- 의료·위생과 계획출산 지출 11,916
- 도농 지역사회 지출 15,912
- 사회보장과 취업 지출 19,001

자료: 財政部国庫司(2016. 1. 29). 2015년 재정수지 현황.

〈그림 5-4〉 일반 공공예산 주요 항목 지출 증가 현황

(2015년, 단위: %)

교육 지출	문화·교육과 대중매체 지출	의료·위생과 계획출산 지출	사회보장과 취업 지출	도농 지역사회 지출	농업·임업·수업 지출	에너지 절약과 환경보호 지출	교통·운수 지출
8.4	9.3	17.1	16.9	11.5	16.9	26.2	17.7

자료: 財政部国庫司(2016. 1. 29). 2015년 재정수지 현황.

<표 5-5> 중앙과 지방 일반 공공예산 주요 지출항목

(2014년, 단위: 억 위안)

구분	일반 공공예산 지출		
	합계	중앙	지방
	151,785.76	22,570.07	129,215.49
일반 공공서비스 지출	13,267.50	1,050.43	12,217.07
외교 지출	361.54	360.09	1.45
국방 지출	8,289.54	8,055.14	234.40
공공 안전 지출	8,357.23	1,477.76	6,879.47
교육 지출	23,041.71	1,253.62	21,788.09
과학기술 지출	5,314.45	2,436.66	2,877.79
문화 체육과 미디어 지출	2,691.48	223.00	2,468.48
사회복지와 취업 지출	15,968.85	699.91	15,268.94
의료 위생과 계획출산 지출	10,176.81	90.25	10,086.56
에너지 환경보호 지출	3,815.64	344.74	3,470.90
도농 지역사회 지출	12,959.49	17.18	12,942.31
농림수 지출	14,173.83	539.67	13,634.16
교통 운수 지출	10,400.42	731.16	9,669.26
자원 탐사정보 등 지출	4,997.04	362.31	4,634.73
상업서비스업 등 지출	1,343.98	24.20	1,319.78
금융 지출	502.24	243.54	258.70
기타 지역 원조 지출	216.50		216.50
국토 해양 기상 등 지출	2,083.03	360.47	1,722.56
주택 보장 지출	5,043.72	405.41	4,638.31
식량과 식용유 물자 비축 지출	1,939.33	1,160.94	778.39
정부 채무 이자 지급 지출	3,586.70	2,603.60	983.10
기타 지출	32,54.53	129.99	3,124.54

자료: 国家统计局官网(2015). 중국 통계자료연감 2015.

4) 채무 현황

"2015년과 2016년 지방정부 일반채무 잔고 현황표"와 "2015년과 2016년 지방정부 특별채무 잔고 현황표"에 따르면, 2014년 말 지방정부 일반채무 잔고는 9억 4, 272억 4천만 위안, 2015년 말 지방정부 일반채무 잔고집행은 9조 9, 272억 4천만 위안, 2016년 말 지방정부 일반채무 잔고한도는 10조

<표 5-6> 채무 현황

(2010~2014년)

	중앙재정 채무 잔고(억 위안)		외채 잔고 (억 달러)	외채 리스크 지표(%)*		
	국내 채무	국외 채무		채무상환율	부채율	채무율
2010년	66,987.97	560.14	5,489.4	1.6	9.3	29.2
2011년	71,410.80	633.71	6,950.0	1.7	9.5	33.3
2012년	76,747.91	817.79	7,369.9	1.6	9.0	32.8
2013년	85,836.05	910.86	8,631.7	1.6	9.4	35.6
2014년	94,676.31	979.14	8,954.6	1.9	8.6	35.2

주: * 외채 채무상환율 = 외채상환액 / 외화수입; 외채 부채율 = 외채잔액 / GDP; 외채 채무율 = 외채잔
액 / 외화수입.
자료: 国家统计局官网(2015). 중국 통계자료연감 2015.

7,072억 4천만 위안이었다. 2014년 말 지방정부 특별채무 잔고는 5조 9,801억 9천만 위안, 2015년 말 지방정부 특별채무 잔고집행은 6조 801억 9천만 위안, 2016년 말 지방정부 특별채무 잔고한도는 6조 4,801억 9천만 위안이었다(财政部预算司, 2016c, 2016d).

5) 정부 기금 예산수지 현황

2015년 정부 기금 예산수입은 4조 2,330억 위안으로 전년도 대비 21.8% 감소했다. 중앙과 지방으로 구분해 볼 때, 중앙정부 기금 예산수입은 4,112억 위안으로 전년도 대비 0.1% 증가한 반면, 지방정부 기금 예산수입은 3조 8,218억 위안으로 전년도 대비 23.6% 감소했다. 그중 국유 토지 사용권 매출수입은 3조 2,547억 위안으로 전년도 대비 8,840억 위안이 감소했다.

2015년 정부 기금 예산지출은 42,364억 위안으로 전년도 대비 17.7% 감소했다. 중앙과 지방으로 구분해 볼 때, 중앙정부 기금지출은 3,024억 위안으로 전년도 대비 2% 증가한 반면, 지방정부 기금지출은 3조 9,340억 위안으로 전년도 대비 18.9% 감소했다. 그중 국유 토지 사용권 매출수입으로 인한 지출은 3조 2,895억 위안으로 전년도 대비 7,464억 위안

이 감소했다(財政部国庫司, 2016. 1. 29).

6) 국유자본 경영 예산수지 현황

2015년 국유자본 경영 예산수입은 2,560억 위안으로 전년도 대비 27.5%
증가했다. 중앙과 지방으로 구분해 볼 때, 중앙 국유자본 경영 예산수입은
1,613억 위안으로 14.3% 증가했고 지방 국유자본 경영 예산수입은 947억
위안으로 58.8% 증가했다.

   2015년 전국 국유자본 경영 예산지출은 2,079억 위안으로 전년도 대비
3.2% 증가했다. 중앙과 지방으로 구분해 볼 때, 중앙 국유자본 경영 예산
지출은 1,235억 위안으로 12.9% 감소했고, 지방 국유자본 경영 예산지출
은 844억 위안으로 41.8% 증가했다(財政部国庫司, 2016. 1. 29).

2. 사회복지재정 현황

1) 사회보험기금 수지 현황

2015년 5대 사회보험기금(도농주민 기본연금 포함) 수입은 총 4조 6,012억 위
안으로 전년도 대비 6,184억 위안이 증가해 15.5%의 성장률을 기록했다.
기금 지출은 총 3조 8,988억 위안으로 전년도 대비 5,985억 위안이 증가해
18.1%의 성장률을 기록했다.

(1) 연금
2015년 기본연기금 수입은 3조 2,195억 위안으로 전년도 대비 16.6% 증가
했다. 보험료 수입은 2조 3,717억 위안으로 전년도 대비 12.4% 증가한 반
면, 기금 지출은 2조 7,929억 위안으로 전년도 대비 19.7% 증가했다.

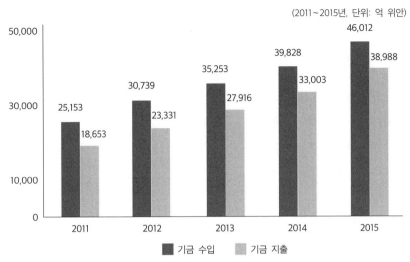

〈그림 5-5〉 사회보험기금 수지 현황

(2011~2015년, 단위: 억 위안)

자료: 人社部(2016. 6. 1). 2015년 인력자원·사회보장사업 발전 통계공보.

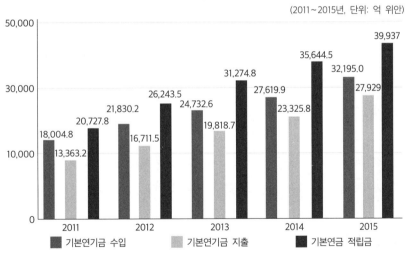

〈그림 5-6〉 기본연기금 수지와 적립금

(2011~2015년, 단위: 억 위안)

자료: 国家统计局官网(2015). 중국 통계자료연감 2015; 人社部(2016. 6. 1). 2015년 인력자원·사회보장사업 발전 통계공보.

2015년 말 기금 적립금은 3조 9,937억 위안이었다.

2015년 도시 기업근로자 연기금 수입은 2조 9,341억 위안으로 전년도 대비 15.9% 증가했다. 보험료 수입은 2조 3,016억 위안으로 전년도 대비 12.6% 증가했다. 각급 재정 보조 기본연기금은 4,716억 위안이었다. 2015년 기금 지출은 2조 5,813억 위안으로 전년도 대비 18.7% 증가했다. 2015년 말 기금 적립금은 3조 5,345억 위안이었다. 또한 2015년 도농주민 기본연기금 수입은 2,855억 위안으로 전년도 대비 23.6% 증가했다. 보험료 수입은 700억 위안이었고, 기금 지출은 2,117억 위안으로 전년도 대비 34.7% 증가했다. 2015년 말 기금 적립금은 4,592억 위안이었다. 한편 2015년 말 기업연기금 적립금은 9,526억 위안이었다.

(2) 의료보험

2015년 도시 기본의료보험기금 수입은 1조 1,193억 위안, 지출은 9,312억 위안으로 각각 전년도 대비 각각 15.5%와 14.5% 증가했다. 2015년 말 도시 기본의료보험 통합기금 적립금은 8,114억 위안(도시주민 기본의료보험기금 적립금 1,546억 위안 포함), 개인계좌 적립금은 4,429억 위안이었다.

(3) 고용보험

2015년 고용보험기금 수입은 1,368억 위안으로 전년도 대비 0.9% 감소했고, 기금 지출은 736억 위안으로 전년도 대비 19.8% 증가했다. 2015년 말 고용보험기금 적립금은 5,083억 위안이었다.

(4) 산재보험

2015년 산재보험기금 수입은 754억 위안, 지출은 599억 위안으로 전년도 대비 각각 8.6%와 6.8% 증가했다. 2015년 말 산재보험기금 적립금은 1,285억 위안(예비금 209억 위안 포함)이었다.

〈그림 5-7〉 도시 기본의료보험기금 수지와 적립금

(2011~2015년, 단위: 억 위안)

■ 도시 기본의료보험기금 수입　■ 도시 기본의료보험기금 지출　■ 도시 기본의료보험 적립금

자료: 国家统计局官网(2015). 중국 통계자료연감 2015; 人社部(2016. 6. 1). 2015년 인력자원 · 사회보장사업 발전 통계공보.

〈그림 5-8〉 고용보험기금 수지와 적립금

(2011~2015년, 단위: 억 위안)

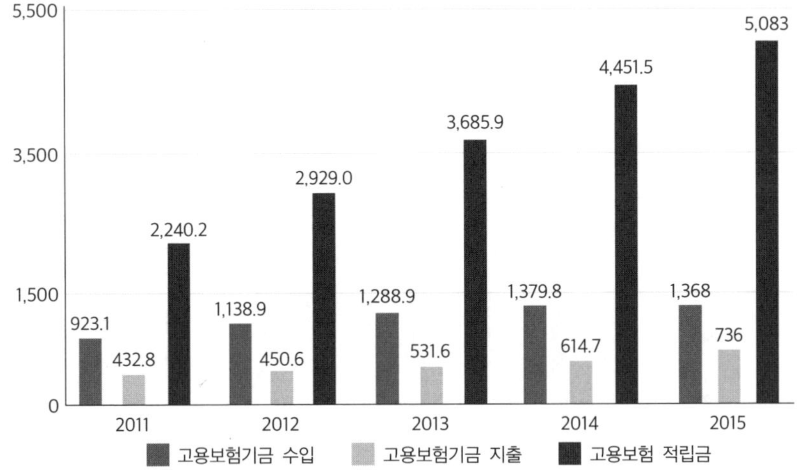

■ 고용보험기금 수입　■ 고용보험기금 지출　■ 고용보험 적립금

자료: 国家统计局官网(2015). 중국 통계자료연감 2015; 人社部(2016. 6. 1). 2015년 인력자원 · 사회보장사업 발전 통계공보.

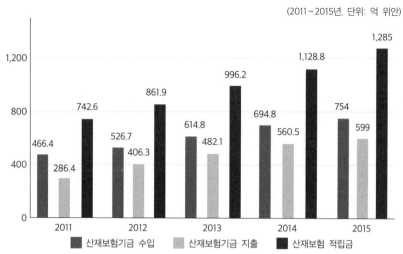

〈그림 5-9〉 산재보험기금 수지와 적립금

(2011~2015년, 단위: 억 위안)

자료: 国家统计局官网(2015). 중국 통계자료연감 2015; 人社部(2016. 6. 1). 2015년 인력자원·사회보
장사업 발전 통계공보.

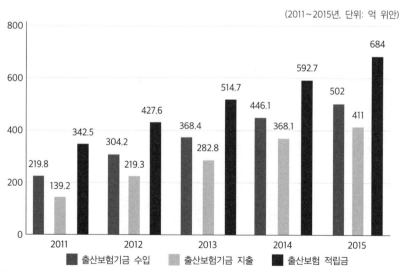

〈그림 5-10〉 출산보험기금 수지와 적립금

(2011~2015년, 단위: 억 위안)

자료: 国家统计局官网(2015). 중국 통계자료연감 2015; 人社部(2016. 6. 1). 2015년 인력자원·사회보
장사업 발전 통계공보.

(5) 출산보험

2015년 한 해 출산보험기금 수입은 502억 위안, 지출은 411억 위안으로 전년도 대비 각각 12.5%와 11.8% 증가했다. 2015년 말 출산보험기금 적립금은 684억 위안이었다.

2) 사회보험 가입 현황

(1) 연금

2015년 말 기본연금 가입자 수는 8억 5,833만 명으로 전년도 대비 1,601만 명이 증가했다. 2015년 말 도시 기업근로자 연금 가입자 수는 3억 5,361만 명으로 전년도 대비 1,237만 명이 증가했다. 그중 가입근로자는 2억 6,219만 명, 가입퇴직자는 9,142만 명으로 전년도 대비 각각 688만 명과 549만 명이 증가했다. 2015년 말 도시 기업근로자 연금에 가입한 농민공 수는 5,585만 명으로 전년도 대비 113만 명이 증가했다. 2015년 말 도시 기업근로자 연금 가입자 수는 3억 3,123만 명으로 전년도 대비 1,177만 명이 증가했다.

　2015년 말 도농주민 기본연금 가입자 수는 5억 472만 명으로 전년도 대비 365만 명이 증가했다. 그중 연금 수급자 수는 1억 4,800만 명이었다. 2015년 말 전국 7만 5,500호 기업에서 기업연금을 수립하여 전년도 대비 3.0% 증가했다. 가입근로자 수는 2,316만 명으로 전년도 대비 1.0% 증가했다.

(2) 의료보험

2015년 말 도시 기본의료보험 가입자 수는 약 6억 6,582만 명으로 전년도 대비 약 6,835만 명이 증가했다. 그중 도시근로자 기본의료보험 가입자 수는 약 2억 8,893만 명으로 전년도 대비 약 597만 명이 증가했고, 도시주민 기본의료보험 가입자 수는 약 3억 7,689만 명으로 전년도 대비 약 6,238만 명이 증가했으며, 신형 농촌 합작의료보험 가입자 수는 약 6억 7,000만 명으로 가입률은 98.8%였다. 가입자 수는 전년도 대비 약 6,600만 명 감소했고 가입률은 0.1% 감소했다(国家卫计委官网, 2016. 7. 20). 도시근로자 기본의료보험 가입자 수 중 가입재직자는 2억 1,362만 명, 가입퇴직자는 7,531만 명으로 전년도 대비 각각 321만 명과 276만 명이 증가했다. 2015년 말 도시 기본의료보험에 가입한 농민공 수는 5,166만 명으로 전년도 대비 63만 명이 감소했다.

(3) 고용보험

2015년 고용보험에 가입한 사람은 약 1억 7,326만 명으로 전년도 대비 약 283만 명이 증가했다. 그중 고용보험에 가입한 농민공 수는 약 4,219만 명으로 전년도 대비 약 148만 명이 증가했다. 2015년 말 고용보험급여 수급자 수는 약 227만 명으로 전년도 대비 약 20만 명이 증가했다. 2015년 약 456만 8천 명에게 고용보험급여가 지급되었고 이는 전년도 대비 약 34만 8천 명이 증가한 수치이다. 또한 2015년 노동계약이 종료된 후 재계약하지 않거나 혹은 노동계약이 종료되기 전에 해고된 약 71만 명 농민공에게 일회성 생활보조금이 지급되었다.

(4) 산재보험

2015년 말 산재보험(공상보험) 가입자 수는 약 2억 1,432만 명으로 전년도 대비 약 793만 명이 증가했다. 그중 산재보험에 가입한 농민공 수는 7,489만 명으로 전년도 대비 약 127만 명이 증가했다. 2015년 산업재해로 인정된 자는 약 107만 6천 명으로 전년도 대비 7만 1천 명이 감소했고, 장애등급으로 판정받은 자는 약 54만 2천 명으로 전년도 대비 1만 6천 명이 감소했으며, 산재보험급여 수급자 수는 약 202만 명으로 전년도 대비 4만 명이 증가했다.

(5) 출산보험

2015년 말 출산보험 가입자 수는 1억 7,771만 명으로 전년도 대비 732만 명이 증가했다. 2015년 출산보험 수급 횟수는 약 642만 회로 전년도 대비 29만 회가 증가했다.

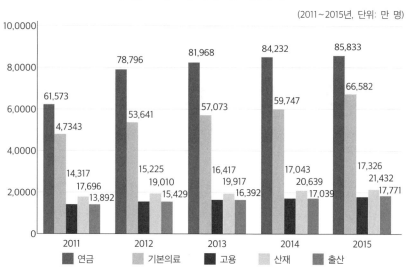

〈그림 5-11〉 5대 사회보험 가입자 수

(2011~2015년, 단위: 만 명)

자료: 人社部(2016. 6. 1). 2015년 인력자원·사회보장사업 발전 통계공보.

3) 공공부조

(1) 도시주민 최저생활보장

2015년 말 현재 전국 도시주민 최저생활보장 대상자는 957만 4천 호, 1,701만 1천 명으로 조사되었다. 2015년 도시주민 최저생활보장급여로 지출된 각급 재정은 719억 3천만 위안이었다. 2015년 전국 도시주민 최저생활보장의 평균 급여 기준은 매월 1인당 451. 1위안으로 전년도 대비 9. 5% 증가했다. 전국 도시주민 최저생활보장급여는 1인당 평균 316. 6위안이 지급되어

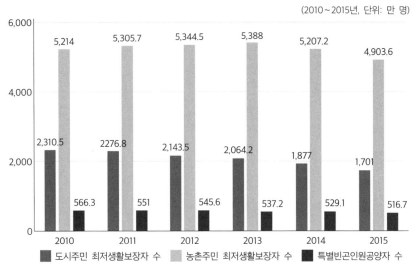

〈그림 5-12〉 취약계층 기본생활구조 현황

(2010~2015년, 단위: 만 명)

■ 도시주민 최저생활보장자 수   ■ 농촌주민 최저생활보장자 수   ■ 특별빈곤인원공양자 수

자료: 民政部官网(2016. 7. 11). 2015년 사회서비스 발전 통계공보.

전년도 대비 10.9% 증가했다.

(2) 농촌주민 최저생활보장

2015년 말 현재 전국 농촌주민 최저생활보장 대상자는 2,846만 2천 호, 4,903만 6천 명으로 조사되었다. 2015년 농촌주민 최저생활보장급여로 지출된 각급 재정은 931억 5천만 위안이었다. 2015년 전국 농촌주민 최저생활보장의 평균 급여 기준은 매월 1인당 3,177.6위안으로 전년도 대비 14.4% 증가했다. 전국 농촌주민 최저생활보장급여는 1인당 평균 1,766.5위안이 지급되어 전년도 대비 13.8% 증가했다.

(3) 특별빈곤인원공양

2015년 말 현재 특별빈곤인원공양 대상자는 516만 7천 명으로 전년도 대비 2.3% 감소했다. 2015년 특별빈곤인원공양급여로 지출된 각급 재정은 210

억 위안으로 전년도 대비 10.6% 증가했다. 그중 집중공양(集中供養) 대상
자는 162만 3천 명이었고 연평균 1인당 급여 기준은 625.7위안으로 전년도
대비 12.2% 증가했다. 반면 분산공양(分散供養) 대상자는 354만 4천 명
이었고, 연평균 1인당 급여 기준은 4,490.1위안으로 전년도 대비 12.1%
증가했다.

(4) 의료구조

2015년 기본의료보험 가입지원을 받은 자는 6,634만 7천 명이었고 기본의료
보험 가입지원에 61억 7천만 위안이 지출되었으며 기본의료보험 가입지원급
여로 1인당 평균 93위안이 지급되었다. 2015년 직접의료구조는 약 2,889만
1천 회가 제공되었는데, 입원진료부조는 1,307만 9천 회, 외래진료부조는
1,581만 2천 회가 제공되었다. 부조로 236억 8천만 위안이 지출되었는데,
입원진료부조는 208억 7천만 위안, 외래진료부조는 28억 위안이 지출되었
다. 2015년 한 해 무휼부조[1]가 436만 5천 회 제공되었고, 무휼부조 의료급
여는 34억 6천만 위안이었으며, 1인당 평균 급여 기준은 793위안이었다.

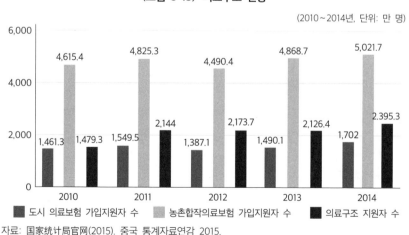

〈그림 5-13〉 의료구조 현황

(2010~2014년, 단위: 만 명)

자료: 国家统计局官网(2015). 중국 통계자료연감 2015.

(5) 임시구조

2015년 임시구조는 655만 4천 회가 제공되었다. 호적지역으로 구분해 보면, 호적지인 가정에게는 633만 5천 회를, 호적지가 아닌 가정에게는 21만 9천 회를 제공했다.

4) 민간복지사업

2015년 말 현재 전국적으로 사회기부 워크스테이션(*social donation work station*)과 채러티 슈퍼마켓(*charity supermarket*)은 3만 개(그중 채러티 슈퍼마켓은 9,654개)에 달했다. 2015년 한 해 기부금은 약 654억 5천만 위안이었는데, 민정부가 사회 각계각층으로부터 받은 기부금은 약 44억 2천만 위안, 각종 사회조직이 받은 기부금은 약 610억 3천만 위안이었다.

〈그림 5-14〉 민정부가 받은 사회기부금과 의복·이불 현황

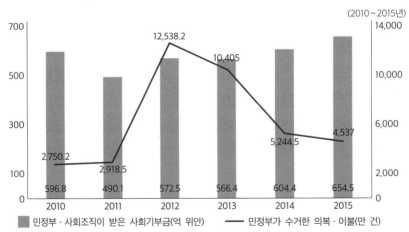

자료: 民政部官网(2016. 7. 11). 2015년 사회서비스 발전 통계공보.

---

1) 군인이나 국가기관 직원이 희생 또는 사망하거나, 공무 또는 전쟁으로 부상을 당해 생활이 어려울 때 본인 및 가정에게 정신적인 위로나 현물로 도와주는 것을 의미한다.

2015년 한 해 각 지역에서 민정부가 수거한 의복·이불은 약 4,537만 건, 현시가로 환산하여 약 5억 2천만 위안에 이른다. 다른 정부부처로부터 전해 받은 사회기부금은 약 4억 3천만 위안, 의복·이불은 약 172만 5천 건으로 현 시가로 약 6,164만 4천 위안에 이른다. 2015년 한 해 취약계층은 약 1,838만 4천 회 도움의 손길을 제공받았다. 2015년 한 해 사회서비스 영역 에서 약 934만 6천 회 자원서비스를 제공하였다.

5) 무휼사업 현황

2015년 말 현재 국가 무휼·부조 등 각종 무휼 대상자는 897만 명에 달했 다. 그중 장애등급 인원은 73만 7천 명, 상이군경은 118만 4천 명, 재향 복 직군인은 79만 2천 명, 60세 이상 농촌호적 퇴직군인은 392만 5천 명, 재 향 퇴직 홍군원로전사는 177명, 재향 서로군 홍군원로전사는 64명, 홍군 이산인원은 3,708명, 열사유족은 16만 1천 명, 공적인 일로 희생당하거나 혹은 사고를 당한 군인유족은 10만 4천 명이었다.

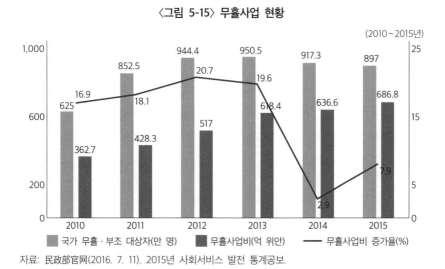

〈그림 5-15〉 무휼사업 현황

(2010~2015년)

자료: 民政部官网(2016. 7. 11). 2015년 사회서비스 발전 통계공보.

■ 참고문헌

해외 문헌

国家发展和改革委员会(2016. 3. 5). 〈关于2015年国民经济和社会发展计划执行情况
　　与2016年国民经济和社会发展计划草案的报告〉.

기타 자료

国家卫计委官网(2016. 7. 20). 2015年我国卫生和计划生育事业发展统计公报. http://
　　www. nhfpc. gov. cn/guihuaxxs/s10748/201607/da7575d64fa04670b5f375c87b62
　　29b0. shtml.

国家统计局(2016. 2. 29). 2015年国民经济和社会发展统计公报. http://www. stats.
　　gov. cn/tjsj/zxfb/201602/t20160229_1323991. html.

国家统计局官网(2015). 中国统计年鉴2015 (중국 통계자료연감 2015). http://www.
　　stats. gov. cn/tjsj/ndsj/2015/indexch. htm.

民政部官网(2016. 7. 11). 2015年社会服务发展统计公报 (2015년 사회서비스 발전 통
　　계공보). http://www. mca. gov. cn/article/zwgk/mzyw/201607/20160700001-
　　136. shtml.

人社部(2016. 6. 1). 2015年度人力资源和社会保障事业发展统计公报 (2015년 인력자
　　원·사회보장사업 발전 통계공보). http://www. mohrss. gov. cn/SYrlzyhsh-
　　bzb/zwgk/szrs/tjgb/201606/t20160601_241070. html.

财政部预算司(2016a). 2016年中央一般公共预算收入预算表 (2016년 중앙정부 일반
　　공공예산 수입예산표). http://yss. mof. gov. cn/2016czys/201603/t20160325_
　　1924501. html.

_____(2016b). 2016年中央一般公共预算支出预算表 (2016년 중앙정부 일반 공공예
　　산 지출예산표). http://yss. mof. gov. cn/2016czys/201603/t20160325_192449-
　　6. html.

_____(2016c), 2015年和2016年地方政府一般债务余额情况表 (2015년과 2016년 지방
　　정부 일반채무 잔고 현황표). http://yss. mof. gov. cn/2016czys/201603/t20-
　　160329_1928956. html.

_____(2016d). 2015年和2016年地方政府专项债务余额情况表 (2015년과 2016년 지
　　방정부 특별채무 잔고 현황표). http://yss. mof. gov. cn/2016czys/201603/t20-

160329_1928957. html.

财政部国库司(2016. 1. 29). 2015年财政收支情况(2015년 재정수지 현황). http://
gks. mof. gov. cn/zhengfuxinxi/tongjishuju/201601/t20160129_1661457. html.

中央政府官网(2016. 7. 16). 2016年中国经济半年报. http://www. gov. cn/xinwen/
wen/2016-07/16/content_5092020. htm.

06

최근 사회보장 개혁동향*

지난 2016년 3월 전국인민대표회의에서는 13·5 규획(2016~2020년) 강요
를 발표하였다. 5개년 규획은 중국이 앞으로 5년 동안 어떻게 국정을 꾸려
나갈 것인가에 대한 중장기적인 계획으로, 이번 13·5 규획 강요는 '전면
적 샤오캉사회' 건설 완성에 초점이 맞춰졌다. 13·5 규획 강요는 국가발
전의 청사진을 보여줄 뿐만 아니라 사회보장을 포함한 모든 영역의 국가발
전 계획안을 다루기 때문에 중국의 사회보장 개혁동향을 파악하는 데 도움
이 된다.

---

* 이 글은 2012년 《주요국의 사회보장제도: 중국》(한국보건사회연구원, 2012)에서 필자가
  작성한 "제1부 제5장 최근 사회보장 개혁동향"을 수정 보완한 것이다.

1. 13·5 규획 기간 전면적 샤오캉사회 건설 완성

1) 샤오캉사회 추진배경

2013년 3월 중국은 시진핑 주석-리커창 총리의 10년 체제를 공식 출범하면서 '중화민족의 위대한 부흥'이라는 중국몽(中國夢, chinse dream)을 제창하였다. 여기서 '몽'(꿈)은 맥락에 따라 여러 뜻으로 사용되지만 '목표', '현실화하려는 이상(理想)'이라는 의미도 있다. 중국몽은 '중화민족의 위대한 부흥'으로 표현되며 다시 중국을 부흥시키자는 목표를 나타낸다. 이 중국몽은 시진핑 개인의 꿈이나 중국공산당의 꿈만이 아니다. 중국정부는 여러 차례 공익광고를 통해 중국몽과 중국인민(人民)의 꿈이 동일시되기를 바라고 있음을 밝혔다.

중국은 두 개의 백 년을 실현하려는 꿈이 있다(李方祥·陈晖涛主编, 2017). 사회발전단계론에 따라 차례로 '온바오(溫飽)사회'-'샤오캉(小康)사회'[1]-'다퉁(大同)사회'를 실현해나가는 꿈이다. 3단계 사회발전론은 중국어로 '세 발걸음'(三步走, 삼보주)으로 표현되는데 이는 1982년 덩샤오핑이 제시한 것이다. 1단계는 중국의 국내총생산(GDP)을 1980년의 두 배로 끌어올려 온바오사회(의식주가 해결된 생활수준)를 달성하는 것이고, 2단계는 2012년까지 국내총생산을 다시 두 배로 성장시켜 대다수가 풍족한 생활을 누리는 샤오캉사회에 도달하는 것이며, 3단계로 2049년까지 중진국 수준에 진입해 기본적인 국가의 현대화를 이루는 다퉁사회를 실현하고자 한다. 샤오캉과 다퉁은 모두 유교경전 《예기》(禮記)의 예운(禮運) 편에 나오는 말을 차용한 것이다. 중국공산당은 장기적인 국가비전을 중국 고전에서 찾았다.

---

1) '샤오캉사회'는 덩샤오핑이 1979년 12월 일본 총리 오히라 마사요시(大平正芳) 회견 시 제시한 용어이다.

중국공산당 지도부는 2023년까지 샤오캉사회 건설 완성을 위한 구체적 실천을 이어오고 있다(李伟, 2014). 중국은 2001년 전까지 국민이 따뜻이 지내고 배부르게 먹을 수 있는 온바오사회를 이루었다. 장쩌민 주석은 2002년 중국이 샤오캉사회에 진입했음을 공식 선언하면서 다시금 2021년까지 도달할 목표로 '전면적 샤오캉사회'라는 개념을 제시했다.

현 시진핑 지도부의 목표는 바로 샤오캉사회 건설 완성이다. 샤오캉사회는 2001년부터 2020년까지의 국가발전 목표로서, 현재의 발전수준을 유지하여 국내총생산 5조 달러 규모의 사회를 건설하는 것을 목표로 한다. 샤오캉사회는 온바오사회보다 조금 나아간 사회로 모든 국민이 따뜻하고 배부르며 약간의 문화생활을 즐기는 중산층 사회의 확대를 의미한다.

2) 전면적 샤오캉사회 건설 완성

시진핑 주석은 13·5 규획(2016~2020년) 기간이 '두 개의 백 년' 목표 중 첫 목표인 전면적 샤오캉사회 건설 완성을 위한 핵심 시기라고 강조하였다. 13·5 규획 강요는 그 목표를 실현하기 위해 제정되었다(李培林·蔡昉, 2015). 아울러 시진핑 주석은 자신의 예정 임기 기간(2013~2023)에 속하는 2021년까지 전면적 샤오캉사회를 완성하겠다고 밝혔다. '전면적'이라는 말은 경제발전과정에서 누적된 지역적, 계층적 불평등을 해소하겠다는 의미를 담는다(国家行政学院编写组, 2015). 즉, 전면적 샤오캉사회는 소득의 분배가 사회구성원 사이에 잘 이루어져 지역과 구성원 사이에 아무런 갈등이 없고 중산층이 두터워 사회가 안정된 상태를 가리키는 말이다.

13·5 규획 강요에서는 전면적 샤오캉사회 완성을 위해 실현해야 할 5개 목표로 중고속 성장 유지, 민생 향상, 국민소양과 사회문명 함양, 생태환경의 총체적 개선, 제도의 성숙화 및 정형화 등을 제시하였다. 또한 13·5 규획 기간 동안 전면적 샤오캉사회 실현과정에서 준수해야 할 혁신(創新),

전면적 샤오캉사회 실현과정에서 준수해야 할 발전이념

발전이념	주요 정책 추진방향	주요 정책과제
혁신발전	· 혁신이 발전을 이끄는 원동력임 · 이론 · 제도 · 과학기술 · 문화 혁신추진	· 발전의 신동력 육성 · 발전의 신공간 개척 · 혁신 추동전략의 심화실시 · 농업현대화의 전력추진 · 신산업체계 구축 · 발전 신체제 구축 · 혁신과 거시 통제방식 완비
균형발전	· 균형은 건강한 발전의 내재적 요구사항 · 도시 · 농촌 균형, 경제 · 사회 균형, 신형 공업화 · 정보화 · 도시화 · 농업 현대화 동시발전, 소프트파워 확대	· 구역 균형발전 · 도시 · 농촌 균형발전 · 물질 · 정신문명 균형발전 · 경제 · 국방 융합발전
녹색발전	· 녹색은 지속적 발전의 필수조건 · 자원절약과 환경보호, 자원절약형 건설 · 친 환경 건설, 사람 · 자연의 조화 발전, '아름다운 중국'(美麗中國) 건설, 글로벌 생태안전 공헌	· 사람 · 자연의 조화로운 공생촉진 · 기능도시 건설 가속화 · 저탄소 · 순환경제 발전 · 자원절약과 고효율 이용 · 환경 거버넌스 강화 · 생태안전 보호벽 구축
개방발전	· 개방은 국가 번영을 위한 도로 · 호혜공영(互惠共榮) 개방, 내수 · 외수 협조, 무역 균형, 외자유치와 해외투자의 동시 중 시, 자본과 기술 유입 병행, 다층적 개방형 경제, 글로벌 거버넌스 적극 참여 및 발언권 확대, 이익공동체 구축	· 대외개방전략 구도 완비 · 대외개방 신체제 형성 · 일대일로 건설추진 · 대륙과 HTM 협력 심화 · 글로벌 거버넌스 적극 참여 · 국제 책임과 의무 적극 부담
공향발전	· 공향(공동향유)은 중국 특색 사회주의의 본 질적 요구 · 국민을 위한 발전 · 국민에 의한 발전 · 발전성과의 향유 견지, 발전의 성과를 국민 이 공유하는 공동부유 지향	· 빈곤탈출 프로젝트 실시 · 교육의 질 제고 · 취업 · 창업 촉진 · 소득격차 축소 · 공평 · 지속가능한 사회보장제도 수립 · 건강중국(健康中國) 건설 · 균형적 인구발전 촉진

자료: KOTRA(2015). "중국의 '13차 5개년 규획건의' 주요 내용과 시사점".

균형(協調), 녹색(綠色), 개방(開放), 공향(共享) 등 5대 발전이념과 이를 실현하기 위한 추진과제를 제시하였다. 그중 사회보장에 관한 주요 내용은 공향발전이념에 제시되었다.

2. 12 · 5 규획 기간 사회보장 개혁과 체계 구축의 성과

12 · 5 규획(2011~2015년) 기간에는 개혁개방 이래 사회보장 개혁이 가장 빠르고 전면적이며 심도 있게 진행되었다. 물론 여러 요소의 영향으로 인해 사회보장 개혁에 많은 아쉬움을 남기기도 했다. 12 · 5 규획 기간은 계획경제 시대의 사회보장에서 시장경제에 맞는 신형 사회보장체계로 전환되는 과도기였으며, 이 시기에 사회보장 개혁과 제도 수립이 진행되었다. 주요 내용으로 전면적 개혁 추진, 법제화 강화 등을 포함하였다.

1) 전면적 개혁 추진

(1) 〈사회구조 임시시행방안〉

2014년 2월 국무원에서는 〈사회구조(社會救助, 공공부조) 임시시행방안〉을 발표하고 2014년 5월 정식으로 실시하였다. 〈사회구조 임시시행방안〉은 공공부조제도를 강화하고 국민의 기본생활을 보장하며 사회공평을 촉진하여 사회의 조화로운 안정을 도모하기 위해 제정되었다. 〈사회구조 임시시행방안〉에서는 최초로 최저생활보장, 의료구조, 교육구조, 주택구조, 취업구조, 임시구조, 수재민구조, 특수빈곤인원공양 등 8가지 공공부조제도와 사회역량 참여 등 공공부조제도의 기본 틀을 확립했고, 공공부조제도의 수혜 여부를 결정하는 '가정자산조사'에 대한 명확한 규정을 명시하였다. 또한 최초로 사회역량의 참여를 독려 · 지원할 것을 명시하였고 임시적 긴급구조제도에 대해 명확히 규정하였다(郑功成, 2016).

(2) 〈국가기관 · 준공공기관 직원 연금제도 개혁에 관한 결정〉

국무원에서는 2014년 10월 〈국가기관 · 준공공기관 직원 연금제도 개혁에 관한 결정〉을 인쇄 · 발부하였다. 이로써 2014년 10월 1일을 기준으로 국가기관 · 준공공기관 직원 연금제도와 도시 기업근로자 연금제도가 통합되었으며, 일반기업과 공공기관이 구분되어 실시되던 이원화된 연금제도가 종결되었다. 또한 고용자(20%)와 개인(8%)이 공동 납부하게 되었다. 전국 약 4천만 명의 국가기관 · 준공공기관 직원은 일반기업근로자와 동일하게 연금을 납부해야 한다.

(3) 중증질환 의료보험의 전면적 확대

중국정부는 국민의 가장 큰 불만 중 하나였던 의료보험 개혁에 박차를 가하고 있다. 중국정부는 2015년 말까지 모든 도농주민을 대상으로 암, 당뇨 등 중증질환 의료보험을 확대하기로 했다. 국무원에서는 도농주민의 의료비 부담을 효과적으로 줄이기 위해 2015년 말까지 모든 도농주민을 대상으로 중병 치료비의 50% 이상을 의료보험으로 보장하기로 했다.

(4) 〈양로서비스업을 가속화하는 데 관한 몇 가지 의견〉

2013년 국무원에서는 〈양로서비스업을 가속화하는 데 관한 몇 가지 의견〉을 발표하였고, 2014년 11월 상무부와 민정부에서는 외자기업이 중국에서 영리성 양로기관을 설립하거나 양로서비스업에 종사하도록 장려하는 공고를 발표하였다. 그동안은 외국자본이 중국에 노인복지기관을 설립하는 것이 '외국자본 투자산업 목록' 중 장려항목에 속하긴 했으나 실제로는 외국자본의 양로원 투자를 금지하고 중국 측과 합자 · 합작을 통해서만 양로원을 설립할 수 있도록 했으며 외국자본은 국내 양로시설과는 달리 우대정책을 받을 수 없었다.

(5) 〈국가기관 · 준공공기관 직업연금방안〉

국무원에서는 2015년 1월 〈국가기관 · 준공공기관 직업연금방안〉을 발표했다. 이에 따르면, 약 4천만 명에 달하는 국가기관 · 준공공기관 직원은 반드시 직업연금에 가입해야 하며, 월급의 4%를 납부해야 한다.

2) 법제화 강화

(1) 〈사회보험법〉 실시

〈사회보험법〉은 3년 동안 네 차례의 심의를 거쳐 2010년 10월 28일 통과되었고 2011년 7월 1일부터 시행되었다. 〈사회보험법〉은 중국의 5대 보험인 연금, 의료보험, 고용보험, 산재보험, 출산보험 관련 규정과 사회보험료 징수, 사회보험기금 관리, 감독, 법률책임 등에 관한 규정으로 이루어졌다. 지방별로 운영되는 분산적인 사회보험을 점차 통합하여 연기금은 전국 통합, 기타 사회보험기금은 성급(省級) 통합을 실시하도록 규정하였다.

(2) 〈군인보험법〉 제정 · 실시

2012년 4월 27일 제 11기 전국인민대표대회 상무위원회 제 12차 회의에서는 〈군인보험법〉이 통과되었다. 〈군인보험법〉은 신중국 성립 이래 국가에서 전문적으로 군인보험사무에 관해 제정한 법률이다. 이번 〈군인보험법〉은 〈사회보험법〉 중 군인보험에 대해 미처 규정하지 못한 내용을 보완한 것으로 군인 사회보험 권익을 보장하고 중국 특색의 군인보험제도에 대해 법률적 근거를 제공했다.

(3) 〈노인권익보장법〉 수정

전국인민대표대회 상무위원회가 2012년 말 통과시키고 2013년 7월 1일부로 실시한 〈노인권익보장법〉은 부모와 떨어져 사는 자녀 등 가족구성원이 평소 문안을 드리도록 규정했다. 이를 위해 분가한 근로자가 부모봉양 목적으로 휴가를 신청할 경우 수용하도록 기업에 의무를 부여했다. 또한 노인 권익강화와 관련해서 의료 · 양로시설 이용권리 보장, 생활 · 문화 · 체육활동 지원, 주간 돌봄서비스 제공, 박물관 등 문화시설 입장 시 할인 등의 혜택을 지원하도록 했다.

(4) 〈자선법〉 제정

중국 〈자선법〉은 제12기 전국인민대표대회 제4차 회의에서 통과되어 2016년 9월 1일부터 실시되었다. 2005년 민정부의 〈자선사업촉진법〉의 입법 제안까지 계산하면 〈자선법〉은 11년 만에 빛을 본 셈이다. 총칙과 부칙을 포함해 12개 장으로 구성된 〈자선법〉은 자선 관련 조직, 규모, 활동, 관리 · 감독, 책임 등 일련의 사항을 법으로 규정했다는 의미를 지닌다.

3. 12 · 5 규획 기간 공향발전 추진전략

1) 공향발전이념의 추진배경

공향(共享, 공동향유)이란 '인민을 위한, 인민에 의한 발전으로 경제사회 발전의 성과를 모든 사회구성원이 공유하는 것'이라는 의미다. 공향발전을 5대 발전이념 중 하나로 제시한 것은 경제성장에 치우치기보다는 효율성과 형평성의 균형에 더욱 중점을 두면서 사회안정과 지속가능한 발전을 도모하겠다는 의미로 해석할 수 있다(郑功成, 2016). 공향발전은 취업, 교

〈표 6-2〉 13 · 5 규획 강요 민생개선과 12 · 5 규획 강요 공향발전 편제 비교

구분	13 · 5 규획 강요	12 · 5 규획 강요
빈곤구제 (제13편)	제56장 정확한(精准) 빈곤사업 추진	-
	제57장 빈곤지역 지원 강화	
	제58장 빈곤구제 지원체계 완비	
교육 및 건강수준 제고(제14편)	제59장 교육현대화 추진	-
	제60장 건강중국 건설	제34장 기본의료위생제도 개선
민생보장 수준향상 (제15편)	제61장 공공서비스 공급 확대	제30장 기본공공서비스 수준 제고
	제62장 취업우선전략 실시	제31장 취업우선전략 실시
	제63장 소득격차 축소	제32장 소득분배관계 합리화
	제64장 사회보장제도 개혁	제33장 사회보장체계 확립
	제65장 인구고령화 적극 대응	제36장 전면적 인구발전사업 실시
	제66장 여성 · 미성년자 · 장애인 기본권익보장	
	-	제35장 주택보장 수준 제고

자료: KIEP(2016). "13 · 5 규획 기간 중국의 공향발전 전략방향 및 평가".

육, 문화체육, 사회보장, 의료, 주택 등 공공서비스체계를 완비하고 기본 공공서비스의 균등화를 실현하여 전반적인 생활수준을 제고하는 것을 목표로 한다.

한편 13 · 5 규획 강요에 제시된 공향발전의 내용은 12 · 5 규획 강요의 민생개선과 유사하다. 그러나 빈곤구제 및 교육현대화에 관한 내용이 추가되었으며 기타 과제도 더욱 정돈되고 구체화되었다.

13 · 5 규획 강요의 공향발전 관련 부분과 유사한 12 · 5 규획 강요의 제8편 민생개선의 경우, 민생개선과 기본공공서비스 시스템 구축을 과제로 제시하고 관련 정책을 배치하는 데 머물렀다. 또한 기본공공서비스 관련 과제로 취업 및 노동정책, 소득격차 조정, 사회보장시스템 확대, 의료 · 위생사업 개혁, 인구정책 안정적 추진, 사회관리 강화 및 혁신 등 6가지만 제시했을 뿐이었다. 교육 분야에서는 과학기술 혁신, 과학기술 인력양성 목적의 별도 과제를 제시했다.

반면 13 · 5 규획 강요에서는 소득격차 축소, 기회균등, 교육수준 향상

〈표 6-3〉 각 정부부처의 공향발전 관련 문건

발표기관	발표 일자	문건	관련 과제
국무원	2016. 2. 26	'중의약 발전전략 규획 강요: 2016~2030년'	의료위생
국무원	2016. 5. 11	〈중서부 교육발전 강화에 관한 지도의견〉	교육
국무원	2016. 6. 14	'전 국민 체육계획: 2016~2020년'	의료위생
국무원	2016. 6. 16	〈곤경아동보장사업 강화에 관한 의견〉	인구 균형발전
국무원	2016. 6. 20	〈건강·빈곤구제 프로젝트 실시에 관한 지도의견〉	빈곤구제
국무원	2016. 6. 21	〈건강의료 빅데이터 응용발전 촉진 및 규범화에 관한 지도의견〉	의료위생
민정부	2016. 6. 24	'민정사업 발전 13차 5개년 규획 강요'	사회보장제도, 인구 균형발전
발전개혁위원회	2016. 7. 6	〈의료서비스 가격 개혁 추진에 관한 의견〉	의료위생
인력자원·사회보장부	2016. 7. 6	'인력자원·사회보장사업 발전 13·5 규획 강요'	취업·창업 촉진, 사회보장제도, 소득격차 축소, 공공서비스
국무원	2016. 7. 11	〈현 지역 내 도시·농촌 의무교육 일체화 개혁발전 통합추진에 관한 몇 가지 의견〉	교육
국무원	2016. 8. 3	'13·5 장애인 샤오캉사회 진입 규획 강요'	인구 균형발전

자료: KIEP(2016). "13·5 규획 기간 중국의 공향발전 전략방향 및 평가".

등을 하나로 묶어 새로운 공향발전으로 제시하여 정치사회적 안정과 지속 가능한 발전의 토대를 강화하는 데 초점을 두었다.

중앙정부의 13·5 규획 강요 발표 이후, 중국 민정부(民政部)와 인력 자원·사회보장부(人力資源和社會保障部)는 부처별 13·5 규획을 공표하 였고 국무원이 교육·건강·인구발전 등 관련 분야의 시행문서를 발행하 였다. 민정부는 2016년 6월 '민정사업 발전 13차 5개년 규획 강요'를 발표 하였으며, 주요 목표 중 '민생보장 능력 강화'가 공향과 직접적으로 관련 된다(中华人民共和国民政部, 2016). 인력자원·사회보장부는 2016년 7월 '인력자원·사회보장사업 발전 13·5 규획 강요'를 발표하였으며, 주요 목표 중 고용창출, 사회보장제도 개선, 급여·소득분배 합리화, 공공서 비스 확충이 공향과 직접적으로 관련된다(中华人民共和国人力资源和社会保 障部, 2016).

국무원에서는 빈곤구제 방면과 관련해 2016년 6월 〈건강·빈곤구제 프로젝트 실시에 관한 지도의견〉을 발표하였고, 교육 방면과 관련해서는 2016년 5월 〈중서부 교육발전 강화에 관한 지도의견〉과 7월 〈현 지역 내 도시·농촌 의무교육 일체화 개혁발전 통합추진에 관한 몇 가지 의견〉을 발표하였다. 또한 의료위생 방면에서는 2016년 2월 '중의약 발전전략 규획 강요: 2016~2030년'과 6월 14일 '전 국민 체육계획: 2016~2020년', 6월 21일 〈건강의료 빅데이터 응용발전 촉진 및 규범화에 관한 지도의견〉, 7월 〈의료서비스 가격 개혁 추진에 관한 의견〉을 각각 발표하였다. 인구 균형발전과 관련해서는 2016년 6월 〈곤경아동보장사업 강화에 관한 의견〉과 8월 '13·5 장애인 샤오캉사회 진입 규획 강요'를 발표하였다(国务院, 2016a, 2016b, 2016c, 2016d, 2016e, 2016f, 2016g, 2016h; 国家发展和改革委员会, 2016).

2) 공향발전 전략의 주요 내용

공향발전 전략의 주요 내용은 취업, 교육, 문화체육, 사회보장, 의료, 주택 등 공공서비스체계를 완비하고 기본공공서비스의 균등화를 실현하여 전반적인 생활수준을 제고하는 것이다. 주요 과제는 농촌지역의 빈민 완전 해소, '두 자녀 정책'의 전면적 시행, 소득 불균형 해소를 위한 개인소득세 개혁, 그리고 기업에 임금 집단협상제도 도입 등을 통해 관련 제도 개혁을 추진하는 것이다.

우선 농촌지역의 빈민과 빈곤 현(縣)을 완전 해소한다는 목표를 제시하였다. 중국 농촌 빈곤인구는 2011년 1억 2,238만 명에서 2013년 이후 중국 정부의 빈곤인구 지원정책 추진으로 2013년 말에는 8,249만 명, 2014년 말에는 7,017만 명으로 감소하였다(〈人民网〉, 2016. 10. 11). 빈곤 탈출이라는 목표를 달성하기 위해서는 2020년까지 매년 1,170만 명의 빈곤인구[2]

<표 6-4> 공향발전의 정책과제와 주요 추진정책

구분	정책과제	주요 추진정책
공향발전 (8개)	공공서비스 공급 확대	의무교육 강화 등
	빈곤탈출 프로젝트 실시	농촌 빈민 및 빈곤현 완전 해소
	교육수준 제고	의무교육 균형발전, 빈곤계층 교육 지원
	취업·창업 촉진	취업우선 전략, 적극적 취업정책, 창업 지원
	소득격차 축소	주민소득 증가 및 경제성장 동시 실현, 최저임금제도 개선
	공평한 사회보장제도	직공연금, 중병보험, 국유자본의 보험기금 충당
	건강중국 건설	의료, 위생, 식품안전전략
	균형적 인구발전 촉진	전면적인 두 자녀 정책 실시

자료: KIEP(2016). "13·5 규획 기간 중국의 공향(共享)발전 전략 방향 및 평가".

를 해소해야 한다.

다음으로 1980년 9월부터 약 35년간 유지했던 '한 자녀 정책'을 폐기하고 모든 부부에게 2명의 자녀를 허용하는, 1가구 2자녀 정책인 '두 자녀 정책'을 전면적으로 실시하였다. 저출산과 인구고령화로 인해 잠재성장률이 하락하는 동시에 고령화에 따른 사회보장비용이 늘어 재정 부담이 늘어나자 인구정책 전환은 불가피했다. 이에 따라 중국정부는 지난 2013년 11월에 열린 제18기 제3중전회에서 기존의 '한 자녀 정책'을 완화하여 '두 자녀 정책'을 도입하였다. 중국의 생산가능인구(16~60세)는 9억 1,583만 명으로 2012년부터 3년 연속으로 감소한 반면, 2016년 말 중국의 65세 이상 노인인구는 1억 4,300만 명으로 전체 인구의 10.5%를 차지했다(孟令国·李博·陈莉, 2016). 중국은 2025년이 되면 고령화 사회로 진입하며 2040년이 되기 전에 초고령화 사회가 될 것으로 예상된다.

'두 자녀 정책'이 도입됨에 따라 대략 9천만 쌍에 달하는 중국인이 두 자녀를 낳을 수 있게 되었으며 그중 60%가 농촌지역에 거주한다(罗雅楠·程云飞·郑晓瑛, 2016). 따라서 '대가족'을 선호하는 농민가정이 새로운 인구

---

2) 중국의 빈곤 기준선은 2011년 기준 연평균 1인당 소득 2,300위안(2015년 기준 2,800위안, 2016년 3,000위안) 이하이다.

정책으로 가장 큰 혜택을 얻게 될 것이라 기대된다. 현재 매년 1,500만~ 1,800만 명인 신생아 수는 2~3년 후 2천만~3천만 명으로 증가할 것으로 예상된다(社會网, 2016. 1. 13). 그러나 조건에 부합하는 1,100만 쌍 가운데 신청자는 6%에 그치면서 실질적으로 정책적 효과를 보지 못하고 있다.

구체적인 정책과제로 크게 공공서비스 확대, 빈곤구제, 교육수준 제고, 취업 및 창업 촉진, 소득격차 축소, 사회보장제도 향상, 건강수준 향상, 인구의 균형발전 등을 '동반성장'이라는 새로운 과제로 통합하고, 지속가능한 발전과 정치사회적 안정을 위한 8개 과제를 제시했다.

공향발전과 관련한 소득, 교육, 취업, 빈곤구제, 양로보장, 주택보장, 기대수명 등 7가지 항목의 달성목표를 다음과 같이 구체적인 수치로 제시하였다(新華社, 2016). 첫째, 1인당 가처분소득의 연평균 증가율을 6.5% 이상 달성한다. 둘째, 노동연령인구의 평균 교육연수를 2015년의 10.23년에서 2020년 10.8년으로 연장한다. 셋째, 도시 신규취업자 수를 5천만 명 이상 증가시킨다. 넷째, 농촌 빈곤인구를 5,575만 명 감축한다. 다섯째, 연금 가입률을 2015년 82%에서 2020년 90%로 확대한다. 여섯째, 2천만 채의 도시 판자촌주택을 개조한다. 일곱째, 기대수명을 1년 연장한다.

4. 13·5 규획 기간 사회보장 개혁

1) 빈곤구제

빈곤인구의 탈빈곤은 전면적 샤오캉사회 건설 완성의 가장 어려운 과제로서 정책과 제도의 최적화를 통한 빈곤구제 방식의 혁신이 요구된다(李方祥·陳晖涛主編, 2017). 핵심 정책으로 정확한 빈곤사업 추진, 빈곤지역 지원 강화, 빈곤구제 지원체계 완비 등을 실시해야 한다. 눈여겨볼 만한 점은 빈곤의 원인과 수요에 따라 지원의 종류를 명확히 분류하고, 특히 농촌에 대한 보장을 안정적으로 실시하여 약 5천만 명에 이르는 빈곤계층을 구제한다는 점이다. 구체적인 추진 내용은 다음과 같다(新华社, 2016).

첫째, 구 혁명근거지역, 소수민족지역, 변경지역(邊境地域, 국경지역이나 변두리 지역), 특수빈곤집중지역을 빈곤구제 중점지역으로 지정하고, 해당 지역의 1인당 가처분소득 및 기본공공서비스 수준을 전국 평균 수준까지 제고한다. 도로, 수도, 전기, 인터넷 등의 인프라 부족문제를 각 지역 상황에 맞게 해결한다. 교통, 운수문제를 해결하고 식수 안전보장을 강화하며 수력발전시설을 개발하고 인터넷 보급률을 90% 이상으로 향상시키는 한편, 마을 정비작업을 지속적으로 추진한다. 빈곤가구의 주택개조 시행으로 안전한 거주공간을 확보하고 교육 및 의료서비스 등의 질적 수준을 향상시키며 전국 평균 수준의 공공문화체육시설 건립을 추진한다.

둘째, 빈곤구제정책을 개선하고 빈곤구제 사업기제를 확립하며 평가체제를 혁신하여 지원효율을 제고한다. 중앙 및 지역정부의 재정투입을 늘리고 기타 자본조달 채널을 확장하며 빈곤구제사업에 필요한 토지 수요를 우선적으로 보장한다. 정부기관·군부대·국유기업은 물론 민영기업·민간조직·개인의 참여를 장려하여 전 사회의 역량을 빈곤구제에 투입한다. 산업투자기금과 공익신탁기금을 마련하고 자원봉사자 및 사회사업인력의 빈곤지역 봉사계획을 실시하며 빈곤사업 공익브랜드 구축을 추진한다. '중앙정부의 계획수립, 지방정부의 총책임, 하급 지방정부의 구체적 사업시행'이 기본골격이 되는 사업기제를 정비하고 성과평가와 책임추궁 및 관리·감독을 강화한다.

셋째, 국무원은 2016년 6월 20일 〈건강·빈곤구제 프로젝트 실시에 관한 지도의견〉을 발표하여 빈곤지역의 보건의료수준 향상, 질병통제능력 강화, 의료기관 확충 등의 목표와 관련 임무를 확정한다. 2020년까지 빈곤지역의 모든 구성원이 저비용으로 기본의료위생서비스를 누리게 하고 중대질병 발생을 통제하여 건강수준을 제고한다. 개인 부담 의료비에 대한 재정적 보조를 확대하고 지정(指定) 의료기관 내 빈곤계층의 환자가 입원할 경우 '선진료 후지불' 제도를 시행한다. 의료보험 정보가 즉시 교환·결제되는 원스톱식 종합서비스 창구를 개설하고 빈곤가정에 기본적인 의료위생 및 건강관리서비스를 제공한다. 빈곤지역의 중대전염병과 지방풍토병 통제력을 높이고 기본공중위생지표를 전국 평균 수준까지 향상시키며 평균 기대수명, 임산부사망률, 영아사망률, 전염병 발생률을 감소시키고 의료위생 자원의 균형적인 지역 배분과 주민 건강수준의 격차 축소를 촉진한다. 빈곤지역의 의료기관을 확충하고 의료위생서비스체계를 강화한다. 빈곤지역에 현급(縣級) 병원, 농촌위생원, 위생실 등 의료기관 건설을 촉진하고 의료특수빈곤지역과 국가부빈(扶貧) 개발사업 중점지역에 2급 의료기관을 1개 이상 배치한다.

2) 사회보장

사회보장제도 개혁방향은 전 국민을 대상으로 합리적이고 지속가능한 사회보장을 실시하고 권한과 책임을 명확하게 하여 운영의 효율성과 형평성을 향상시키는 것이다(郑功成, 2016). 핵심 정책으로 사회보험 완비, 공공부조체계 확립, 사회서비스 및 민간복지사업 지원 등이 있으며 구체적인 추진 내용은 다음과 같다(新华社, 2016).

첫째, 사회보험을 완비하기 위해 기본연금, 고용보험, 산재보험 등 사회보험제도를 완비하여 전 국민에게 혜택을 제공한다. 구체적으로는 전 국민 보험가입 계획을 시행하고 기금 조성시스템을 개선하여 정부·기업·개인의 납부 책임을 명확하게 규정한다. 또한 도시근로자 연금제도를 개선하고 직업연금, 기업연금, 상업보험의 다층적인 연금제도를 수립한다. 고용보험과 산재보험의 기능을 강화하고 보험료율과 보험 적용범위를 최적화한다. 아울러 취업근로자와 농민공의 사회보험가입률을 대폭 향상시키고 공공서비스 시설 및 정보화 플랫폼 건설을 확대한다.

둘째, 공공부조체계를 확립하기 위해 공공부조 통합시스템 구축으로 빈곤층의 최저생계를 보장한다. 구체적으로 도시 및 농촌 공공부조 통합시스템을 구축하고 최저생활보장제도를 완비하여 빈곤계층의 기본생활을 보장하고 공공부조제도와 기타 사회보장제도의 연계를 강화하며 유리걸식(流離乞食, 노숙자)에 대한 구조제도를 확립한다.

셋째, 사회서비스 및 민간복지사업을 지원하기 위해 공익성 사회복지시설과 민간복지사업에 모든 사회역량을 집중시킨다. 구체적으로 노인, 장애인, 아동, 빈곤계층에 대한 지원을 중점으로 하는 사회서비스제도를 확립하고 전문적인 사회사업 및 민간복지사업 발전을 대폭 지원하며 공공부조 및 지원서비스 활동에 사회역량을 총동원한다.

이러한 세 가지 핵심 정책을 실현하기 위해 부처별로 추진계획을 세웠다. 우선 민정부에서는 '민정사업 발전 13차 5개년 규획 강요'를 발표하여 공향발전과 민생우선을 목표로 해서 새로운 공공부조 시스템을 확립하고 재해방지 및 재난구제를 강화하였다. 구체적인 방법은 다음과 같다. 공공부조와 기타 사회보장제도의 연계를 강화하고 시장의 참여를 적극 장려하고 도시와 농촌의 보장수준 격차를 축소하며 필요한 사람이 필요한 지원을 받을 수 있는 동태적 관리를 추진한다. 장애인·노인·아동·환자의 기본생활을 보장하며 과학적·합리적 지원 대상 지정방식 및 기본생활관리비 측정 방식을 수립하고 자립생활이 불가능한 특수빈곤층에 대한 지원을 강화한다. 2020년까지 중대질병 의료구제에 대한 직접적이고 명확한 기준을 설정하고, 가정의 부담능력을 초과하는 고액의료비용 및 중병질환자의 의료비용을 지원하며, 금액·우선순위·지원방식 등에 대한 기준을 명확하고 상세하게 설정하고, 관련 부처 간 연계를 강화하며, 사회의 참여를 유도한다. 또한 임시숙소 마련, 긴급질병 구제, 귀향 및 가족 찾기 등을 지원하고 기타 구조제도와의 연계를 강화하며 유랑 미성년자에 대한 보호를 강화하고 사람을 최우선 순위에 두는 적극적인 방재관리제도를 수립한다. 종합통제체계를 건설하고 재난으로 인한 경제손실률을 GDP의 1.3% 미만으로 관리한다.

인력자원·사회보장부의 경우, '인력자원·사회보장사업 발전 13·5 규획 강요'를 발표하여 사회보험제도의 개혁과 가입 장려를 통한 공평하고 지속가능한 사회보장제도 확립을 촉진했다. 구체적으로는 보험제도를 개선하여 공평성, 유동성 및 지속가능성을 향상시키고 보장의 수준을 제고하고 범위를 확대한다. 전 국민 보험가입계획을 수립하여 중소기업, 비정규직 취업자, 농민공 등의 보험가입을 장려한다. 사회보험기금의 예·결산 제도를 개선하고 보험료율을 적절히 조절하며 관리·감독 관련 규정의 입법을 추진하여 안전하고 지속가능한 운영을 보장한다.

3) 의료위생

건강중국 건설추진의 정책방향은 의약위생체계 개혁을 심화하고 예방 위주의 전략을 견지하며 기본의료위생서비스 실시를 통해 전 국민의 건강수준을 향상하는 데 있다(华颖, 2017). 핵심 정책으로는 의료위생시스템 개혁, 전 국민 보건의료, 중병 예방치료 및 기본공중위생, 모자보건 및 보육, 의료서비스체계 완비, 중의약 발전, 전 국민 체육활동, 식·약품 안전보장 등이 있으며 구체적인 추진 내용은 다음과 같다(新华社, 2016).

첫째, 기본의료위생제도를 확립하고 의료비 절감과 의료산업 발전을 지원하는 전면적 개혁을 추진한다. 구체적으로, 의약분업을 추진하고 도시와 농촌의 기본의료위생제도를 완비한다. 공립병원의 종합적인 개혁을 추진하고 독립법인의 지위를 보장하며 비영리 민영병원을 공립병원과 동등하게 대우한다. 의료서비스 가격 개혁을 통해 병원 운영비와 환자 의료비를 절감하고 의료위생산업 인력의 인사보수제도를 확립한다. 약품의 사용과 유통제도를 개혁하고 약품공급 보장시스템과 기본약물제도를 정비하며 신약 연구를 지원한다. 전 의료업계에 대한 관리·감독을 강화하여 의료서비스의 질적 수준을 향상시키며 의료안전을 보장한다.

둘째, 의료보험제도를 정비하여 전 국민의 의료서비스 수요를 보장한다. 의료보험기금의 지속가능한 균형발전, 중병보험제도 전면 실시, 출산보험과 기본의료보험의 통합, 장기요양보험의 시범사업 시행을 추진한다. 개인계좌를 개설하여 의료비를 전국적으로 통합 관리하며 오지·격지의 기본의료서비스를 보장하고 전국의 의료보험 가입률을 95% 이상으로 향상한다. 상업보험기관의 의료보험산업 참여를 장려하고 의료보험과 상업건강보험의 상호보완을 촉진한다.

셋째, 중병 및 만성병의 예방과 치료를 강화하고 전염병 발생과 전파를 통제하여 전 국민의 건강한 생활을 보장한다. 국가 기본공중위생서비스 항목과 중요 공중위생서비스 항목을 정비하고 서비스의 질적 수준과 효율성을 제고한다. 취약계층의 질병, 만성병과 정신질환, 중대전염병을 효과적으로 통제하고 국경 위생검역을 강화한다. 에이즈 등과 관련한 특수약물의 무료공급을 확대하고 전 국민의 건강교육을 강화하여 건강에 대한 소양을 향상시키며 공공장소 금연과 심리건강서비스 확대를 추진한다.

넷째, 출산 및 양육에 관한 의료서비스 수준을 강화한다. 출산입원 보조제도를 전면적으로 시행하고 출산 전 과정에 대한 기본의료서비스를 무료로 보장하며 여성과 아동의 중대질병 예방 및 치료를 강화한다. 영아사망률, 5세 이하 아동사망률, 임산부사망률을 각각 7.5‰, 9.5‰, 0.18‰ 이하로 감소시킨다.

다섯째, 의료기관, 의료보험, 의료인력 및 의료정보 응용능력을 개선·혁신하여 의료서비스체계를 완비한다. 각급 병원 사이의 분업과 협업을 강화하고 상하연동 및 상호보완이 적절히 이루어지는 의료서비스체계를 구축한다. 의료서비스의 인력을 확충하고, 특히 가정의학과 및 소아과 전문의를 집중적으로 육성한다. 건강의료정보서비스 및 빅데이터 응용능력을 향상하여 원격의료와 스마트진료의 발전을 지원한다.

여섯째, 중의학과 약학의 전통을 계승하고 발전을 촉진한다. 중의학 의료보건서비스체계를 정비하고 중의학 표준화를 추진하여 전반적으로 산업수준을 향상시킨다. 중의약 각종 영역의 전면적 발전과 서비스 수준 향상을 위해 국무원은 2016년 2월 26일 '중의약 발전전략 규획 강요: 2016~2030년'을 발표하였다. 그 핵심 임무로 중의학서비스 수준 향상, 중의 양생보건서비스 발전, 중의약 계승발전, 중의약 혁신, 중의약 산업수준 제고, 중의약 문화발전 및 해외교류 강화 등을 제시하였다.

4) 균형적 인구발전

인구전략, 가족계획정책, 양로서비스, 사회보장제도, 사회참여 등 다양한 측면에서 인구고령화에 적극적으로 대응하는 시스템을 확립하고 여성·미성년자·장애인의 권익보장에 더욱 주력하여 공향의 의미를 강화한다(王培安, 2017). 그 핵심 정책으로 인구 균형발전, 양로서비스체계 확립, 전면적 여성 발전, 미성년자 건강성장, 장애인서비스 수준 향상 등을 포함하며 구체적인 추진 내용은 다음과 같다(新华社, 2016).

첫째, 인구고령화에 대응하여 가족계획정책을 개선하고 연령별·성별 불균형문제를 해결한다. 가족계획의 기본정책을 견지하면서 '두 자녀 정책'을 전면적으로 실시하는 한편, 기타 경제·사회정책과 두 자녀 정책을 연계한다. 농촌 가족계획가정에 대한 인센티브 및 특별 보조제도를 개선하고 출생인구 성비 불균형문제를 종합적으로 해결한다.

둘째, 양로서비스의 다원화·통합화를 통해 양로지원을 강화하고 전문인력을 양성하며 양로서비스 시장 개방을 추진한다. 가정을 기초로, 지역사회를 기반으로, 거주시설을 보조로 하는 다층화 양로서비스체계를 구축하고 의료위생과 양로서비스의 연계를 추진한다. 공공 양로서비스 시설을 통합하여 근로능력을 상실하였거나 경제적 자립능력이 없는 노인에 대한 지원을 강화한다. 양로·요양인원 육성계획을 실시하여 양로서비스 인력의 전문화를 도모하고 인력 규모를 확충한다. 양로서비스 시장을 전면 개방하여 각종 시장주체의 양로서비스 공급을 장려한다.

셋째, 민정부의 13·5 규획은 인구고령화에 대한 대처방안으로 다층적 양로서비스 시스템 마련과 각 사회 주체의 참여 유도를 제시하였다. 구체적으로는 스마트 양로서비스 제공, 지역사회 내부의 양로시설 연계 등을 통해 가정과 지역사회의 양로서비스 기능을 강화한다. 보장성 공립 양로기관 설치, 의료·양로 결합형 양로기관 설치 등 양로서비스의 공급 측 개혁을 확대한다. 의료위생과 양로서비스를 결합하는 정책법규를 건립하고 필요한 자원의 공유를 촉진한다. 정부의 양로서비스 조달을 촉진하고 양로 분야의 금융서비스를 개선하여 금융의 양로서비스 지원능력을 제고한다. 장기요양의 개념, 서비스 제공 기준, 서비스 수준 평가 등에 대한 산업규정을 정립하고 일부 지역을 선정하여 빈곤노인과 고령노인에 대한 장기요양보호 시범시행을 추진한다.

넷째, 장애인의 기본생활을 보장하고 취업을 지원하며 미성년 및 빈곤계층 장애인에 대한 보호를 강화한다. 장애인 관련 사업의 발전을 지원하고 장애인 기본복리제도를 확립하여 장애인의 기본민생을 보장한다. 중증장애인 의료비 지원제도를 개선하고 장애인의 거주보장과 취업·창업 지원정책을 개선한다. 0~6세 장애아동 보호를 강화하고 빈곤가정 장애인에 대한 기본적 보조기구 등을 지원한다. 장애인 지원서비스 전문인력을 육성한다.

다섯째, 민정부의 13·5 규획은 장애인과 아동의 복리수준을 향상하며 비영리 민간복지사업 발전을 추진한다. 장애인 기본복지제도를 마련하고 장애인 보조서비스체계를 개선하여 장애인의 기본생활 최저한도를 보장한

다. 고아 및 빈곤계층아동 우선지원을 원칙으로 삼고 아동복지 수준을 전
면적으로 제고한다. 〈자선법〉을 시행하고 자선행위를 규범화하며 관리·
감독 체계를 개선하여 민간복지사업 발전을 지원한다.

여섯째, 국무원은 2016년 6월 16일 〈곤경아동보장사업 강화에 관한 의
견〉을 발표하고 보장지원 대상을 구체화하며 관련 시행조치를 제시했다.
빈곤가정의 아동, 장애로 인해 요양·보호·관리가 필요한 아동, 부양자
나 보호자가 없거나 학대·유기 등 신변안전에 위험을 받는 아동 등을 위
해서 안전하고 건강한 생활환경을 조성하고 가정·사회·정부가 공동책임
을 부담한다. 아동보장을 위한 구체적 조치로 기본생활 보장, 기본의료 보
장, 교육 보장, 관리보호책임 강화, 장애아동 복지강화를 제시했다.

일곱째, '13·5 장애인 샤오캉사회 진입 규획 강요'는 장애인 권익보장
제도 완비 및 공공서비스 개선 등을 목표로 한다. 장애인에 대한 공공부조
급여 수준을 향상시키고 장애인복지제도를 정비하여 연금과 의료보험 혜
택을 보장하며 거주시설 보장 및 주간보호서비스 발전을 강화한다. 장애인
취업 비율을 지정하고 다양한 형태의 취업 채널을 확보하며 장애인의 창업
을 지원한다. 장애인 권익보장 법률체계를 개선하고 집행을 강화한다. 장
애인 민간복지사업과 장애인서비스산업 발전을 지원하고 관련 정부 조달
서비스의 강도를 높이며 장애인에게 우호적인 사회환경을 조성하는 한편,
장애인 관련 업무의 국제교류와 협력을 강화한다.

5. 맺음말

시진핑 정부는 2013년 공식 출범과 함께 전면적인 샤오캉사회 건설과 부강
한 민주문명을 갖춘 조화된 사회주의 현대화 국가를 건설하고자 '중화민족
의 위대한 부흥'이라는 '중국몽'을 제시했다. '중국몽'이라는 새로운 기치

아래에서, 시진핑 정부의 국정운영 기본방향은 '전면적 개혁 심화'로 나타났다. 특히, 중장기 국가발전의 기본 계획(master plan)인 "13·5 규획"은 '전면적 샤오캉사회 건설'을 완성하는 임무에 초점이 맞춰졌다. 여기에서 '전면적'이라는 말은 경제발전 과정에서 누적된 지역적, 계층적 불평등을 해소하겠다는 의미를 담는다. 즉, '전면적 샤오캉사회 건설' 완성은 소득분배가 사회 구성원 사이에 잘 이루어져 도시와 농촌 간, 지역 간과 구성원 간에 갈등이 점차 사라지고 중산층이 두터워져서 사회가 안정된 상태를 가리키는 말이다.

시진핑 주석은 2020년까지 '전면적 샤오캉사회 건설'을 완성하겠다고 밝혔다. 앞으로 중국은 샤오캉사회 건설을 완성하기 위해 수시로 변화하는 사회경제적 여건과 다양한 사회문제에 효과적으로 대응할 수 있는, 더욱더 적극적이고 구체적인 사회보장 개혁을 지속적으로 추진해 나가야 할 것이다.

■ 참고문헌

해외 문헌

国家行政学院编写组(编) (2015). 《全面建成小康社会与中国梦》, 学习参考. 国家行政学院出版社.

罗雅楠・程云飞・郑晓瑛(2016). "全面二孩"政策后我国人口态势趋势变动. 〈人口与发展〉, 22(5), 2~14.

孟令国・李博・陈莉(2016). "全面二孩"政策对人口增量及人口老龄化的影响. 〈广东财经大学学报〉, 2016(1), 26~35.

王培安(2017). 鼓励按政策生育促进人口长期均衡发展. 〈人口研究〉, 2017(4), 3~7.

李方祥・陈晖涛主编(2017). 《摆脱贫困与全面小康》. 人民日报出版社出版.

李培林・蔡昉(2015). 《2020: 走向全面小康社会》. 社会科学文献出版社.

李伟(主编) (2014). 《中国: 改革开放与全面建成小康社会》. 中国发展出版社.

郑功成(主编) (2016). 《中国社会保障发展报告》. 北京: 人民出版社.

郑功成(2016). 中国社会保障改革: 机遇, 挑战与取向. 〈国家行政学院学报〉, 2014(6), 24~32.

华颖(2017). 健康中国建设: 战略意义, 当前形势与推进关键. 〈国家行政学院学报〉, 2017(6), 105~111.

기타 자료

国家发展和改革委员会(2016). 推进医疗服务价格改革的意见(의료서비스 가격 개혁 추진에 관한 의견).

国务院(2016a). 关于实施健康扶贫工程的指导意见(건강・빈곤구제 프로젝트 실시에 관한 지도의견).

_____(2016b). 关于加快中西部教育发展的指导意见(중서부 교육발전 강화에 관한 지도의견).

_____(2016c). 关于统筹推进县域内城乡义务教育一体化改革发展的若干意见(현 지역 내 도시・농촌 의무교육 일체화 개혁발전 통합추진에 관한 몇 가지 의견).

_____(2016d). 中医药发展战略规划纲要: 2016~2030年(중의약 발전전략 규획 강요: 2016~2030년).

_____(2016e). 全民健身计划: 2016~2020年(전 국민 체육계획: 2016~2020년).

_____(2016f). 关于促进和规范健康医疗大数据应用发展的指导意见(건강의료 빅데이터 응용발전 촉진 및 규범화에 관한 지도의견).

_____(2016g). 关于加强困境儿童保障工作的意见(곤경아동보장사업 강화에 관한 의견).

_____(2016h). "十三五"加快残疾人小康进程规划纲要('13・5' 장애인 샤오캉사회 진입 규획 강요).

新华社(2016). 中共中央关于制定国民经济和社会发展第十三个五年规划纲要.

中华人民共和国民政部(2016). 民政事业发展十三个五年规划.

中华人民共和国人力资源和社会保障部(2016). 人力资源和社会保障事业发展"十三五"规划纲要.

KIEP(2016). "13・5 규획 기간 중국의 공향발전 전략방향 및 평가".

KOTRA(2015). "중국의 '13차 5개년 규획건의' 주요 내용과 시사점".

〈人民网〉(2016. 10. 11). 中国确定10月17日为"扶贫日" 全国贫困人口还有8200万余人. http://hi. people. com. cn/n2/2016/1011/c228872-29125726. html.

社会网(2016. 1. 13). 2016全面放开二胎政策最新消息: 9千万对夫妇符合全面两孩政策 60%年龄超35岁. http://shebao. southmoney. com/shengyu/zhengce/201601/58723. html.

제 2 부   소득보장제도

07

공적연금제도

1. 머리말

현재 중국은 '2층 구조'를 바탕으로 '3종 계층'을 대상으로 한 공적연금제도
를 구축하였다(〈표 7-1〉 참조). 우선 '2층 구조'란 〈사회보험법〉을 통해 수
립된 강제 가입형식의 1층 기본연금제도와 사업체와 개인의 자발적 기여
를 독려하여 수립된 2층 보충연금제도를 의미한다. 그중 1층의 기본연금
제도는 이미 전 국민을 대상으로 실시되고 있다. 다음으로 '3종 계층'은 공
적연금제도에 적용되는 국가기관·준공공기관 직원, 도시 기업근로자,
도농주민의 3가지 계층을 의미한다. 현재 중국은 전국적으로 통합된 연금

〈표 7-1〉 공적연금체계

보장 대상 / 보장 층차	국가기관 · 준공공기관 직원	도시 기업근로자	도농주민
보충층차(2층)	직업연금	기업연금	
기본층차(1층)	국가기관 · 준공공기관 직원 연금	도시 기업근로자 연금	도농주민 기본연금

제도가 아닌 '2층 3종'의 공적연금제도를 통해 전 국민에게 연금을 제공하고 있다.

중국의 공적연금제도는 장기간에 걸쳐 확립되었다. 그중 일부 제도는 신중국 성립 초기인 1940년대부터 수립되었다. 중국 공적연금제도의 현황과 미래를 파악하기 위해 이 제도가 어떻게 발전해왔는지 살피고자 한다.

2. 공적연금제도의 발전과정

1) 기본연금제도의 발전과정

(1) 국가기관 · 준공공기관 직원 연금제도

신중국 성립 초기 국가기관 · 준공공기관에 종사하는 직원 대다수는 '공급제'에 적용되어 정부에서 생로병사, 상해, 장애 등 여러 곤란에 대한 해결책을 제공해주었다. 1955년 '공급제'에서 '임금제'로 전환된 이후, 전문적 퇴직 · 사직방안이 제정되기 시작했다. 1955년 12월 국무원에서는 〈국가기관 직원의 퇴직처리 임시시행방안〉, 〈국가기관 직원의 사직처리 임시시행방안〉, 〈국가기관 직원의 퇴직 · 사직 시 근로기간 계산에 관한 임시시행방안〉 등 일련의 법규를 제정했다. 이러한 방안은 기본적으로 노동보험제도와 유사한 대우를 제공했다.

1958년 국무원에서는 〈생산직근로자와 사무직근로자의 퇴직처리에 관한 임시시행규정〉을 반포하여 퇴직조건을 완화하고 연금급여 수준을 상향 조정했다. 또한 국영기업, 공 · 사합작기업, 국가기관 · 준공공기관, 사회단체에 종사하는 노동자와 직원의 퇴직방안을 일원화했다.

'문화대혁명' 기간 동안 국가기관 · 준공공기관 직원 연금제도가 심각한 영향을 받아 정상적인 퇴직 절차는 거의 무시되었다. 1978년 6월 국무원에

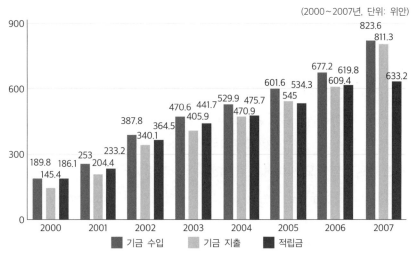

〈그림 7-2〉 국가기관·준공공기관 직원 연금 시범사업 기금수지와 적립금 규모 추이

(2000~2007년, 단위: 위안)

자료: 李志明(2015).《中国城镇企业职工养老保险制度的历时性研究》. 知识产权出版社.

서는 〈늙고 허약하고 장애를 앓는 간부를 안치하는 임시시행방안〉과 〈노동자의 퇴직·사직에 관한 임시시행방안〉 등을 발표하여 다시금 국영기업, 공·사합작기업, 국가기관·준공공기관, 사회단체에 종사하는 노동자와 직원의 퇴직·사직방안을 분리했다. 그러나 이 두 방안에서 규정한 퇴직연금급여 산출방식은 기본적으로 일치했다. 즉, 본인의 근로연한과 퇴직 이전 임금의 일정 비율에 따라 연금급여를 지급하는 방안을 따랐다.

개혁개방 이후, 중국에서는 지속적으로 국가기관·준공공기관 직원 연금제도 개혁을 추진했다. 1993년부터 하이난성, 상하이시, 랴오닝성 등 지역에서 국가기관·준공공기관 직원 연금제도 개혁을 시작했다. 이 개혁에 따라 도시의 모든 근로자는 통일된 연금체계에 적용시켰다. 2003년 중국공산당 중앙위원회 제16기 제3차 회의 이후, 국가기관·준공공기관 직원 연금제도 개혁시범사업이 전국에 걸쳐 전개되었다. 이 시범사업의 주요 내용은 개인계좌와 사회통합기금의 결합이었고 시범사업 과정에서 기금 적립금 규모는 점차 커졌다(〈그림 7-2〉 참조).

2008년 2월 29일 국무원 상무위원회에서는 〈준공공기관 직원 연금제도 개혁에 관한 시범방안〉을 통과시켜 산시성, 상하이시, 저장성, 광둥성, 충칭시 등 5개 성(省)·시(市)에서 우선적으로 시범사업을 시작했다. 이로써 여러 해 동안 중앙정부가 주도적으로 준비한 준공공기관 직원 연금제도 개혁이 시작되었다.

그럼에도 전국적으로 통일되고 공식화된 국가기관·준공공기관 직원 연금제도는 2015년 1월 14일 국무원에서 인쇄·발행한 〈국가기관·준공공기관 직원 연금제도 개혁에 관한 결정〉 이후 확립되었다. 2014년 10월부터 국가기관·준공공기관 직원 연금제도를 개혁하기 시작했고 도시 기업근로자 연금제도의 모델, 급여 지급방안 및 급여 수준 조정시스템을 참고하여 국가기관·준공공기관 직원 연금제도를 조정했다.

(2) 도시 기업근로자 연금제도

① 도시 기업근로자의 전통 연금제도 시기: 1951~1983년

1951~1983년 도시 기업근로자 연금은 보험방식에 의해 운영되지 않았기에 엄격한 의미에서 사회보험제도가 아니었다. 여기에서는 이를 도시 기업근로자 전통 연금이라 일컫는다. 이 시기 동안 도시 기업근로자 전통 연금제도의 발전과정은 다음과 같이 몇 차례 중요한 시기를 거쳤다.

1951년 2월 정무원(현 국무원)에서는 〈중화인민공화국 노동보험조례〉의 시행을 공포했다. 비록 〈노동보험조례〉가 전문적으로 도시 기업근로자 연금을 규정하는 법규는 아니었지만, 신중국 성립 이후 완전한 내용을 갖춘 최초의 사회보험법으로서 중국 도시 기업근로자 전통 연금제도의 수립을 의미한다.

1958년 2월 국무원에서는 공식적으로 〈생산직근로자와 사무직근로자의 퇴직처리에 관한 임시시행규정〉을 반포했다. 이로써 도시 기업근로자 전통 연금제도는 노동보험 중에서 독립되어 나왔다(高书生, 2006: 31).

1966년 5월부터 시작된 '문화대혁명'은 도시 기업근로자 연금제도를 심각하게 훼손하였다. 사회보험 사무는 무방비 상태였고 사회보험 관리기구는 폐쇄된 상태였으며 노동보험금의 징수, 관리, 조절제도가 모두 정지되었다. 노동보험은 이때부터 기금조달 기능을 상실했고, 기업 내 노동조합이 도시 기업근로자 연금을 관리하였다.

1978년 6월 2일 국무원에서는 〈노동자의 퇴직·사직에 관한 임시시행방안〉을 반포했다. 이 방안은 원래의 퇴직과 사직방안에 대한 전면적인 수정안으로서 문화대혁명 종료 후 퇴직과 사직에 대한 처우를 대폭적으로 조정하는 동시에 도시 기업근로자 전통 연금제도를 회복하고 재차 확립했다.

도시 기업근로자 전통 연금제도의 발전을 총정리하면 1966년 5월 문화대혁명을 기점으로 두 단계로 구분할 수 있다. 문화대혁명 이전에 도시 기업근로자 전통 연금은 기금조달·조정기능을 갖춘 '국가·기업보험'인 반면, 문화대혁명 이후에는 근로자가 소속된 기업 내 사무로 바뀌어 '순수한 기업보험'으로 탈바꿈했다(李志明, 2015: 66). 전체적으로 보았을 때, 도시 기업근로자 전통 연금제도는 다음과 같은 특징이 있다.

실시범위에서 볼 때, 이 제도는 처음에 '고용 노동자와 직원이 100인 이상인 국영, 공·사합영, 사영 및 합작사 경영의 공장, 광산 및 그 예하 사업체와 사무관리기관 그리고 철로, 항운, 전신의 각 기업체와 그 예하 사업체'에서 점차 거의 모든 도시 기업근로자로 확대 적용되었다. 비록 도시 기업근로자 전통 연금제도가 최종적으로는 기업 소유제의 성격에 따라 개별적으로 실시되는 구조를 형성하게 되었지만(주로 국유·집체경제), 제도 설계에 있어서는 소유제에 대한 차별이 존재하지 않았다.

기금조달 방면에서 볼 때, 이 제도는 줄곧 기업 측 혹은 자본가 측에서 기금을 조달해왔다. 1966년 이전에 일부 기금은 기업 측 혹은 자본가 측에서 직접 부담했으며, 일부는 기업 측 혹은 자본가 측에서 노동조합에게 지

<표 7-2> 도시 기업근로자 전통 연금제도의 연금급여 수급조건과 수준 변화

		1951	1953	1958	1978
퇴직연령(세)	남성근로자	60	60	60	60
	여성근로자	55	55	55[1]	55[1]
최소 근무연한(년)	남성근로자	25	25	20	10
	여성근로자	20	20	15	10
퇴직 사업체의 근무연한(년)	남성근로자	10	5	5	-
	여성근로자	10	5	5	5
연금급여 수준(표준 임금비율, %)		35~60	50~70[2]	50~70[2]	60~90[3]

주: 1) 1958년부터 중국에서는 여성 노동자와 여성 간부 사이에 상이한 퇴직연령제도를 실시했는데(여성 노동자 50세, 여성 간부 55세) 지금까지 계속되고 있음.
2) 현 사업체에서 근무기간이 5~10년인 경우 50%, 10~15년인 경우 60%, 15년 이상인 경우 70%.
3) 중국 항일전쟁 기간(1937~1945년)에 근무를 시작한 경우는 90%, 중국 해방전쟁 기간(1945~1949년)에 근무를 시작한 경우는 80%, 신중국 성립 후 근무를 시작해 만 20년인 경우는 75%, 만 15~20년인 경우는 70%, 만 10~15년인 경우는 60%.
자료: Song & Chu, 1997: 85~93.

급한 노동보험료(근로자 총임금의 3%)로 처리했고 전국노동조합을 통해 전국범위에서 체계적으로 사용을 조절했다. 1969년 이후, 기업이 노동보험료의 인출을 정지했으며 도시 기업근로자 연금급여 지출은 경영 외 비용으로 전환되어 전부 기업이 자율적으로 부담했다.

관리체제 측면에서 볼 때, 1966년 이전 노동조합은 전국 각 지역에서 체계적으로 도시 기업근로자 전통 연금제도의 지도, 감독과 집행을 책임졌고, 노동부와 전국 각급 정부의 노동행정기관은 노동보험 업무의 감독과 조사를 책임졌으며, 기업은 퇴직근로자의 관리와 서비스를 책임졌다. 1969년 이후, 중국 도시 기업근로자 전통 연금제도에는 각급 노동행정부처 집정권의 제정, 업무 관리와 감독·조사 등 다양한 기능이 일체화된 관리구조가 형성되었다.

연금급여 측면에서 볼 때, 중앙정부에서 규정을 통일하여 확정급여형 퇴직연금(defined benefit)을 확정했고 구체적인 급여는 기업근로자 퇴직 전

근로연한과 임금(혹은 표준임금)에 따라 결정되었다. 또한 연금급여의 수급조건은 점차 완화되었다. 소득대체율도 전반적으로 상승하면서 점차 향상되는 중이다(〈표 7-2〉 참조).

② 도시 기업근로자의 사회연금제도 시기: 1984년~현재

1970년대 말부터 개혁개방과 경제체제 개혁이 진행되었다. 특히, 도시 국유기업 개혁의 추진으로 인해 원래의 '국가·기업보험'과 '순수한 기업보험' 제도모델과 부합되는, 즉 제도의 기반이 되었던 계획경제체제가 점차 와해되었다. 이로 인해 국유기업은 시장경쟁을 통해 경쟁력을 증명해야 했다. 또한 신·구기업 사이에 연금보험료 조성·조정이 미흡하여 부담의 격차가 발생했고 도시 기업근로자 전통 연금제도는 더 이상 유지되기 어려웠다.

이러한 상황 아래에서 1980년대부터 각 지역에서는 도시 기업근로자 전통 연금제도의 개혁방안을 모색하기 시작했다. 개혁방안은 주로 다음과 같은 방면에서 추진되었다. 첫째, 도시 기업근로자 연금보험료 사회통합기금을 전개하여 '순수한 기업보험'에서 '사회보험'으로의 전환을 추진했다. 둘째, 근로자 개인이 연금보험료를 납부하는 제도를 실시하여 도시 기업근로자 연금보험료를 기업의 전부 부담에서 3자(국가, 기업, 개인) 공동부담으로 전환했다.

1991년 6월 26일 국무원에서는 1980년대 도시 기업근로자 연금제도 개혁 탐색경험을 총정리한다는 의미에서 〈기업근로자 연금제도 개혁에 관한 결정〉을 반포했다. 이 결정은 개혁개방 이후 중앙정부 차원에서 최초로 연금문제에 관해 제시한 중요한 정책 결정이자 전국적으로 연금의 개혁방향을 결정짓는 중요한 문건이 되었다.

1993년 11월 14일 중국공산당 제14기 제3중전회에서 통과된 〈사회주의 시장경제체제의 몇 가지 문제에 관한 중국공산당 중앙위원회의 결정〉은 최초로 도시 기업근로자 연금제도에 개인계좌를 도입하여 사회통합기금과

개인계좌를 결합한 제도를 실시하며 앞으로 연금제도 개혁에 더욱 박차를 가할 것을 명시했다.

1997년 7월 16일 국무원에서는 〈통일된 도시 기업근로자 연금제도 수립에 관한 결정〉을 발표했다. 이 결정을 계기로 사회통합기금과 개인계좌가 결합된 제도가 확립되었고 사회통합기금과 개인계좌의 규모를 통일했다. 이로써 도시 기업근로자 연금 개혁은 역사상 새로운 이정표를 세웠다.

2005년 12월 3일 국무원에서는 〈도시 기업근로자 연금제도 개선에 관한 결정〉을 발표했다. 주요 내용은 개인계좌의 규모를 축소(개인의 납부는 임금의 11%에서 8%로 하향 조정)하는 동시에, 기본연금 지급방안을 개선하고, 가입자 보험료를 독려하고, 규제시스템을 마련하여 연금 상호부조성과 소득재분배 기능을 강화하는 것이었다. 이러한 개혁조치는 도시 기업근로자 연금제도가 최종적으로 안정되고 성숙한 단계로 진입하는 데 기여했다.

1980년대 중반 이후 도시 기업근로자 연금제도 개혁과 제도 수립의 전체적 방향은 사회주의 시장경제체제와 인구고령화 추세에 부합하는 사회연금제도를 수립하는 것이었다. 그 전반적인 특징은 다음과 같다.

책임분배 측면에서 볼 때, 납부분담 책임은 국가, 기업, 근로자 개인 등 3자가 공동으로 부담하게 되었다. 이로써 책임의 중심이 계획경제 시기의 '국가·기업'에서 점차 시장경제 조건 아래의 '기업·개인'으로 넘어갔으며, 국가는 도시 기업근로자 사회연금 재정을 관리·감독했다. 이로써 '국가·기업보험'과 '순수한 기업보험' 모델의 가장 큰 폐단을 해결할 수 있었다.

재정모델 측면에서 볼 때, 사회통합기금과 개인계좌가 결합한 구조와 상응하는 부과방식제와 완전적립제를 결합함으로써 제도의 혁신을 실현했다. 사회통합기금의 일부 사회위험 협력기능을 보류하는 동시에, 개인계좌 기금의 적립과 운영을 통해 기금의 실질가치를 유지하거나 증식함으로써 인구고령화에 대응하고자 했다.

연금급여 측면에서 볼 때, 기본연금급여는 사회통합기금의 기초연금급여와 개인계좌의 연금급여로 구성된다. 즉, 사회통합기금시스템을 통해 사회 공평성을 유지하는 한편, 보험료를 더 많이 납부할수록 더 많은 연금급여를 지급받도록 하는 효율성 원칙을 실현했다.

관리서비스 측면에서 볼 때, 새로운 시기의 도시 기업근로자 사회연금제도는 국가가 전문적으로 수립한 사회보험시스템을 등급과 속지관리 원칙에 따라 관리·처리하여 사회단체와 시장으로 하여금 연금급여 지급 등의 서비스를 제공하도록 유도한다.

(3) 도농주민 연금제도

도농주민 연금제도는 최근 들어 수립된 제도이다. 계획경제 시기 동안의 중국에서는 주민을 대상으로 한 연금제도가 마련되지 않았다. 도시에서는 완전고용제가 실시되어 도시주민은 기본적으로 취업을 통해 노후 생활을 보장받을 수 있었다. 그러나 농촌에서는 빈곤구제와 오보공양제도에 한정된 노인, 고아, 과부, 장애인 등 사회취약계층을 대상으로 기본생활을 보장조치를 전개했다.

개혁개방 이후 중국에서는 도시주민 연금제도를 수립하기 위해 중국혁명 성공의 핵심으로 여겨지는 '농촌에서 도시로 전진'(農村包圍城市)의 개념을 적용하여, 우선 농촌에서 사회연금제도를 모색하기 시작했다. 1980년대 말부터 민정부에서는 베이징시 다싱현, 산시성 쭤윈현, 산둥성 무핑현과 룽커우현 등 5개 현(縣)·시(市)를 농촌 사회연금제도 시범지역으로 선정하고 대규모 시범사업을 전개하여 기본원칙과 방향을 확정했다.

각 지역 시범사업의 기본적인 방안과 경험을 총정리하는 가운데 1992년 1월 민정부에서는 〈현급(縣級) 농촌 사회연금제도 기본방안(임시시행)〉을 발표했다. 이 방안은 농촌 사회연금제도의 기금 조성은 개인납부를 위주로 하되 집체가 부조하고, 개인계좌 적립제도를 시행하여 농민 개인이 납부한 보험료와 집체의 부조금 모두 개인계좌에 예치되며, 기금은 현급 기관에서 관리하고 국가 정책규정에 따라 운영하며 보험가입자가 규정된 연령에 도달하면 연금급여를 수령하되 급여 수준은 개인계좌의 총적립금에 따라 지급한다는 내용이다. 이로써 농촌 사회연금은 전국에 걸쳐 확대되었다.

1998년 3월 제9기 전국인민대표대회 제1차 회의에서 〈국무원기관 개혁방안〉을 통과시켜 농촌 사회연금 관련 사무를 민정부에서 노동·사회보장부로 이관했다. 아시아 경제위기 이후, 은행이자가 갈수록 감소하고 농촌 사회연금제도의 기존 이자 계산에 따른 급여 지급수준이 너무 높아 농촌 사회연금제도는 지불 위기에 처했다. 이후, 전국 대부분 지역에서 농촌 사회연금 가입자가 줄어들고 기금운영이 어려운 상황에 처해 일부 지역의 농촌 사회연금제도는 사실상 정지에 이르렀다.

2009년 9월 1일 국무원에서는 〈신형 농촌 사회연금 시범사업을 전개하는 데 관한 지도의견〉을 하달하여 시범사업을 통해 개인 납부, 집체 부조, 정부 보조가 결합된 신형 농촌 사회연금제도를 모색했다. 이 제도는 사회통합기금과 개인계좌가 결합한 것으로, 가정양로, 토지보장, 공공부조 등 기타 사회복지정책과 협력하여 농촌에 거주하는 노인의 기본생활을 보장한다.

2011년 6월 7일 국무원에서는 〈도시주민 사회연금 시범사업을 전개하는 데 관한 지도의견〉을 공포하는 한편, 신형 농촌 사회연금의 기본원칙과 제도모델을 참고하여 전국에 걸쳐 도시주민 사회연금 시범사업을 전개했다. 2013년 말까지 신형 농촌 사회연금과 도시주민 사회연금 가입자는 모두 4억 8천 4백만 명 정도에 달했다. 도시와 농촌에 거주하는 주민이 기본적으로 모두 도농주민 연금제도에 적용된 셈이었다.

이를 바탕으로 2014년 2월 21일 국무원에서는 〈통합된 도농주민 연금제도를 수립하는 데 관한 의견〉을 발행하여 신형 농촌 연금과 도시주민 연금의 두 제도를 통합하여 실시하는 한편, 전국에 걸쳐 통합된 도농주민 연금제도를 수립했다.

2) 보충연금제도의 발전과정

중국에서 보충연금제도는 1991년 6월 26일 국무원에서 반포한 〈기업근로자 연금제도 개혁에 관한 결정〉에서 최초로 중앙정부의 정책문서에 제시되었다. 이 〈결정〉에서는 "점차 기본연금제도, 보충연금제도와 근로자 개인의 저축성 연금을 서로 결합하는 제도를 수립할 것"을 제시하였고 보충연금제도의 수립이 기업근로자 연금제도를 개선하는 데 중요할 것으로 여겼다.

이후 중앙과 지방의 경제 효율이 좋은 기업에서는 기업의 상황에 따라 개별적으로 보충연금제도를 수립하였으나 그 관리 주체가 통일되지 않은 채 실시되었다. 국가에서 지방의 재정상황에 따라 보충연금제도의 세금공제혜택을 실시하자 보충연금제도는 신속히 발전하였다.

2004년 이후 노동·사회보장부에서는 중국증권감독회, 중국은행감독회, 중국보험감독회와 연합하여 〈기업연금 시행방안〉, 〈기업연금 기금관리 시행방안〉과 〈기업연금 관리 결정지침〉 등 몇 가지 문서를 발표하였고, 동일한 정책규범을 통해 기업이 개인을 위해 보충연금제도를 제공하도록 하였으며, 국가 지원, 기업의 자주적 수립, 시장 운영·관리, 정부 행정감독의 기업연금모델과 운영규칙을 확정하였다. 이후 국가세무부처에서는 연이어 관련 정책을 발표해 기업과 개인이 기업연금보험료를 납부할 때 기업소득세와 개인소득세 세금공제혜택을 누릴 수 있게 함으로써 기업연금의 발전에 크게 기여하였다.

국가기관·준공공기관 직원을 위해 수립된 직업연금제도는 2015년 1월 14일 국무원에서 발표한 〈국가기관·준공공기관 직원 연금제도 개혁에 관한 결정〉에서 제시되었으며, 국무원 사무실이 2015년 4월 6일 발표한 〈국가기관·준공공기관 직업연금방안〉을 통해 구체적으로 규정되었다. 현재 직업연금제도는 기금관리 등 구체적 방안이 제시되면서 실시될 예정이다.

3. 공적연금제도의 현황

1) 기본연금제도의 현황

(1) 국가기관 · 준공공기관 직원 연금제도

국가기관 · 준공공기관 직원 연금은 여전히 지역 통합단계에 머물러있기 때문에 실질적으로는 지역마다 자체적인 세부규칙에 따라 운영된다. 현재 광둥성, 안후이성 등 지역마다 세부규칙이 잇따라 마련되고 있다. 이 제도는 지역 상황에 따라 실시될 예정이다.

이 제도의 수립으로 기존의 국가기관 · 준공공기관 직원에게 적용되던 사항이 변경되었다. 기존에는 국가기관 · 준공공기관 직원이 보험료를 납부하지 않아도 각급 정부의 재정으로 충당되었고 소득대체율도 높은 편이었다. 그러나 현재는 사업체와 개인이 연금보험료를 공동으로 납부하도록 규정함으로써 책임도 공동으로 부담하게 되었으며, 통합기금 상호공제의 기능을 갖춘 연기금 조성방식과 분배시스템을 갖추게 되었다. 또한, 도시 기업근로자 연금과 유사한 제도이므로 국가기관 · 준공공기관의 퇴직자와 기업의 퇴직자 간 연금급여의 격차를 감소하는 데 유리하다. 아울러 두 제도가 향후 도시 취업자 연금제도로 통합된다면 사회 공평성을 향상하는 데 더욱 유리할 것이다.

(2) 도시 기업근로자 연금제도

지난 30여 년 동안의 개혁과 발전을 바탕으로 도시 기업근로자 연금제도는 단웨이보장체제의 시대를 넘어 사회화 시대에 진입했다. 이로써 기업근로자는 퇴직 후 다시는 자신이 몸담았던 단웨이의 관리와 서비스에 의지할 필요가 없어졌으며, 전통체제 아래 퇴직자와 원래 단웨이 사이에 끊을 수 없었던 노동관계도 사라졌다(鄭功成, 2009: 313). 공적연금제도의 국가,

<표 7-3> 전국 연금 가입근로자 수와 퇴직자 수

(1989~2014년, 단위: 만 명)

구분	합계	근로자 수	기업	퇴직자 수	기업
1989	5,710.3	4,816.9	4,816.9	893.4	893.4
1990	6,166.0	5,200.7	5,200.7	965.3	965.3
1991	6,740.3	5,653.7	5,653.7	1,086.6	1,086.6
1992	9,456.2	7,774.7	7,774.7	1,681.5	1,681.5
1993	9,847.6	8,008.2	8,008.2	1,839.4	1,839.4
1994	10,573.5	8,494.1	8,494.1	2,079.4	2,079.4
1995	10,979.0	8,737.8	8,737.8	2,241.2	2,241.2
1996	11,116.7	8,758.4	8,758.4	2,358.3	2,358.3
1997	11,203.9	8,670.9	8,670.9	2,533.0	2,533.0
1998	11,203.1	8,475.8	8,475.8	2,727.3	2,727.3
1999	12,485.4	9,501.8	8,859.2	2,983.6	2,947.5
2000	13,617.4	10,447.5	9,469.9	3,169.9	3,016.5
2001	14,182.5	10,801.9	9,733.0	3,380.6	3,171.3
2002	14,736.6	11,128.8	9,929.4	3,607.8	3,349.2
2003	15,506.7	11,646.5	10,324.5	3,860.2	3,556.9
2004	16,352.9	12,250.3	10,903.9	4,102.6	3,775.0
2005	17,487.9	13,120.4	11,710.6	4,367.5	4,005.2
2006	18,766.3	14,130.9	12,618.0	4,635.4	4,238.6
2007	20,136.9	15,183.2	13,690.6	4,953.7	4,544.0
2008	21,891.1	16,587.5	15,083.4	5,303.6	4,868.0
2009	23,549.9	17,743.0	16,219.0	5,806.9	5,348.0
2010	25,707.3	19,402.3	17,822.7	6,305.0	5,811.6
2011	28,391.3	21,565.0	19,970.0	6,826.2	6,314.0
2012	30,426.8	22,981.1	21,360.9	7,445.7	6,910.9
2013	32,218.4	24,177.3	22,564.7	8,041.0	7,484.8
2014	34,124.4	25,531.0	23,932.3	8,593.4	8,013.6

자료: 中华人民共和国国家统计局(2015).《중국통계연감 2015》.

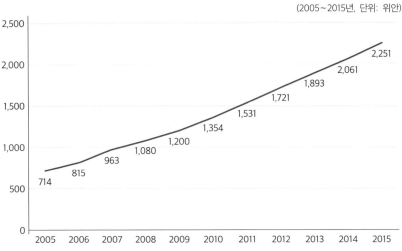

〈그림 7-3〉 도시 기업퇴직자 1인당 월평균 연금급여

(2005~2015년, 단위: 위안)

자료: 人力資源和社会保障部(2015). 〈2015년 인력자원사회보장사업 발전 통계공보〉.

기업, 개인의 3자 책임분담시스템은 전통 연금제도 아래 운영되던 기업 단일책임제를 대체하여 균형 잡힌 책임부담이 이루어졌다. 또한 개인계좌의 도입을 통해 사회통합기금과 개인계좌가 결합한 제도가 수립되었다. 이는 상호공제와 납부 인센티브의 이중적 기능을 모두 고려한 제도이다. 제도의 적용범위가 지속해서 확대되면서 도시 기업근로자에게 점차 보편적으로 적용되고 있고 연금급여 수준도 갈수록 향상되고 있다(〈표 7-3〉과 〈그림 7-3〉 참조).

2015년 말까지 전국 도시 기업근로자 연금 가입자 수는 모두 3억 5,361만 명에 이르렀다. 그중 가입근로자 수는 2억 6,219만 명, 가입퇴직자 수는 9,142만 명에 달했다. 2015년 한 해 도시 기업근로자 연기금의 총수입은 2조 9,341억 위안, 그중 징수 수입은 2조 3,016억 위안이었다. 각급 재정으로 보조한 연기금은 4,716억 위안이었다. 2015년 한 해 기금의 총수입은 2조 5,813억 위안이었다. 2015년 말 도시 기업근로자 연기금의 총적립금은 3조 5,345억 위안에 이르렀다(人力資源和社会保障部, 2015).

(3) 도농주민 연금제도

도농주민 연금제도의 도입을 1986년부터 살펴보면, 탐색단계(1986~1992년), 추진단계(1993~1997년), 정돈단계(1998~2008년), 신속 발전단계(2009년~현재) 등 네 차례 발전단계로 나눌 수 있다. 현재 이 제도는 거의 모든 도농주민에게 적용되어 도농주민의 노후를 기본적으로 보장하며 전국민 연금제도를 수립하는 데 크게 기여했다.

2015년 말 도농주민 연금 가입자 수는 5억 472만 명으로, 그중 실제로 연금급여를 지급받은 자는 1억 4,800만 명으로 조사되었다. 2015년 도농주민 연기금의 수입은 2,855억 위안이며, 그중 개인이 납부한 보험료는 700억 위안에 달했다. 기금 지출은 2,117억 위안이며 기금 적립금은 4,592억 위안에 이르렀다(人力資源和社會保障部, 2015).

2) 보충연금제도의 현황

중국의 인구고령화 속도가 점차 빨라지고 자본시장의 발전과 개인연금에 대한 지원정책이 개선되면서 보충연금제도는 신속히 발전하고 있다. 그중

〈그림 7-4〉 기업연기금 투자수익률

(2007~2015년, 단위 %)

자료: 人力資源和社會保障部(2015). 〈2015년 인력자원사회보장사업 발전 통계공보〉.

기업연금과 직업연금 대상자에 해당하는 도시 취업자에 대한 지원을 중점적으로 실시해, 사업체의 납부 지원을 받을 수 있는 보충연금제도를 수립하고자 한다. 2015년 말까지 전국 7만 5,500개 기업에서 기업연금을 수립하였으며, 가입근로자 수는 2,316만 명, 기업연금 적립금은 9,526억 위안에 달했다(人力資源和社會保障部, 2015).

개인계좌식 기금적립제를 실시하는 보충연금제도로서의 기업연기금은 시장화 투자운영을 실시하고 있으며, 평균 투자수익률은 양호한 편이다(〈그림 7-4〉 참조). 이러한 투자운영모델은 앞으로 직업연금제도를 위해 매우 유용한 참고가 될 것으로 생각한다.

4. 공적연금제도의 문제점과 개혁방향

1) 문제점

중국은 이미 전 국민에게 적용되는 기본연금제도를 수립하였고, 이를 기초로 보충연금제도를 발전시켜 도시근로자층의 연금급여를 향상시켰다. 그러나 중국의 전체 연금체계에는 아직 적지 않은 문제점이 존재한다. 이러한 문제점을 다음과 같이 개괄할 수 있다.

첫째, 통합되지 않은 제도로 인해 급여의 격차가 존재한다. 현재, 전 국민에게 적용되는 연금제도가 수립된 후 가장 문제가 되는 것은 '다궤제'(多軌制, multi track system)이다. 즉, 제도상의 차이로 인해 도시와 농촌 간, 도시 내 근로자 간 연금급여의 격차가 발생해서 국가기관·준공공기관 직원, 도시 기업근로자와 도농주민 사이에 급여 편차가 심한 복지등급구조가 형성되었다. 관련 통계에 따르면, 2013년 준공공기관 퇴직자의 월평균 연금급여는 기업퇴직자의 1.8배에 해당하고 국가기관 퇴직자의 월평균 연금급여는 기업퇴직자의 2.1배에 이르렀다. 같은 해 도농주민 기본연금 월평균 급여는 약 979위안으로 취업자층과 비교했을 때 상당히 낮은 수준이다.

둘째, 기본 연기금 통합기금단계를 높이기 어렵다. 기초 연기금 통합기금단계는 납부부담의 공평성, 연기금 수지의 균형 능력과 관련된다. 이를 근거로 1991년 국무원은 도시 기업근로자 연금제도를 점차 성급 통합기금단계로 향상할 것을 요구하였고, 2011년 '제12차 5개년 계획' 기간 동안 기본 연기금의 전국 통합기금단계를 실현할 것을 제시하였다. 그러나 실제적으로 현재까지도 단지 베이징시, 톈진시, 상하이시, 산시성, 칭하이성, 티베트 등 6개 성·시에서만 성급 통합기금이 실현되었을 뿐, 대다수 성·시에서는 아직도 성급 간 조정금 수립단계에 머물러 있다.

통합기금단계를 높이기 어려운 근본적 원인은 바로 각급 정부의 이익을 조율하기 어렵기 때문이다. 상급 정부는 납부를 받지 않기를 원하는 반면, 하급 정부는 지급하기를 원치 않는다. 도시 기업근로자 연금제도의 사정이 아직 이러다 보니 국가기관·준공공기관 직원 연금과 도농주민 기본연금의 기본통합기금단계는 비슷한 어려움에 봉착해 있다.

셋째, 도시 기업근로자 연금의 개인계좌를 현실화하기 어렵다. 1995년 도시 기업근로자 연금제도가 '부과방식제'에서 '사회통합기금과 개인계좌가 서로 결합된 모델'로 전환된 후, 사회통합기금이 부족해 해당연도 퇴직자의 연금을 지급하기 어려울 때 각 지역에서 개인계좌기금을 끌어다 사회통합기금의 부족분을 메우는 현상이 끊이지 않았다. 이에 2001년 국무원에서는 랴오닝성에서 개인계좌 현실화 시범사업을 실시하였고 2008년 13개 성으로 확대하였지만, 이후 어떤 성도 이 시범사업 참여를 바라지 않았다. 이 시범사업은 15여 년 동안 실시되었지만, 지방정부가 그다지 적극적이지 않아 중앙정부도 점차 소강상태에 접어들었다. 개인계좌의 빈 계좌규모는 2007년 1억 1천만 위안에서 2014년 말 3억 6천만 위안으로 늘어났다.

계인계좌 현실화가 어려운 원인은 무엇보다도 자금압박이 크고, 개인계좌 현실화 이후에도 기금의 가치를 보유하거나 증식하기가 어렵기 때문이다. 제도 설계상 개인계좌제도를 개선하지 않으면 향후 국가기관·사업단위 직원 연금제도 역시 개인계좌의 빈 계좌문제가 발생할 것이다.

넷째, 기본 연기금의 가치를 보유하고 증식하기 어렵다. 기본 연기금은 전국에 걸쳐 2천여 개 통합기금 단위로 분산되었기 때문에 투자 이념과 범위 그리고 투자 관리능력의 제한을 받아서 매년 투자수익률은 줄곧 2%대의 매우 낮은 수준에서 유지된다. 소비자물가지수(CPI)를 기준으로 보면 20여 년 동안의 도시 기업근로자 기본 연기금의 가치절하는 거의 1천억 위안에 이른다. 기업연기금 투자수익률을 참고 기준으로 보면 손실은 무려 3,277억 위안에 이르며, 전국사회보장기금 투자수익률을 참고 기준으로 보면 잠재 손실은 5,500억 위안에 이른다. 사회 평균 임금성장률을 참고 기준으로 한다면 복지 손실은 무려 1조 3천억 위안에 이른다. 앞으로 제도 적용범위가 확대되고 사회 평균 임금이 향상되며 각종 기본 연기금의 규모가 커지면 기금 투자운영의 압박 역시 갈수록 커질 것이다.

2) 개혁방향

앞으로 중국 연금제도의 전면적 개혁은 지속적으로 추진될 예정이며 체계적인 개혁조치도 마련될 것이다. 구체적으로 말하자면 주로 다음과 같은 개혁방안을 추진할 것으로 예상된다.

첫째, 제도 통합화를 추진한다. 현재 연금제도의 전면적인 개혁목표는 주로 관련 제도를 통합하여 계층 간의 불평등을 줄이는 데 있다. 2014년, 국무원에서는 〈통합된 도농주민 연금제도를 수립하는 데 관한 의견〉을 발표하여 신형 농촌 사회연금과 도시주민 사회연금의 두 제도를 통합했다. 2015년 1월, 국무원에서는 2014년 10월 1일부터 결정되었던 국가기관·준공공기관 직원을 위한 연금제도를 도시 기업근로자와 동일한, 사회통합기금과 개인계좌가 결합된 제도로 실시했다.

여기서 주목할 것은 바로 국가기관·준공공기관 직원과 도시 기업근로자 연금제도의 통합추진은 제도통합의 문제이지, 계층통합의 문제가 아니라는 점이다. 앞으로 통합과정이 순조롭게 진행되어 두 제도가 완전히 하나로 통합되어 도시 취업자 연금제도로 거듭나야 한다. 아울러 장기적으로 도시 취업자 연금제도와 도농주민 연금제도 간의 통합을 추진하여 향후 보편성 국민연금제도와 기업연금제도의 수립으로 발전해야 한다(李志明, 2016. 1. 21).

둘째, 통합기금단계를 향상시킨다. 현재 기본 연기금의 전국통합은 이미 연금제도의 최적화문제의 핵심이 되었다. 이러한 의미에서 선결되어야 할 몇 가지 쟁점이 있다. 첫째는 통합화의 실현이다. 기본연금급여를 일률적으로 받고 지급하는 것을 핵심으로 전국에 걸쳐 보험료 납부 기수 산출, 보험료율, 제도 운영의 표준화와 감독을 현실화하고 개인계좌 투자수익률 등을 통일해야 한다. 둘째는 공평성의 추진이다. 여기에는 납부부담의 공평성, 급여 지급과 급여 상향조정의 공평성, 개인계좌 투자수익률의 공평성 등이 포함된다. 셋째는 상호공제성의 제고이다. 이는 전국적으로 지역 상호공제성을 실현함을 의미한다. 개인계좌 규모의 축소를 통해 가입자 간의 상호공제성을 향상시킬 수 있다. 넷째는 지속가능성의 보장이다. 정부, 기업, 개인 등 3자 간의 상대적으로 균등한 책임분담시스템을 구축하여 합리적으로 신·구제도 간의 채무문제를 해결하며 기금의 실질가치를 유지해야 한다(李志明, 2015. 9. 10).

셋째, 개인계좌를 신속히 개선한다. 중국공산당 제18기 제3중전회에서는 개인계좌 개혁을 '점차 개인계좌를 확정' 짓는 방향에서 '개인계좌제도를 개선'하는 방향으로 전환한다고 표현했다. 이로써 이 제도가 개혁할 공간을 제공해 주었다. 현재 학술계와 현장에서는 개인계좌제도 개혁에 대해 상이한 의견을 내놓고 있다. 학술계 측에서는 개인계좌의 규모를 축소하는 방안을 제안했으며 현장 측에서는 명의계좌제도로 전환하는 방안을 제시했다. 구체적으로 어떤 방안을 선택할 것이냐는 정책결정자의 손에 달렸지만, 필자의 의견으로는 향후 개인계좌가 축소하고 기금의 시장화 운영을 통해 합리적인 투자담보율을 보장하여 연금급여의 부족분을 메우는 것이 상대적으로 유리할 것이라 본다. 말하자면, 명의계좌제도로의 전환이든 개인계좌의 확정이든 간에 모두 현재 콩장(空賬, 명목상으로는 잔액이 있지만, 실질적으로 잔액이 없는 계좌) 운영보다 우세하다(李志明, 2015. 12. 15).

넷째, 투자관리의 개선에 착안한다. 현재 연기금 중 기본 연기금이 실질가치 유지에 대한 압박이 가장 크다. 기본 연기금의 투자는 전국 사회보장기금과 다르고 기업연금과도 다르다. 기본 연기금은 투자운영 시 안정성과 유동성에 대한 요구가 높은 편이어서 자산의 안정성과 실질가치의 유지를 먼저 고려해야 한다.

다음으로 구체적인 투자운영 시 다음과 같은 원칙을 준수해야 한다. 첫째는 시장화 원칙으로, 충분히 시장시스템의 기능을 발휘하여 시장 원리에 따라 투자운영을 진행해야 한다. 둘째는 전문화 원칙으로, 기금 투자운영은 행정기관과 사회보장사무기관으로부터 독립되어야 하며 전문적이고 특화된 투자기관과 전문인력에 위탁하여 투자를 진행해야 한다. 셋째는 다원화 원칙으로, 투자범위와 투자기준의 다원화, 그리고 그룹 투자를 통해 투자위험을 분산시키고 투자이익을 향상시켜야 한다. 넷째는 상대적 집중 원칙으로, 기금 투자는 소수 투자자에게 위탁하여 투자운영을 집중적으로 진행함으로써 규모 투자와 감독 강화를 실현할 수 있다. 다섯째는 감독 강화 원칙으로, 시장화 투자운영을 진행하는 동시에 정부가 특별히 감독을 강화하여 투자운영행위의 합법성을 확보해야 한다(李志明, 2016. 7. 29).

다섯째, 체제전환 비용을 해결하는 데 노력한다. 연금제도가 '부과방식제'에서 '사회통합기금과 개인계좌가 결합된 제도'로 전환된 후 연금의 잠재적 채무가 발생(체제전환 비용) 했다. 전문적인 시스템이 수립되지 않은 상황에서 체제전환 비용으로 인해 기금 적자를 초래하여 사회통합기금이 매우 부족하게 되었으며, 이는 결국 개인계좌의 콩장문제를 발생시켰다. 이에 중앙정부와 지방정부는 체제전환 비용을 해결하는 과정에서 책임을 명확히 분담하고 다음과 같은 구체적인 해결방안을 채택했다. 첫째, 체제변환 비용을 정확히 산출하고 고정한 후, 재정예산으로 장기상환의 정부 지출시스템을 구축한다. 둘째, 일부 국유자산을 활용하여 국유자본 이익 기금 등의 수단을 통해 체제전환 비용을 지불한다. 셋째, 중앙재정에서 일정한 규모의 정부채권을 발행하여 결제 월간의 가격 차이를 조정하고 잠재적 채무를 지연하는 방식으로 체제전환 비용을 지불한다. 넷째, 연금 사회통합기금 투자수익률을 향상하여 체제전환 비용을 지불할 수 있는 능력을 향상한다.

5. 맺음말

중국 연금제도는 지금까지 60여 년간 발전을 거듭하면서 계획경제 아래의 국가-단웨이보장체제에서 사회주의 시장경제 아래의 국가-사회보장제도로 전환되었다. 이러한 과정에서 수억 명에 이르는 주민이 연금제도에 적용되었다. 기본 연기금은 수만억 위안으로 집계되며 연금급여는 점차 향상되고 있고 점차 공평하고 융통적이며 지속 가능한 방향을 향해 발전해 가고 있다.

그러나 솔직하게 말하자면 중국 연금제도에는 아직 구조적 문제로 인해 계층 간의 분리(혹은 파편화), 낮은 기금 통합단계, 개인계좌제도의 불분명한 개혁, 기본 연기금의 가치 보유와 증식 난관, 변형체제 비용, 완화시스템이 미흡 등의 문제가 존재한다. 이러한 문제를 해결하기 위해 전면적이고 심화된 개혁이 더욱 요구된다.

중국 연금제도 개혁의 최상부 설계방안은 이미 마련되었으며 구체적인 개혁조치와 관련 개혁조치가 잇따라 발표되면서 실시되고 있다. 앞으로 개혁 임무는 실로 막중하지만 장래가 희망적이라고 볼 수 있다.

■ 참고문헌

해외 문헌

高书生(2006). 《社会保障改革何去何从》. 北京: 中国人民大学出版社.

李志明(2015). 《中国城镇企业职工养老保险制度的历时性研究》. 第66页. 北京: 知识产权出版社.

郑功成(2009). 《从企业保障到社会保障: 中国社会保障制度变迁与发展》. 第313页. 北京: 中国劳动社会保障出版社.

中华人民共和国国家统计局(2015). 《中国统计年鉴2015》(중국통계연감 2015). 北京: 中国统计出版社.

Song, S., & Chu, S., G. (1997). Social security reform in China: The case of old-age insurance. *Contemporary Economic Policy*, *15*(2), 85~93.

기타 자료

人力资源和社会保障部(2015). 2015年度人力资源和社会保障事业发展统计公报.

李志明(2016. 7. 29). 推进基本养老保险基金投资应遵循五大原则. 〈中国经济时报〉, 第A08版.

_____(2016. 1. 21). 养老金制度改革: 从多元到一元. 〈学习时报〉, 第A5版.

_____(2015. 12. 15). 完善基本养老保险个人账户制度亟须关键决断. 〈中国经济时报〉, 第A5版.

_____(2015. 9. 10). 破解养老保险制度改革困局. 〈学习时报〉, 第A5版.

08

고용보험제도 및 고용정책

1. 머리말

고용보험제도는 전체 사회보장체계에서 중요한 위치를 차지한다. 고용보험제도는 실업자의 기본생활을 보장하고 고용보험기금을 통해 경제적 지원을 제공하여 실업자의 생활조건을 개선할 뿐만 아니라 신속한 재취업을 통한 생활보장, 실업예방, 취업촉진 등 '삼위일체화'된 기능을 발휘함으로써 경제발전과 사회안정을 유지하는 중요한 제도이다.

　중국 고용보험(失業保險, 실업보험) 제도의 발전은 경제체제 개혁과 밀접하게 관련되어 있다. 고용보험제도의 수립에서 개혁에 이르는 과정에서 고용제도는 '철밥통'에서 '근로계약'으로 바뀌었고 대규모 국유경제 구조조정 시기에는 실업자에게 기본생활을 적극적으로 보장하였으며 노동시장의 '안전밸브'와 '완충기' 역할을 발휘함으로써 시장 취업시스템의 수립과 발전을 촉진하였다.

2. 고용보험제도 및 고용정책의 발전과정

1986년부터 시작된 중국의 고용보험제도는 국유기업 개혁, 현대적 기업제도 수립, 노동계약제 추진 등과 함께 발전해왔다. 1986년 국무원에서 발표한 〈국영기업근로자 대업보험(待業保險) 임시시행규정〉으로부터 1999년 〈실업보험조례〉, 2010년 10월 제11기 전국인민대표대회 상임위원회 표결을 통해 통과된 〈사회보험법〉에 이르기까지 고용보험제도는 상징적 제도에서 실질적 제도로 거듭났다.

1) 실업구제제도 시기: 1949~1983년

신중국 성립 초기, 중국사회는 심각한 통화팽창과 실업이라는 두 가지 문제에 직면하였다. 통화팽창문제를 해결하기 위해 정부에서는 긴축 화폐정책(tighten monetary policy)을 실시했지만 긴축 화폐정책은 경제의 불경기, 기업의 경영난과 수많은 민영기업의 파산 등의 문제를 초래하여 대규모 실업인구가 발생했다. 1949년 말 전국 도시실업자 수는 474만 2천 명으로 실업률은 23.6%에 이르렀고(国家统计局社会统计司, 1987) 1952년 말 도시실업인구는 376만 5천여 명을 넘어 제1차 실업 고조기에 들어섰다.

실업문제를 해결하기 위해, 정무원(현 국무원)에서는 1950년 6월 전문적으로 〈실업자 구제에 관한 지시〉를 반포했고 동시에 노동부에서는 〈실업자 구제에 관한 잠정적 방안〉을 반포하여 도시실업자를 구제하는 원칙과 구체적 조치를 마련했다. 그러나 이러한 조치들은 주로 초기의 높은 실업률과 사회안정 촉진 등의 문제를 해결하기 위한 것으로 일회성의 과도기적 조치에 불과했다.

전통 계획경제체제하에서 노동취업제는 '취업의 일괄수주 및 배치'인 고정직원제도로 실시되었다. 즉, 기업에게는 채용의 자주권이, 근로자에게는 직업선택의 자유가 부족했다. '철밥통, 철의자, 철봉급의 산례(三鐵, 삼철) 제도'를 실시하여 표면적으로는 '제로 실업'이었으며 노동효율성 저하로 나타나는 '잠재적인 실업'을 '저소득, 고취업' 정책으로 가렸다(郑功成, 2008). 이때 고용보험제도는 존재할 필요가 없었다.

1980년대 중반부터 전반적인 개혁단계에 접어들면서 현대적 기업제도 수립은 고리 형성의 중추 역할을 수행하였다. 국영기업은 고정직원제도의 변화가 시급한 상황이었다. 이러한 배경 아래에서 장기간 지속된 잠재적 실업문제가 수면 위로 올라오면서 고용보험제도가 등장했다.

2) 대업보험제도 시기: 1984~1993년

1986년 7월 국무원에서는 〈국영기업 노동계약제 실시 임시시행규정〉, 〈국영기업 규정위반자 해고에 관한 임시시행규정〉, 〈국영기업근로자 대업보험 임시시행규정〉 등의 정책 문건을 발표했다. 이러한 문건은 노동계약제도의 탄생을 의미했으며 한 번의 취업분배로 평생 직업을 결정하는 노동취업의 역사를 종결지었을 뿐만 아니라 고용보험의 탄생을 알렸다(郑功成, 2003).

당시에는 이데올로기 문제로 '실업'과 '고용보험'에 관한 용어를 명확하게 사용하지 않았다. 그러나 사실상 실업을 인정했으며 제도 측면에서 실업자 구제정책과 고용보험제도의 기본 틀을 구축하였다. 적용범위, 비용 납부방식 등의 제도적 내용에서 부족한 점이 많고 실질적으로 실업구제제도에 더 가까웠으나 실업현상, 보험실업자 권익 측면에서 매우 중요한 첫걸음이었으며 이후 고용보험제도의 발전을 위한 튼튼한 기반이 되었다.

하지만 당시 실업현상이 두드러지지 않아 고용보험제도 혜택을 받은 사람 수는 제한적이었으며 전국 대부분 지역의 고용보험기금은 '수입은 있되 지출은 없는'(有收無支) 상황이었다. 그러므로 이 기간의 고용보험제도는 상징적 의미만 있었을 뿐 본연의 기능과 역할을 충분히 발휘하지 못하였다.

1992년 덩샤오핑 주석의 남순강화(南巡講話) 이후, 경제 개혁의 새로운 전기가 마련되었다. 사회주의 시장경제체제 건설의 개혁 목표가 정식으로 수립되면서 국유기업 개혁이 본격적으로 추진되었다. 1993년 4월 국무원은 〈국유기업근로자 대업보험 규정〉을 공포하였다. 시장경제체제 수립이 확정되었다는 전제 아래 이 규정은 여전히 국유기업에 국한되었고, 대업보험이라는 명칭을 사용하였으며, 적용범위, 자금조성, 보험수준 및 조직관리 모듈 등 제도내용에서 상당한 변화가 있었다. 1994년에 이르자 전국에 걸쳐 총 194만 명이 고용보험제도 혜택을 누렸다. 이것은 1986년부터 1993년까지 7년간 기록된 전체 수치이다. 이때부터 고용보험제도의 기능이 발휘되기 시작하였다.

3) 고용보험제도의 확립 시기: 1994~1999년

경제 개혁이 심화됨에 따라, 기존의 고용보험제도는 국유기업실업자 보장과 시장 취업체제 보장의 이중적 임무를 감당할 수 없어, 통일된 노동시장, 노동력 자원의 합리적 배치 실현을 요구하는 현실과는 괴리가 있었다. 특히, 경제구조가 조정되고 국유기업 내 대규모 잉여근로자가 분류되자 그들의 기초생활에 대한 실질적 보장이 필요하였다. 그러나 고용보험제도의 역량이 부족했기 때문에 중국정부는 연계성 대책을 마련할 수밖에 없었다. 즉, 실업자의 기초생활보장제도를 수립하고 재취업서비스센터를 설립함으로써 고용보험제도를 보강하기 위한 시간을 확보하고자 했다.

다른 한편으로는 고용보험제도의 보강작업을 실시하였다. 실업자의 기초생활보장제도와 재취업서비스센터는 이중 노동시장 조건 아래에서 대규모 조직적 실업에 대응하는 연계성 대책으로서 이중적 기능을 띠고 있었다. 즉, 한편으로는 계획경제체제의 특징이 짙어 실업자에 한해 보호 역할을 감당하였고, 다른 한편으로는 기능교육과 취업정책을 통해 실업자의 재취업을 촉진하였다. 2000년부터 실업자의 생활보장과 고용보험제도의 통합을 시작하였으며 재취업에 성공하지 못한 실업자를 위한 고용보험제도로 점차 전환되었다.

1999년 1월 22일 국무원에서는 〈실업보험조례〉를 공포하였다. 고용보험제도의 수립을 완벽한 행정법규의 형식으로 정식 선포한 것이다. 이 조례는 이전의 고용보험제도 수립과 발전과정의 경험을 바탕으로 대폭 조정되었다. 예를 들면, 실시범위는 국유기업에 국한하지 않고 국가기관·준공공기관과 민영기업까지 확대되었으며 보험기금 조성과 사용 등의 제도 내용에서 수정작업을 감행하였다. 동시에 국무원에서는 〈사회보험료 납부 임시시행조례〉를 공포하여 주관부처와 위원회에서 사회보험가입 등록 관리, 비용납부 신고관리, 부과 감사(監査), 기금 재무회계, 실업급여 신청·지급과 고용보험 관련 통계 및 고용정책과 조정기금 지출구조 등의 수립에 관한 관련 규정을 하달하였다. 이후 중국의 고용보험제도는 체계화의 길로 접어들었다.

4) 고용보험제도의 조정·개선: 2000년~현재

21세기에 들어서면서 경제체제 개혁은 새로운 전기를 맞이했다. 경제체제 개혁이 심화되면서 고용보험제도를 개선하고 고용보험제도의 실시 효과를 향상시키기 위해 중국정부는 잇따라 관련 정책을 반포하여 고용보험제도의 건전성을 도모하였다. 고용보험제도의 적용범위와 관련해 2008년 국무원에서는 〈신속히 서비스업을 발전시키는 데 있어 몇 가지 정책조치에 관한 실시의견〉을 발표하여 "가급적 빨리 〈실업보험조례〉를 수정하여 고용보험제도를 개선하고 적용범위를 확대해서 서비스업에 종사하는 자영업자, 비정규직 취업자, 농민공 등이 고용보험제도의 적용범위에 포함되도록" 지시했다.

2010년 10월 28일 제11기 전국인민대표대회 상무위원회 제17차 회의에서 표결을 통해 〈사회보험법〉이 통과되어 2011년 7월 1일부터 실시하기 시작하였다. 〈사회보험법〉의 실시는 중국 사회보장의 법제건설 중 하나의 이정표였다. 〈사회보험법〉은 몇 년간 경험을 통해 증명된 효율적인 고용보험제도로서 입법과정을 통한 법률 형식으로 고용보험제도의 강제성, 규범성, 안정성을 강화시켰다.

〈사회보험법〉은 고용보험제도를 한층 보강하였으며 단독조항의 형식으로 고용보험제도의 적용범위, 자금출처, 혜택조항과 혜택조건 등의 내용을 명확히 규정하였다. 고용보험제도에 대한 보강은 주로 다음의 방면을 포함하였다.

첫째, 고용보험제도의 적용범위를 확대시켰다. 본법 제44조 규정에 따르면 "근로자는 고용보험에 가입해야 하며, 사업체와 근로자는 국가규정에 따라 공동으로 고용보험료를 납부해야 한다". 제97조 규정에 따르면 "중국 내에서 취업한 외국인은 본법의 규정에 따라 사회보험에 가입해야 한다".

둘째, 실업급여의 최고기준 제한을 없애고 실업급여 혜택의 조정을 위해 여유를 남겨놓았다. 〈사회보험법〉은 실업급여가 현지 최저임금 기준보다 낮았던 규정을 폐지하고 실업급여의 생활보장 기능을 부각하여 실업급여의 조정을 위해 여유를 남겨놓았다.

셋째, 실업자의 보건의료 문제를 해결하였다. 제48조 규정에 따르면, "실업자는 실업급여 지급기간에 도시근로자 기본의료보험에 가입하여 기본의료보험 혜택을 누릴 수 있다. 실업자가 납부해야 하는 기본의료보험은 고용보험에서 지불하며, 개인은 기본의료보험료를 납부하지 않는다". 이렇듯 실업자를 도시근로자 기본의료보험제도에 적용함으로써 실업급여 지급기간 내 실업자의 기본의료 수요를 보장하며 도시근로자 의료보험제도의 통일성을 유지 및 보호하였다.

넷째, 고용보험기금의 성급(省級) 사회통합기금을 점차 확립했으며, 사회통합기금 단계향상을 위해 법률적 근거를 제시하였다. 본법 제64조 규정에 따르면, "기본연금급여는 점차 전국 사회통합기금을 실시하고 기타 사회보험기금은 성급 사회통합기금을 실시하며 세부 기간과 절차는 국무원이 별도로 정한다"고 명시했다. 이로써 중국의 고용보험제도는 한층 더 발전되고 보강되었다.

최근 몇 해 동안, 중국은 역사상 전례 없는 '경제 하행 압력'을 겪고 있다. 이러한 배경 아래 기업의 원가부담을 줄이고 기업 발전에 활력을 불어넣자는 목소리를 높이며 새로운 시대에 순응하기 위해 2016년 4월 인력자원·사회보장부와 재정부는 〈고용보험료율의 단계적 인하에 대한 통지〉를 발표하여 2016년 5월 1일부터 시행하기로 결정했으며, 2017년 2월 〈고용보험료율 단계별 인하 관련 문제에 관한 통지〉를 반포했다. 기업이 부담하는 실업보험의 평균 보험료율의 인하 과정을 살펴보면, 2015년 3월 초부터 3%로, 2015년 3월 초부터 2016년 12월 말까지 2%로, 2017년 1월 초부터 현재(2018년)까지 1%로 감소했다. 한편, 개인이 부담하는 실업보험의 평균 보험료율의 경우에 도시근로자는 0.2%를 납부하지만 농민공은 납부하지 않는다.

고용보험제도는 지난 몇 해 동안 발전을 거듭해오면서 실업자의 기본생활 보장, 사회안정 유지, 실업자의 재취업 촉진, 국유기업 개혁의 적극적인 동참 등의 방면에서 중요한 기능을 발휘했다. 그러나 인력자원·사회보장부에서는 〈실업보험조례〉가 새로운 사회·경제 형세와 더욱 복잡해진 노동 취업구조에 순응하지 못하고 있다고 지적하면서 조례 수정을 통해 고용보험제도를 개선할 것을 국무원 입법추진계획에 포함했다(桂桢, 2016).

3. 고용보험제도 및 고용정책 현황

1) 기본 현황

1999년 발표한 〈실업보험조례〉 제 2조의 규정에 따르면 고용보험 대상자는 도시기업과 준공공기관의 근로자이다. 동일한 날짜에 발표한 〈사회보험료 납부 임시시행조례〉에서는 현실적 수요에 맞추어 성, 자치구, 직할시의 정부에게 해당 지역의 상황에 따라 고용보험의 적용범위를 확대할 권한을 제시했고 사회단체와 그 전문직근로자, 민간 비기업체 및 그 근로자, 도시 자영업자와 그 근로자를 고용보험의 범위에 포함하였다. 이 〈실업보험조례〉에 근거하여 각 지역에서는 연이어 관련된 문건을 발표하여 고용보험제도의 적용범위를 확대하였다.

〈실업보험조례〉와 비교할 때, 2010년에 제정된 〈사회보험법〉은 "근로자는 반드시 고용보험에 가입해야 한다"고 한층 명확히 제시하였으며 "사업체와 근로자는 국가에서 규정한 고용보험료를 공동으로 납부해야 한다"고 규정하였다. 그러나 비전일제근로자 등 비정규직근로자, 향진기업과 그 근로자 등 일부는 고용보험제도의 범위에 완전히 포함되지 못했다.

〈실업보험조례〉에서 규정한 실업급여 수급조건은 다음과 같다. 고용보험제도의 가입규정에 따라, 소재 사업체와 본인은 만 1년의 납부의무를 이행해야 하고 본인의 의향과 관계없이 취업이 중단되어야 하며 실업등록을 마친 후 구직을 요청해야 한다. 그러나 실업급여의 급여 수준, 즉 구체적 금액은 확정되지 않아 일정한 기준을 정해 지급된다. 최저임금의 기준보다 낮고 최저생활보장의 기준보다는 높아야 한다. 구체적으로는 각 성, 자치구, 직할시의 인민정부가 자율적으로 규정하며 실행과정에서 각 지역의 기준은 모두 최저임금의 70% 선에서 정한다.

이 밖에도 사업체에서 고용한 노동계약제근로자가 만 1년 이상 근무하거나 해당 사업체에서 이미 고용보험료를 납부했거나 노동계약기간이 만료되었으나 재계약을 하지 않았거나 혹은 사전에 노동계약을 해제할 경우에는 사회보험 사무처리기구에서 근로연한에 따라 일회성 생활보조급여를 지급한다.

이러한 규정은 각 지역에서 해당 지역의 경제발전 수준에 따라 구체적 금액을 결정하도록 했으나 실업급여, 실업 전 임금수준과 실업이 지속된 시간이 서로 관련되지는 않는다. 이 점에서 대다수 선진국의 고용보험정책과 현저한 차이를 보인다.

실업급여의 지급기간을 살펴보면, 실업자가 누릴 수 있는 고용보험 자격, 수급연한과 실업 전 납부시간은 서로 연관된다. 첫째, 실업자가 실업 전 소재 사업체에서 규정에 따라 고용보험료를 납부한 기간이 만 1년부터 5년 이하일 경우에 실업급여는 최장 12개월 동안 지급된다. 둘째, 실업자가 실업 전 소재 사업체에서 규정에 따라 고용보험료를 납부한 기간이 만 5년에서 10년 이하일 경우에 실업급여는 최장 18개월 동안 지급된다. 셋째, 실업자가 실업 전 소재 사업체에서 규정에 따라 고용보험료를 납부한 기간이 만 10년 이상일 경우에 실업급여는 최장 24개월 동안 지급된다. 재취업 후 다시 실직할 경우에는 납부기간을 새롭게 계산하여 실업급여 수급기간은 이전에 지급받지 못했던 실업급여의 기간과 합산해 계산한다. 그러나 최장 24개월을 초과하지 못한다.

이 밖에도 실업급여 지급기간 동안 급여 대상자가 치료를 받을 때 사회보험기관에 신청해서 의료보조급여를 받을 수 있으며 이 급여의 기준은 성, 자치구, 직할시의 인민정부에서 결정한다. 이를 통해 실업자의 재취업을 적극적으로 보장할 수 있으며 근로자가 실업기간에 질병위험에 처했을 때 보건의료를 제공할 수 있다.

2) 적용범위

고용보험 가입자 수는 도시 취업자 수의 증가에 따라 지속적으로 증가하고
있다(〈그림 8-1〉 참조). 2015년 인력자원·사회보장사업 발전 통계공보
(国家统计局, 2016. 4. 28)에 따르면 2015년 말 중국 고용보험 가입자 수는
1억 7,326만 명으로 전년도 동기 대비 283만 명이 증가했고, 2000년 말 1
억 408만 명과 비교했을 때 66.5%의 성장률을 기록했다. 그중 고용보험
에 가입한 농민공 수는 4,219만 명으로 전년도 동기 대비 148만 명이 증가
했다. 2015년 말 전국 실업급여 수급자 수는 227만 명으로 전년도 동기 대
비 20만 명이 증가했다.[1]

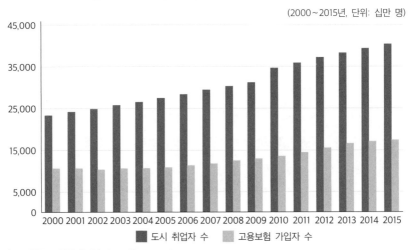

〈그림 8-1〉 도시 취업자 수와 고용보험 가입자 수 현황

(2000~2015년, 단위: 십만 명)

자료: 중국 노동통계연감. http://tongji.cnki.net.

---

1) 이 데이터는 중국노동통계연감의 데이터와 일치하지만 중국통계연감의 데이터와는 일치
하지 않는다. 기존의 데이터를 보면 두 데이터가 일치하지 않는다. 예를 들어, 중국노동
통계연감에 따르면 2014년 실업급여 수급자 수는 207만 명인 데 반해, 중국통계연감에는
422만 명으로 기록되어 있다.

2015년, 노동계약기간이 종료되었으나 아직 재계약을 하지 않았거나 사전에 노동계약을 해제한 약 71만 명의 농민 계약제근로자에게 일회성 생활보조급여가 지급되었다. 이와 동시에 도시 취업자 수가 4억 명을 넘어섰다. 고용보험제도의 실제 적용범위 상황을 살펴볼 때, 2015년 말 고용보험 가입자 수가 도시 취업자 수에서 차지하는 비율은 약 42.9%였다. 국제노동기구의 〈사회보장의 최저기준에 관한 조약〉의 규정에 따르면 고용보험제도의 적용범위는 전체 취업자 수의 50%보다 낮아서는 안 된다. 전체적으로 고용보험제도의 적용범위는 여전히 낮은 편이고 도시에서 상당수 취업자가 실업을 당하고도 제때에 고용보험제도의 도움을 받지 못하는 경우가 빈번함을 알 수 있다.

3) 고용보험기금 조성 현황

고용보험기금 조성 규모를 살펴보면 지난 10여 년 동안 고용보험기금의 적립금 규모는 점차 커지고 있다. 2015년 고용보험기금 수입은 1,368억 위안으로 전년도 동기 대비 0.9% 감소했는데 고용보험제도 수립 후 기금수입이 감소한 몇 안 되는 해이기도 하다. 고용보험기금 적립금은 계속 증가하는 추세를 보이고 있다(〈그림 8-2〉 참조). 2000년의 적립금은 196억 위안이었으나 2015년에는 5,083억 위안이었다. 이는 16년 동안 25배 증가한 수치이며 연평균 성장률은 23.9%를 기록했다. 한편, 2008년 국제금융위기가 발발하여 고용보험기금은 전 세계적으로 큰 압박을 받았다. 중국 실업자는 2,500만 명이 발생해 전 세계 실업자의 50%를 차지했다. 이러한 상황에도 고용보험기금은 여전히 빠르게 증가했으며 2008년과 2009년 두 해 동안 545억 위안이 증가하여 전체 적립금의 3분의 1을 차지했다(鄭秉文, 2011).

고용보험기금의 구성을 살펴보면, 대규모 적립금은 주로 국가기관·준공

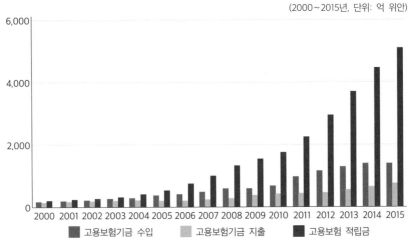

〈그림 8-2〉 고용보험기금 수지와 적립금 현황

(2000~2015년, 단위: 억 위안)

■ 고용보험기금 수입   ■ 고용보험기금 지출   ■ 고용보험 적립금

자료: 중국 노동통계연감. http://tongji.cnki.net.

공기관의 근로자와 유동 취업자의 보험료에 기인하였다. 한편으로는 정규 '체제(體制) 내' 국유기업·준공공기관과 그 근로자의 보험료 납부로 형성되었는데 이런 취업층은 실업위험이 낮아서 납부해도 고용보험급여를 지급받는 경우는 많지 않다. 다른 한편으로 정규 '체제 외'에서 운영되는 비정규직 직원과 유동 취업자의 경우, 실업위험이 높은 편이지만 납부기간이 길지 않고 수급자격이 제한적이거나 혹은 고용보험 관계 이전이 불가능하여 보험료 납부가 자유롭지 않아서 지급받지 못하는 경우가 있다. 즉, 현재 고용보험 제도의 적립금은 주로 국가기관·준공공기관의 근로자의 보험료 납부와 유동 취업자층의 보험료 납부가 적립되어 형성된 것이다(孫洁·高博, 2011).

4) 실업급여 수급

중국노동통계연감에 따르면 〈실업보험조례〉 발표 이후, 2000년부터 2002년까지 실업급여 수급자 수는 점차 증가하는 추세였다. 2002년 440만 명

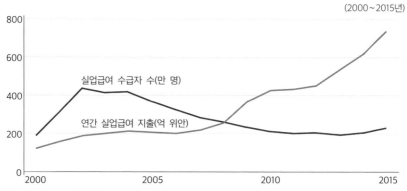

〈그림 8-3〉 실업급여 수급 현황

(2000~2015년)

실업급여 수급자 수(만 명)

연간 실업급여 지출(억 위안)

자료: 중국 노동통계연감. http://tongji.cnki.net.

에 달한 후 2004년, 2012년, 2014년, 2015년 소폭으로 상승한 것을 제외한 나머지 해에는 감소추세를 보였다(〈그림 8-3〉 참조). 2015년 실업급여 수급자 수는 227만 명에 달했다.

급여 수준 측면에서 살펴볼 때, 대다수 성급 정부는 해당 지역 최저임금 기준에 의거해 실업급여의 구체적인 금액을 확정하는 방법을 채택한다. 일반적으로 실업급여는 해당 지역 최저임금의 70~80%로 규정한다. 예를 들어, 베이징시의 경우 실업급여 기준을 베이징시 최저임금의 70~90%로 규정한다. 후난성은 후난성 최저임금의 80%로 규정하며, 헤이룽장성의 실업급여 기준은 헤이룽장성 최저임금의 70%이다. 그러나 각 지역의 최저임금 기준 자체가 낮은 편이라서 최저임금을 기초로 계산된 실업급여는 훨씬 낮아지게 마련이다.

최신 관련 통계자료에 따르면, 2015년 전국 실업급여는 매월 1인당 평균 960.3위안이 지급되었다(桂槙, 2016). 이 기준으로 유럽국가와 비교해 보면 중국의 실업급여 기준은 현저히 낮은 편이다.

4. 고용보험제도 및 고용정책의 문제점과 발전방향

1) 고용보험제도 및 고용정책의 문제점

첫째, 고용보험 가입률이 낮고 적용 대상자가 불균형적이다. 가입률은 일반적으로 도시 취업인구를 기초로 계산된다. '2015년 인력자원·사회보장사업 발전 통계공보'에 근거한 통계자료를 보면, 2015년 연금, 의료보험, 고용보험, 산재보험, 출산보험 등 5대 사회보험 가입률은 각각 87.5%, 71.5%, 42.9%, 53.0%, 44.0%였다. 그중 고용보험 가입률이 5대 보험 중 가장 낮다. 고용보험 가입률이 가장 높은 해는 2000년으로 45%를 기록했다. 이후 한 번도 45%를 넘지 못했다. 2005년 가입률은 무려 39%까지 낮아졌다. 2015년 고용보험 가입률은 42.9%를 기록했는데, 이는 절반 이상 도시 취업자가 고용보험에 가입하지 않은 현실을 말해 준다.

더군다나 농민공의 고용보험 가입률은 훨씬 더 낮다. 2015년 전국 농민공 수는 약 2억 7,747만 명으로 전년도 동기 대비 352만 명이 증가하였다. 그중 고용보험에 가입한 농민공 수는 4,219만 명으로 15.2%의 가입률을 기록했다(国家统计局, 2016. 4. 28). 이는 고용보험제도의 적용범위와 관련한 문제 중 하나이다.

둘째, 납부 유연성이 결여되어 가입 인센티브가 부족하다. 중국의 고용보험료 납부는 무차별 보험료율이 적용된다. 무차별 보험료율 적용은 기업 간 고용수준의 차이를 무시하는 방법이다. 이윤이 많은 사업체가 높은 임금을 지급하기에 상대적으로 높은 고용보험료를 감당해야 한다. 그러나 이 부류 근로자의 실업위험이 상대적으로 적어 '다지출 소실업' 구조가 형성되므로 납부자의 적극성에 부정적 영향을 줄 수 있다.

업종별로 살펴볼 때, 고용인력이 많고 이윤이 낮은 노동집약형 기업이 고용한 취업인구가 갈수록 증가하였으며 이로 인해 보험료 납부도 갈수록 증가했고, 따라서 기업 부담이 점차 가중되고 있다. 한편 기술집약형과 자본집약형인 신흥 서비스업은 고용인력이 적고 이윤이 높으며 실업위험이 집중되어 있지만, 보험료 납부는 오히려 적은 편이다. 기업 납부의 적극성을 장려하는 측면에서 볼 때 동일한 보험료율은 기업 이윤의 차이를 무시하는 방식이다. 이윤이 많고 실업자가 적은 사업체에 동일한 보험료율을 적용하면 기업의 납부 적극성이 감소할 수 있다.

셋째, 보험료 납부와 수급자 간의 불균형으로 인해 대규모 적립금이 형성되었다. 2009년과 2015년 두 해를 제외하고 고용보험기금 수입은 계속 증가했다. 물론 이 시기에 기금 지출도 증가했지만 기금 지출이 기금 수입보다 훨씬 적어 기금 수지의 격차가 갈수록 확대되는 추세를 보였다. 기금 수지의 비율은 2000년 1.30 : 1에서 2004년 2.24 : 1로 확대되었다. 이로 인해 고용보험기금에 대규모 적립금이 형성되었고 2015년 현재 적립금은 총 5,083억 위안에 달했다. 대다수 학자는 대규모 적립금 형성의 근본적 원인이 고용보험료 납부와 수급 간의 불일치, 즉 보험료 납부 주체와 수급 주체의 위치 전도, 가입과 보험료 납부, 그리고 수급 간의 불일치 때문이라고 주장한다.

넷째, 지출항목 제한으로 인해 취업기능을 촉진하지 못한다. 고용보험제도의 수립은 1990년대 말 대규모 실업을 역사적 무대로 한다. 고용보험제도는 기본생활 보장, 낮은 급여수준, 그리고 엄격한 수급조건을 바탕으로 확립되었다. 또한 취업촉진과 관련한 내용으로 "실업급여 지급기간에 직업훈련과 직업소개를 수용한다"는 부가조항이 덧붙여졌다. 고용보험기금 지출범위와 지출항목은 매우 제한적이었다. 그러나 현실적으로 유형별 취업인구는 경제정책 조정에 따라 급변했고 많은 중소기업이 파산하여 회사 문을 닫았지만 고용보험제도 자체에는 별다른 변화가 없었다. 즉, 각종 경제·사회정책의 조정과 취업인구의 현실적 변화에 순응하지 못했다.

실업인구의 증가, 실업자에 대한 효과적 보장시스템의 결여, 고용보험보장범위의 협소함 등의 문제는 대규모 적립금 형성이라는 문제와 공존한다. 이는 현재 중국 고용보험제도의 기능과 위치 정립이 사회·경제발전의 요구에 순응하지 못하고 있다는 어두운 현실을 반영한다.

2) 고용보험제도 및 고용정책의 발전방향

첫째, 실업자의 기본생활에 대한 보장을 강화해야 한다. 실업자의 기본생활 보장은 고용보험제도의 가장 기본적 기능이다. 고용보험의 적용범위를 확대하여 고용보험기금의 통합단계를 향상하고 합리적인 실업급여 지급방식과 수급기준을 확립하여 특수실업층에게 필요한 지원 등을 제공함으로써 실업자의 기본생활보장을 강화할 수 있다(吕学静, 2010).

우선 고용보험제도의 적용범위를 확대해야 한다. 고용보험제도는 실업위험에 대처하기 위해 근로능력이 있는 모든 사람에게 적용되어야 한다. 다음으로 고용보험기금의 통합단계를 향상해야 한다. 〈사회보험법〉은 고용보험기금의 성급 통합을 법정 통합단계로 명시함으로써 고용보험기금의 통합단계를 향상시키는 데 명확한 목표를 제시했다. 마지막으로 실업급여의 지급방식과 수급기준이 조정되어야 한다. 현재 실행 중인, 실업급여와 최저임금기준을 연계하는 방식을 변화하여 실업자의 실업 전 임금의 일정한 비율에 따라 실업급여 기준을 확정하는 방안을 선택해야 한다. 이와 동시에 최고한도와 최저한도를 적당히 통제해 실업급여수준을 적절히 높여야 한다.

둘째, 고용보험제도의 취업촉진 기능을 도모해야 한다. 고용보험제도의 기능을 효과적으로 발휘하기 위해서는 적극적으로 실업자의 생활보장 기능을 발휘해야 할 뿐만 아니라 취업촉진의 기능을 강화해야 한다. 현행 고용보험제도 중에서 취업과 관련된 사항은 직업소개와 직업훈련의 두 가지 지출뿐 취업촉진의 기능이 매우 약하다. 각국 고용보험제도의 발전과정을 살펴보면, 고용보험제도는 단편적 실업구제 방식에서 취업촉진 방식으로 전환되었다. 고용보험제도의 취업촉진 기능을 도모해야 한다. 취업촉진을 위해 지출되는 고용보험기금의 범위를 확대해야 하며 진정한 고용보험제도로 전환해야 할 것이다. 고용보험제도를 소극적 사후보상에서 적극적 취업촉진으로 전환하는 과정에는 단순히 이념과 위치 정립의 변화뿐 아니라 내용설계의 변화도 포함되어야 한다.

셋째, 고용보험제도의 취업 안정화 기능과 실업예방의 기능을 도모해야 한다. 무엇보다도 현재 전국적으로 동일한 기초 보험료율을 탄성적 보험료율로 전환해야 한다. 탄성적 보험료율은 여러 측면에서 그 기능을 발휘할 수 있다. 먼저 기업의 감원을 억제할 수 있으며 기업이 적극적으로 고용보험료를 납부하도록 장려할 수 있고 실업예방이라는 목표를 실현할 수 있다. 또한 안정적인 취업을 위해 보조금을 지원할 수 있다. 일시적으로 경영난을 겪는 기업의 일자리를 안정시킬 수 있도록 고용보험기금으로 기업을 지원함으로써 취업을 안정시키고 실업을 예방할 수 있다.

5. 맺음말

개혁개방 이후 지난 30년 동안 고용보험제도는 경제체제 개혁의 심화에 따른 국유기업 개혁과 함께 많은 우여곡절을 겪었다. 전반적으로 고용보험제도는 무에서 유로, 상징적 제도에서 실질적 제도로의 발전과정을 거쳤다. 이와 동시에 몇 가지 눈여겨봐야 할 현상이 있다. 경제발전 방식의 전환으로 인해 구조적 실업문제가 점차 드러나고 있으며 취업방식이 점차 다양해지면서 실업인구의 구조도 다원화되고 있다는 점이다. 즉, 실업인구집단에는 기업 실업자가 주축이 된 '중장년 실업층'과 더불어, 고용보험에서 배제된 대규모 청년지식층, 농민공 등이 동시에 존재한다.

최근 중국의 실업 현황을 보면, 대규모 실업이 등장할 뿐 아니라 실업주기가 길어지고 있다. 따라서 장기적 실업이 주요 실업형식이 될 것으로 예상된다. 신속한 도시화로 인해 대규모 농민공이 도시로 유입되어 일자리를 찾고 있고 시장화 취업방식의 형성으로 취업은 유연해졌으며 탄성적 취업인구도 급속히 증가하고 있다. 이러한 변화로 인해 중국의 체제전환과 경제변형 시기에 수립되기 시작한 고용보험제도는 새로운 국면을 맞이했다. 현재, 정규직 취업자가 바탕이 되고 주로 도시 국유기업에 적용되는 고용보험제도는 앞으로 실업자의 기본생활을 보장한다는 전제하에서 취업촉진과 실업예방 등의 기능을 발휘해야 할 것이다.

■ 참고문헌

해외 문헌

桂桢(2016). 适应经济社会发展,《失业保险条例》 修订在即.〈中国人力资源社会保障〉, 2016年第6期.

国家统计局社会统计司(1987).《中国劳动工资统计资料(1949-1984)》. 北京: 中国统计出版社.

谭金可(2016). 从失业保险转向就业保险的加拿大经验与启示.〈财经问题研究〉, 2016年第3期.

吕学静(2010). 我国失业保险制度功能的改革与优化.〈中国社会保障〉, 2010年第9期.

孟颖颖・李慧丽(2015). 改革开放以来我国失业保险制度的政策回顾与述评.〈社会保障研究〉, 2015年第5期.

孙洁・高博(2011). 我国失业保险制度存在的问题和改革的思路.〈西北师范大学学报〉(社会科学版), 2011年第1期.

郑功成(2003).《中国社会保障制度的变迁与评估》. 北京: 中国人民大学出版社.

_____(2008).《中国社会保障30年》. 北京: 人民出版社.

郑秉文(2010). 中国失业保险基金增长原因分析及其政策选择: 从中外比较的角度兼论投资体制改革.〈经济社会体制比较〉, 2010年第6期.

_____(2011). 中国失业保险制度存在的问题及其改革方向: 国际比较的角度.〈中国经贸导刊〉, 2011年第5期.

기타 자료

国家统计局(2016. 4. 28). 2015年农民工监测调查报告. http://www.stats.gov.cn/tjsj/zxfb/201604/t20160428_1349713.html.

중국 노동통계연감. http://tongji.cnki.net.

09

산재보험제도*

1. 머리말

세계적으로 실시범위가 가장 광범위한 산재보험제도는 근로자의 직업안
전·건강, 사회안정 촉진과 생산력 증진 등 중요한 기능을 발휘한다. 산
재보험제도는 각국의 발전과정에 따라 고용자 납부와 근로자 수급의 원칙
을 준수하는 한편, 보편적으로 고용자가 엄격하게 책임지거나 책임을 결
정하는 원칙을 따른다.

이 장에서는 산재보험제도의 발전과정을 살펴봄으로써 산재보험의 역사
와 현황을 분석하며, 현재 존재하는 문제를 총결함으로써 중국 산재보험제
도의 발전을 진단하고자 한다.

---

* 이 글은 2012년 《주요국의 사회보장제도: 중국》(한국보건사회연구원, 2012)에서 필자가
  작성한 "제 2부 제 3장 공상보험 (재해보험)"을 수정 보완한 것이다.

2. 산재보험제도의 발전과정

정치·경제적 배경의 변화에 따라 중국의 산재보험제도는 국가·단웨이
보장체제-기업보장-사회보장 순으로 발전하였다(鄭功成, 2003). 1980년
대를 기점으로 보면 1980년대 이전은 산재보험제도의 수립·조정단계라
볼 수 있으며, 1980년대 이후는 산재보험제도의 개혁·확립단계라 볼 수
있다.

1) 산재보험제도의 수립·조정단계: 1949~1978년

신중국 성립 이후 중국공산당과 중국정부는 경제 낙후, 생산 위축, 심각
한 실업과 인플레이션, 작업으로 인한 질병·상해·장애 등 일련의 사회
문제 및 열악한 생산조건 등의 생산 안전문제에 직면했다. 경제회복과 더
불어 중국정부는 전국적으로 통일된 사회보장제도를 공식적으로 수립하
기 시작했다.

산재보험제도는 일찍이 1951년 발표된 〈노동보험조례〉에서 그 기원을
찾을 수 있다. 〈노동보험조례〉는 전쟁 중 부상 또는 공무로 부상을 입은
혁명인원의 구휼에 대해 규정했다. 〈노동보험조례〉의 적용범위는 근로자
가 100명 이상인 국영기업, 공사합영(公私合營), 민영 및 합작사에서 경영
하는 공장, 광산 및 부속단위의 근로자, 철도, 항공운수, 체신(郵電)과 관
련된 기업과 부속단위의 근로자, 공업, 광업, 교통사업, 국영 건축회사의
근로자 등이었다.

1953년 1월 9일 정무원(현 국무원)에서는 〈노동보험조례 수정안〉을 발
표했고 같은 해 1월 26일 노동부에서는 〈노동보험조례 실시 세칙수정〉(초
안)을 발표해 산재보험제도의 장애평가와 혜택 기준을 조정했다. 1957년 2
월 28일 위생부에서는 〈직업병 범위와 직업병 환자 처리방안규정〉을 발표

해 근로자의 건강을 손상시키는 직업성 중독과 진폐증 등 14개 직업과 관련된 질병을 산재보험제도의 적용범위에 포함하여 직업병에 대한 보장을 확립했다.

그러나 중국 산재보험제도의 발전은 그리 순탄하지만은 않았으며 중국의 흥망성쇠와 함께 우여곡절의 시기를 겪었다. 문화대혁명 10년 동안 야기된 심각한 사회 혼란으로 산재보험제도는 1969년 재정부에서 발표한 〈국영기업 재무업무 관련 제도 개혁의견〉(초안)에 의해 바뀌었다. 이 초안은 국영기업의 일률적인 노동보험급여 인출을 금지하고 기업 퇴직자와 장기 산업재해 환자의 임금, 기타 근로자 보호 관련 지출을 영업 외 계상으로 규정했다. 이에 따라 산재보험제도를 포함하는 모든 사회보장제도는 사회와 기업이 공동으로 분담하는 보장방식에서 기업보험으로 전락하였다(郑功成, 2008).

2) 산재보험제도의 개혁단계: 1978년~1980년대 중반

기타 사회보험제도와 마찬가지로 산재보험제도 역시 경제체제 개혁(특히, 국유기업 개혁)과 더불어 개혁의 대상이 되었다. 1986년 7월 12일 국무원에서는 〈국영기업 노동계약제 실시 임시시행규정〉을 발표해 '전통 계획경제체제의 고용제도를 없애고 퇴직연금은 기업과 노동계약제근로자가 공동으로 납부한다'고 규정·확립하였다. 이로써 산재보험제도는 기업과 근로자가 공동으로 납부하는 사회보험방식으로 전환되기 시작했다. 또한 〈국영기업 노동계약제 실시 임시시행규정〉은 공무로 부상당한 근로자와 직업병에 걸린 근로자에 대해 기업이 노동계약을 해제하지 못하게 규정함으로써 공무로 부상당한 근로자를 보호하고자 했다.

1988년부터 노동부는 산재보험 개혁 연구에 착수했고 선전(深圳)시, 하이커우(海口)시를 시범지역으로 선정하여 개혁의 서막을 열었으며 시범사업을 실시하는 동시에 산재보험의 입법 업무도 전개했다. 1990년 12월 30일

중국공산당 중앙위원회에서 통과된 〈제8차 5개년 계획에 관한 건의〉에서는 건전한 공적연금제도와 미취업보험제도를 수립하는 동시에 산재보험제도를 개혁한다고 명시했다.

1991년 '제8차 5개년 계획 강요'에서는 산재보험제도 개혁과 더불어 안전제일 예방 위주의 방침을 반드시 관철할 것을 제시하면서 노동안전·위생감찰을 강화하고 노동조건을 개선하며 노동보호를 강화함으로써 기업근로자의 사망·사고율과 직업병 발병률을 낮출 것을 제의했다. 1993년 제14기 제3중전회에서는 기업의 산재보험제도를 보편적으로 수립하자는 내용이 제출되었다. 1994년 〈노동법〉이 발표되면서 법률 형식의 산재보험제도가 확정되었다.

3) 산재보험제도의 개혁·확립단계: 1990년대 중반~현재

1996년 〈기업근로자 산재보험 시행방안〉의 발표는 산재보험제도 개혁이 전국적으로 과도기로 진입했음을 의미한다. 이와 함께 같은 해 3월 "근로자 산재 및 직업병 장애 정도 감정기준"(GB/T16180-1996)을 새롭게 수정함으로써 전국 보편적으로 2가지 핵심 입법을 보장할 수 있었다. 〈시행방안〉은 산재보험제도의 전면적 계획과 사회화 관리를 명확하게 규정했으며, 정부는 차등 보험료율을 바탕으로 두어 변동 요금 및 전년도 근로자 평균 임금 증가의 일정 비율에 근거하여 매년 급여 수준을 조정하는 방식을 시행했다. 2002년 제정된 〈직업병 방지법〉과 〈안전생산법〉은 직업안전의 입법 방면에서 가장 중요한 두 가지 법률이었다. 노동·사회보장부가 발표한 "근로자 산재장애 및 질병으로 인한 노동능력 상실 정도 감정기준 (시행)"은 관련 감정업무를 규정했다.

2003년 4월 27일 국무원에서 〈공상보험조례〉를 발표하고, 2004년 1월 1일 정식으로 실시하면서 산재보험제도의 기본 틀이 만들어졌다. 2003년

10월 29일 노동·사회보장부에서 발표한 〈산재보험료율에 관한 통지〉, 2004년 1월 1일 발표한 〈공무로 인한 부상 인정 방안〉, 2004년 9월 발표한 〈국가 기본의료보험과 산재보험 약품목록에 관한 통지〉, 2004년 12월 1일 발표한 〈노동보장감찰조례〉 등 일련의 법률, 법규 및 규범적 정책이 산재보험제도의 틀을 완성했다. 특히, 〈산재보험조례〉에서는 "중국 내 각종 기업과 자영업자는 모두 산재보험에 가입해야 한다"고 명시함으로써 모든 유형의 기업이 산재보험제도의 적용범위에 포함되었다.

2008년 3월 국무원에서 제시한 국가기관 개혁방안이 제11기 전국인민대표대회 제1차 회의에서 통과되어 인사부와 노동·사회보장부가 통합된 후 인력자원·사회보장부가 신설되었고 산재보험 관리는 신설된 인력자원·사회보장부에서 담당하게 되었다. 국무원이 새롭게 정한 '세 가지 확정' 방안에 근거해서 산재보험국은 인력자원·사회보장부의 산하기관으로 편성되어 산재보험 업무에 대한 감독 및 관리기능을 책임졌다.

2010년 10월 28일 제11기 전국인민대표대회 상무위원회 제17차 회의에서 표결을 통해 〈사회보험법〉이 통과되어 2011년 7월 1일부터 정식 실시되었다. 그중 제4장에서는 산재보험의 범위, 산재인정 등에 관한 내용을 규정하였고 산재보험제도의 입법단계를 향상시켰으며 법률 효력을 강화하였다. 2011년 1월 1일부터 시행된 〈산재보험조례 수정안〉은 2003년 제정된 조례 중 24곳을 수정·개선하여 산재보험제도를 확립시켰다. 동시에 〈직업병 방지법〉은 2010년과 2016년 두 차례의 수정을 거치며 더욱 개선되었다.

3. 산재보험제도의 현황

1) 산재보험의 가입자 수와 적용범위

〈그림 9-1〉은 중국 산재보험의 가입자 수와 적용률을 그래프로 나타낸 것이다. 이를 살펴보면, 산재보험의 가입자 수가 점차 증가하는 추세를 보임을 알 수 있다. 특히, 2003년 이후에는 산재보험의 가입자 수와 적용범위가 급격하게 증가했다. 2012년 이후부터는 안정적으로 증가하고 있음을 확인할 수 있다(〈그림 9-1〉 참조).

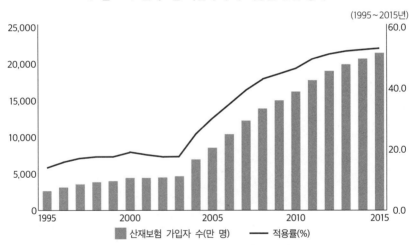

〈그림 9-1〉 산재보험 가입자 수와 적용률 관련 통계

자료: 人社部(2016. 5. 30). 2015년 인력자원·사회보장사업 발전 통계공보.

2) 산재보험의 급여 수준

산재보험 가입자 수가 증가함에 따라 산재보험 수급자 수가 대폭 증가했음을 〈표 9-1〉을 통해 볼 수 있다. 산재보험 수급자 비율을 산재급여 수급 측면에서 보면, 수급자가 지속적으로 증가함에도 산재급여는 상당히 낮은 수준에 머물러 있다. 평균 산재급여가 근로자 평균 임금에서 차지하는 비중은 대부분 35~80% 사이였다. 1999년 산재급여는 근로자 평균 임금의 122.33%를 기록함으로써 역사상 단 한 차례 근로자 평균 임금을 초과했다.

<표 9-1> 산재보험급여 수준 비교표

(1994~2015년, 단위: 만 명, %, 위안)

구분	산재보험 수급자 수	가입자 수	산재급여 지급 비율	평균 산재급여	평균 산재급여가 평균 임금에서 차지하는 비율
1994	5.8	1,822.1	0.32	1,625	35.80
1995	7.1	2,614.8	0.27	2,680	48.73
1996	10.1	3,102.6	0.33	3,663	58.99
1997	12.5	3,507.8	0.36	4,857	75.07
1998	15.3	3,781.3	0.40	5,912	79.04
1999	15.1	3,912.3	0.39	10,210	122.33
2000	18.8	4,350.3	0.43	7,339	78.32
2001	18.7	4,345.3	0.43	8,820	81.14
2002	26.5	4,405.6	0.60	7,506	60.43
2003	32.9	4,574.8	0.72	8,247	58.74
2004	51.9	6,845.2	0.76	6,413	40.02
2005	65.0	8,478.0	0.77	7,385	40.21
2006	78.0	10,268.5	0.76	8,718	41.51
2007	96.0	12,173.3	0.79	9,167	36.77
2008	117.8	13,787.2	0.85	10,772	36.86
2009	129.6	14,895.5	0.87	12,014	36.70
2010	147.5	16,160.7	0.91	13,044	35.11
2011	163.0	17,695.9	0.92	17,571	41.39
2012	190.5	19,010.1	1.00	21,328	44.81
2013	195.2	19,917.2	0.98	24,698	47.14
2014	198.2	20,639.2	0.96	28,280	49.30
2015	202.0	21,432.0	0.94	29,653	-

주: 평균 산재급여는 산재보험기금 지출을 산재보험 수급자 수로 나누어서 얻은 수치이고, 평균 산재급여가 평균 임금에서 차지하는 비율은 평균 산재급여를 재직자의 평균 임금으로 나누어서 얻은 수치임.
자료: 中华人民共和国国家统计局网站. http://data.stats.gov.cn/easyquery.htm?cn=C01.

3) 산재보험기금의 수지 상황

1994년부터 2014년까지 중국 산재보험기금의 수지 상황(〈표 9-2〉참조)
을 살펴볼 때, 산재보험제도가 발전함에 따라 산재보험기금 수입과 지출
규모는 지속적으로 증가하였다. 2015년 현재 산재보험기금 수입은 754억
위안, 지출은 599억 위안으로, 전년도 대비 각각 8.6%, 6.8% 증가했

〈표 9-2〉 산재보험기금 수지와 적립금 비교표

(1994~2015년, 단위: 만 위안, %)

구분	기금 수입		기금 지출		적립금	
	절대수	증가율	절대수	증가율	절대수	증가율
1994	45,547	90.4	9,424	127.4	67,688	118.1
1995	80,861	77.5	19,028	101.9	126,792	87.3
1996	108,917	34.7	36,997	94.4	197,492	55.8
1997	135,472	24.6	60,716	64.1	276,460	40.0
1998	212,142	56.6	90,448	49.0	398,371	44.1
1999	208,781	-1.6	154,164	70.4	449,216	12.8
2000	247,778	18.7	137,973	-10.5	578,524	28.8
2001	282,839	14.2	164,929	19.5	688,926	19.1
2002	320,315	13.2	198,919	20.6	810,812	17.7
2003	375,889	17.3	271,318	36.4	912,186	12.5
2004	582,900	55.1	332,853	22.7	1,185,828	30.0
2005	930,000	59.5	480,000	44.2	1,640,000	38.3
2006	1,220,000	31.2	680,000	41.7	1,930,000	17.7
2007	1,660,000	36.1	880,000	29.4	2,620,000	35.8
2008	2,167,000	30.5	1,269,000	44.2	3,846,000	46.8
2009	2,401,000	10.8	1,557,000	22.7	4,688,000	21.9
2010	2,849,000	18.7	1,924,000	23.6	5,614,000	19.8
2011	4,664,000	63.7	2,864,000	48.9	7,426,000	32.3
2012	5,267,000	12.9	4,063,000	41.9	8,619,000	16.1
2013	6,148,000	16.7	4,821,000	18.7	9,962,000	15.6
2014	6,948,000	13.0	5,605,000	16.3	11,288,000	13.3
2015	7,540,000	8.6	5,990,000	6.8	12,850,000	13.8

자료: 中华人民共和国国家统计局网站. http://data.stats.gov.cn/easyquery.htm?cn=C01.

다. 2015년 말 산재보험기금 적립금은 1,285억 위안(예비금 209억 위안 포함)이었다.

다른 한편으로 법률의 규정에 따라 산재보험은 "지출이 수입을 결정하고 수입과 지출의 균형을 유지하는" 원칙을 준수해야 한다. 더군다나 중국은 현재 보험료율이 낮고 산재사고가 높은 편이라서 산재보험기금 적립금이 1994년 6억 7,688만 위안에서 2014년 1,128억 8천만 위안으로 증가함으로써 막대한 적립금이 형성되었다.

4. 산재보험제도의 문제점과 발전방향

1) 산재보험제도의 문제점

첫째, 산재보험제도의 적용범위가 확대되어야 한다. 전체 적용범위에서 살펴볼 때 2011년 이후 산재보험의 적용률은 도시근로자의 50% 선에서 유지되었다. 앞으로 단기간 내에 확대될 조짐이 없어 절반가량의 근로자는 여전히 산재보험제도의 적용범위에서 배제될 것으로 보인다.

농민공과 비정규직근로자 등 사회취약계층의 적용범위를 살펴보면 그 효과성이 현저히 떨어진다. 농민공은 높은 위험부담을 안고 있는 주요 계층이자 직업장 사고의 주요 피해자임에도 불구하고 작업의 성격과 사회복지제도의 사각지대로 인해 대다수가 아직 산재보험제도에 적용되지 않고 있다. 관련 통계에 따르면 2015년 말 산재보험제도에 가입한 농민공 수는 7,489만 명이었다(人社部, 2016. 5. 30). 이와 동시에 산재보험의 강제성에도 비정규직근로자의 산재보험제도 적용성 문제가 여전히 논의에 그칠 뿐 마땅한 조치와 수단은 마련되고 있지 않다.

둘째, 산재급여 수준이 높아져야 한다. 〈표 9-1〉에서 보다시피 산재급여 수준이 점차 향상되는 추세지만 전반적인 급여 수준은 여전히 낮은 편이다. 평균 산재급여가 평균 임금에서 차지하는 비중을 살펴볼 때, 1999년도를 제외한 모든 해에 평균 산재급여가 평균 임금보다 낮았고, 대부분 평균 산재급여가 평균 임금의 50% 이하였던 현실을 미루어보아 앞으로 산재급여는 더욱 향상되어야 할 것이다. 〈표 9-2〉의 산재보험기금 운영 상황에서 보다시피 산재보험 적립금은 매우 거대한 수준이며, 이는 산재급여가 낮은 수준으로 유지될 뿐 아니라 산재예방과 재활프로그램이 낙후되었음을 보여준다. 또한 위험 정도에 따른 산재보험료율의 탄력성이 결여되었으므로 기업이 사업장 내 안전을 향상하도록 유도하는 데 불리하다.

셋째, 산재보험제도가 개선되어야 한다. '산재예방, 산재배상, 산재재활'이 삼위일체를 이룬 산재보험제도의 구축은 전 세계 산재보험 발전사의 보편적 원칙이다. 중국은 낙후된 경제환경과 의료위생기술로 인해 산재보험제도의 기능 중 산재예방과 직업재활에 대한 중시도가 결여되어 객관적으로 이러한 기능을 발휘하기 어렵다. 또한 제도적 결함으로 인해 산재예방과 재활이 아직 산재보험기금의 주요 지출항목으로 구성되지 않고 있다.

이는 산재보험 적립금이 대부분 사용되지 않은 채 남아 있는 현실을 반영한다. 2007년부터 산재재활 시범사업과 2009년부터 산재예방 시범사업이 실시되었지만 아직까지 가시적 효과를 거두지 못했다. 다만 일부 지방의 사무처리기구는 대담하게 산재보험기금 운영을 시도 중이다(蔡璐瑤, 2011). 그러나 산재보험 예방기금이 어떻게 제대로 위치를 정립하고 효과적으로 운영되느냐, 어떻게 예방기금의 성과 평가와 관리·감독을 실시하느냐, 어떻게 각 지역의 실제적 산재재활에 적용될 경로를 발전시킬 수 있느냐 등은 모두 앞으로 해결해야 할 중요한 문제이다.

넷째, 합리적인 산재보험 관리체제가 마련되어야 한다. 관리체제는 산재보험의 이념을 실현하는 매개체이다. 중국에서는 국가안전생산관리부가 생산 안전·직업위생 관리·감독을 책임지고 인력자원·사회보장부가 노동 감찰과 산재보험 관리를 책임지며 전국총공회가 관리·감독하는 등 여러 부서가 서로 협력하는 관리체계이다(陳信勇, 2010). 그러나 현실적으로 각 부서 간의 분담이 명확하지 않아 상호 협력시스템이 제대로 이루어지지 않고 각 부서의 제약과 마찰로 효율성은 무척 떨어지는 편이다.

예를 들면, 산재예방관리 문제에 있어 인력자원·사회보장부와 국가안전생산관리부의 역할이 중복되고 양 부서가 협력하는 과정에서는 분리 조짐이 보여 행정자원의 낭비문제뿐만 아니라 산재예방의 효과가 낮다는 문제가 지적되었다(蔡璐瑤, 2011). 부서별로 산재예방, 배상, 재활 등을 책임지지만, 상호 협력성이 떨어지고 권한도 분산되어 효율적이지 않다. 이러한 효율성의 저하는 산재보험제도의 발전에 악영향을 끼친다.

2) 산재보험제도의 발전방향

첫째, 산재보험의 적용범위를 지속적으로 확대하여 광범위하고 통일된 산재보험제도를 확립해야 한다. 산재보험제도의 발전추세에 따라 산재보험 대상자를 고위험 직업군과 고된 육체근로자, 그리고 일반 육체근로자뿐만 아니라 비육체근로자와 비근로자까지 확대하여 적용해야 한다. 더군다나 고위험 직업군에 속하는 농민공과 비정규직근로자 등을 산재보험제도의 적용범위에 포함하는 일은 선결문제이다. 산재보험제도에 적용되지 않은 근로자에 대해 고용자 책임과 개인상해보험 등의 상업보험서비스를 발전시켜 근로자를 위해 직업위험 관련 보장을 제공해야 한다.

둘째, 예방, 보상, 재활의 삼위일체화된 산재보험제도를 목표로 하여 제도를 지속적으로 개선해야 한다. 특히, 산재예방 기능이 발전해야 하며 산재보험과 안전생산을 서로 결합해야 한다. 안전생산의 장기적 효율시스템을 확립하여 산재와 직업 위험성을 지속적으로 낮춰야 한다. 아울러 과학적이고 합리적인 산재보험 예방비용 투자시스템을 구축해야 하며, 보험료율 시스템을 통해 기업의 안전생산과 사고예방을 장려하는 과정에서 산재예방이 실현되어야 할 것이다. 직업 재활업무와 관련해서는, 각 지역의 실제적 발전 수준에 맞추어 적극적으로 직업재활모델을 모색하고 최소한의 자원 투자로 최대한의 재활서비스 효과를 가져와 산재근로자의 재취업과 사회통합을 도모해야 한다.

셋째, 산재보험제도의 관리를 합리적으로 처리하는 등 관리수준을 향상시켜야 한다. 현행 관리체제의 결함에 대처하기 위해 효과적으로 산재보험 자원을 활용할 필요가 있다. 신속히 산재보험기금 통합단계를 향상시켜서 산재보험기금을 현급 통합단계에서 성급, 자치구, 직할시급으로 발전시켜야 한다. 중앙 산재보험 조절금을 확정하여 지역 간의 상호협력성을 강화해야 한다.

이와 동시에 산재보험제도 관리수준을 향상하는 데 주력해야 한다. 경제적으로 효과적인 보험료율 시스템을 구축해야 하며, 산재보험제도의 차별적 보험료율과 유동적 보험료율 시스템을 통해 경제의 지렛대 역할을 해야 한다. 산재급여구조의 조정과 산재급여 조정시스템의 개선을 통해 산재대상자와 그 가족의 기본생활을 보장해야 한다.

넷째, 산재보험제도의 법률체계를 개선해야 한다. 산재보험정책의 목표는 정부의 강력하고 효과적인 법률체계를 통해 실현될 수 있다. 산재보험 관련 조치의 법률체계를 완비하고 관련 입법조치를 향상시키는 동시에 관련 입법의 완전성을 실현해야 한다. 다양한 조치를 강구하여 산재보험제도의 엄격성을 강화해야 한다.

이 밖에도 정부, 사업체, 사회보험 사무처리기구 등 서로 관련된 주체가 서로 책임을 명확히 분담하여 산재사고 책임주체를 확립해야 한다. 노동안전위생제도를 개선하여 사고 및 직업병 예방과 관련된 기능을 발휘함으로써 강력하고 효과적으로 산재보험제도의 실시를 도모해야 한다.

5. 맺음말

중국의 산재보험제도는 신중국 성립 초기의 노동보험제도에서 문화대혁명 시기의 기업보장을 거쳐 개혁개방 이후 점진적 개혁을 바탕으로 점차 확립된 사회보험제도이다. 60여 년 동안의 발전과정을 볼 때, 중국의 산재보험제도는 기본적으로 '저규범-비규범-고규범'의 역사과정을 거쳤다. 산재보험제도의 적용범위, 보장능력과 보장효과 등의 방면에서 가시적인 성과를 이루었고 기본적으로 '예방-보상-재활'이 서로 결합되는 산재보험제도를 수립하였으며 업종별 차별적 보험료율과 유동적 보험료율이 서로 결합된 보험료율 시스템을 구축함으로써 중국 산재보험제도가 한층 발전하는 토대를 마련하였다.

산재보험제도의 가시적인 발전은 의심할 여지가 없다. 그러나 이는 중국의 산재보험제도가 이미 성숙하다는 것을 의미하지는 않는다. 현재 산재보험제도의 적용범위, 급여의 수준, 보장내용 등이 전반적으로 더욱 향상되어야 하고 예방 중심의 발전이념이 더욱 심화되어야 하며 관리체제는 합리적으로 처리되어야 한다. 객관적으로 산재보험제도의 발전과정과 현행 제도운영에 대한 전반적인 효과성을 분석하고 제도 개선과정에서 직면한 문제와 난관을 분명히 해결하며 더 나아가 효과적인 제도로 근로자의 권익을 보장하는 것이야말로 중국 산재보험제도가 나날이 성숙해지는 데 필요한 과정이다.

■ 참고문헌

해외 문헌

郑功成(2003).《中国社会保障制度的变迁与评估》. 北京：中国人民大学出版社.

_____(2008).《中国社会保障30年》. 北京：人民出版社.

陈信勇(2010).《中国社会保险制度研究》. 浙江大学出版社.

蔡璐瑶(2011).　我国现行工伤保险制度存在的问题及完善建议. 〈劳动保障世界〉(理论版), 2011年第9期.

기타 자료

人社部(2016. 5. 30). 2015年度人力资源和社会保障事业发展统计公报.

国家统计局网站. http://www. stats. gov. cn.

中华人民共和国国家统计局网站. http://data. stats. gov. cn/easyquery. htm?cn=C01.

10

공공부조제도*

1. 머리말

신중국 성립 이후 중국은 취약계층에 대한 보호를 강화하고 지원을 확대해 왔다. 계획경제 시대에서 대다수 취약계층은 근로능력이 결여되거나 상실된 요보호계층이었다. 그러나 개혁개방정책에 따른 기업 개혁으로 인해 대규모 실업자가 신빈곤층으로 등장했다. 이에 따라 대량실업에 따른 사회불안을 방지하고 실업자의 기본생활을 보장하는 공공부조제도의 필요성이 부각되었다.

이런 상황에서 중국정부는 최저생활보장제도를 필두로 다양한 공공부조제도를 도입하며 공공부조체계의 기본 틀을 갖추었다. 최근 중국정부는 중앙정부와 지방정부의 책임분담시스템을 확립해 '최저생활보장형 공공부조제도'에서부터 '종합형 공공부조제도'로의 전환을 개혁방향으로 삼고 있다.

---

* 이 글은 2012년 《주요국의 사회보장제도: 중국》(한국보건사회연구원, 2012)에서 필자가 작성한 "제2부 제4장 공공부조"를 수정 보완한 것이다.

2. 공공부조제도의 발전과정

중국 공공부조제도는 전통적 사회구제(社會救濟)[1] 제도에서 현대적 사회구조(社會救助) 제도로 전환하는 과정을 겪었다. 이러한 제도 전환의 배경에는 개혁개방정책이 있다. 개혁개방정책과 함께 기업 개혁이 심화되자 1990년대에 대규모 실업자가 발생하였다. 당시 전통적 사회구제제도는 소수의 요보호층(근로능력 무, 소득 무, 부양인 무)에게만 제공되어 '근로능력이 있는' 신빈곤층에게는 적용되지 않았다. 대규모 실업자가 기본생활을 영위하기 어려워지면서 점차 신빈곤층을 형성하였다.

이에 따라 중국정부는 빈곤층의 최저생활을 보장하고 자립을 지원하고자 사회구조제도에 대한 개혁조치를 단행하였다. 제도 개혁을 통해 수립된 신형 사회구조제도는 전통적 사회구제제도와 비교했을 때 근로능력과 관계없이 개인의 책임을 강조하며 사회권리를 기본으로 한다는 특징이 있다(노대명, 2015). 그러므로 신중국 성립 이후 공공부조제도의 발전과정은 개혁개방을 기점으로 다음과 같이 두 단계로 구분할 수 있다.

1) 개혁개방 이전 전통적 사회구제제도

개혁개방 이전 사회구제제도는 제한적 개입을 통한 소극적인 조치였다. 전면적 사회주의 건설시기에 접어들면서 도시에서는 단웨이를, 농촌에서는 집체를 바탕으로 한 사회보장모델이 구축되었다. 근로능력을 갖춘 노동자 대부분은 단웨이·집체에 소속되어 노동에 참여하였으며 단웨이·집체는 그들의 기본생활을 보장하였다(Cook, 2002). 그러므로 당시 사회

---

[1] 중국정부는 1941년 전국적으로 관련 전문가를 소집해서 〈사회구제법〉의 제정을 준비했고 1943년 〈사회구제법〉을 공포·실시했다.

구제제도는 주로 고아, 장애인, 노인, 과부 등 소수의 요보호층에게만 제공되었다.

(1) 사회주의 개조 시기의 사회구제제도: 1949~1956년

신중국 성립 이후 중국 전 지역에서 온갖 재해로 피해자가 속출하였고 실업자가 대량으로 발생하였다. 당시 전국에 걸쳐 긴급구제가 필요한 인원은 5천만 명으로 전체 인구의 10%에 달했다(多吉才让, 2001). 이러한 문제에 대해 1949년 11월 내무부(內務部)[2]에서는 "국민을 굶어 죽게 하지 말자"고 강조하고 "근검절약해서 재해를 이겨내고 자주적으로 생산에 임하며 공사를 벌여 실업자를 구제한다"는 방침을 펼쳤다. 1949년 12월 정무원(政務院)[3]에서는 〈생산 재해에 관한 지시〉를 하달하였고, 내무부에서는 〈생산자조를 강화해서 재해민이 타지로 도망가지 말 것을 독려하고 양식을 분배하는 것에 관한 지시〉를 발표하였다(陈良瑾, 2009). 1950년 2월 중앙재해위원회가 설립되었고 같은 해 4월 베이징에서 중국인민구제대표회의(中國人民救濟代表會議)가 개최되고 중국인민구제총회(中國人民救濟總會)가 성립되면서 사회구제사업이 전국에 걸쳐 실시되었다.

(2) 전면적인 사회주의 건설 시기의 사회구제제도: 1957~1977년

1950년대 중반 이후 중국은 전면적 사회주의 건설 시기에 접어들었다. 계획경제체제 수립과 함께 도시주민은 단웨이에 배정되었고 의식주 등 기본 생활보장뿐만 아니라 노후, 의료, 교육 등 다양한 복지혜택이 보장되는 단웨이보장체제가 수립되었다. 농촌에서는 농업합작화가 가속화되면서

---

2) 중국 국무원에 속해 사회행정에 관한 업무를 담당하는 부서이다. 1949년 11월 내무부라는 이름으로 공식 설립되었다가 1978년 5월 민정부로 개칭되었다.

3) 신중국 성립 당시에 설립된 정무원은 당시 최고의 행정기관이었으며 1954년 헌법 제정과 더불어 현재의 국무원으로 개편되었다.

농민의 기본생활은 집체경제를 통해 해결되었다. 당시 도농주민의 기본 욕구는 생활 전반에 걸쳐 낮은 수준으로 단웨이·집체경제에 의존해 해결할 수 있었다.

2) 개혁개방 이후 현대적 사회구조제도

개혁개방정책의 일환으로 경제 개혁이 심화됨에 따라 전국에 걸쳐 빈곤문제가 등장하였다. 특히, 1990년대 후반부터 도시에서 대규모 실업자가 출현하면서 빈곤이 사회문제로 대두되었다(郑功成 等, 2002). 개혁개방 이전의 전통적 사회구제제도는 주로 삼무인원과 오보공양인원 등 소수에게 제공되었기 때문에 개혁개방 이후 새롭게 등장한 빈곤문제에 적절하게 대처할 수가 없었다(尚曉援, 2007). 그러므로 중국정부는 전통적 사회구제제도를 개혁하는 동시에 국내 실정에 적합한 새로운 사회구조제도를 수립했다.

(1) 개혁개방 이후 사회구조제도: 1978~1998년

개혁개방정책과 함께 경제 개혁이 심화되면서 도시에서 대규모 면직자가 출현하였고 이들이 일생생활에서 어려움을 겪게 되면서 빈곤인구로 전락하였다(吳碧英, 2006). 당시 전통적 사회구제제도는 새로운 도시 빈곤층의 기본생활을 보장하기에는 역부족이었다.

이에 따라 전국적으로 도시 빈곤층에 적합한 사회구조제도를 연구하기 시작했다. 1993년 6월 상하이시에서는 최초로 도시주민 최저생활보장제도를 실시하였는데 민정부(民政部)[4]에서는 이를 긍정적으로 받아들여 동

---

4) 중국의 국가 최고 행정기관인 국무원(国务院) 산하 중앙정부의 부서로서 사회행정사무를 주관하며 사회보장 방면에서 재해구제, 도농주민 최저생활보장제도, 농촌 오보제도 등을 통해 사회의 취약계층에게 복지를 제공한다.

부 연해지역에서 시범사업을 실시한 후 전국적으로 시범사업을 확대·적용하도록 지시하였다. 1997년 9월 국무원에서는 〈전국 도시주민의 최저생활보장제도를 수립하는 데 관한 통지〉를 발표했고 1999년 말부터 전국의 모든 도시와 현(縣)급 정부에 소재한 진(鎭)에서도 도시주민 최저생활보장제도를 수립하도록 했다. 이 통지를 통해 도시주민 최저생활보장제도의 내용, 기준, 자금출처 등 관련 정책이 마련되었다.

한편 농촌에서는 빈곤문제가 빈번하게 발생했다. 빈곤문제를 해결할 핵심 사업은 농촌사회보장제도의 수립이었다. 농촌사회보장제도의 주요 내용은 구빈사업이었으며, 구빈사업은 크게 3단계로 구분된다.

1단계 구빈사업(1978~1985년)은 경제·사회체제 개혁 차원에서 추진되었다. 1단계에서는 가정책임제가 인민공사(人民公司)5)의 집체 경작제도를 대체하였고 농산품 시장체계를 재건하였으며 빈곤인구가 가난에서 벗어나 부자가 되도록 촉진했다.

2단계 구빈사업(1986~1993년)은 계획적이고 조직적이며 대규모적인 개발식 구빈사업단계였다. 2단계 구빈사업에서는 국무원에서 구빈개발지도팀을 구성하여 구제식 구빈사업에서 개발식 구빈사업으로 전환하였으며 계획적이고 조직적이며 대규모적인 구빈개발사업을 통해 빈곤문제를 해결하고자 했다.

3단계 구빈사업(1994~2000년)은 구빈퇴치계획(扶貧攻堅計劃)6) 사업단

---

5) 1958년에 설립된 중화인민공화국의 농촌 행정경제의 기본단위이다. 생산력 향상을 위해 노동력과 자본을 집중적으로 활용할 것을 목적으로 한 국가계획경제의 말단 조직이다. 처음에는 집단농장의 통합으로 시작되었지만 농업활동에만 종사했던 집단농장과는 달리 지방정부를 감독하고 모든 경제·사회 활동을 관리하기 위한 다목적 조직이 되었다. 가장 작은 구성단위는 생산대(生産隊)이고 그 상부조직이 생산대대이며 생산대대가 모여 인민공사를 이루었다.

6) 국가 8·7 빈곤퇴치계획(国家八七扶貧攻堅计划)이 발표된 이후 인력, 자금, 물적 자원을 총동원하여 농촌지역 등 빈곤지역의 절대빈곤문제를 해결하기 위하여 국가적으로 벌

계였다. 3단계에서는 '국가 8·7 빈곤퇴치계획'(國家八七扶貧攻堅計劃)에서 제시된 인적·물적 자원을 집중하고 사회역량을 동원하여 2000년까지 7년간 농촌 8천만 빈곤인구의 의식주문제를 해결하고자 했다. 3단계에 걸쳐 실시된 구빈사업의 성과로 농촌 빈곤인구가 크게 감소하였다.

(2) 제도 개선시기의 사회구조제도: 1999년~현재

1999년 9월 국무원에서는 정식으로 〈도시주민 최저생활보장조례〉를 발표하였다. 이를 계기로 도시주민 최저생활보장사업은 정식으로 법제화의 길에 접어들었다. 이를 통해 도시주민은 기본생활을 보장받을 수 있게 되었다.

동시에 일부 지역에서는 농촌주민 최저생활보장제도의 수립을 모색하기 시작했다. 1996년 12월 민정부 사무처에서는 〈농촌 사회보장체계 구축을 가속화하는 데 관한 의견〉을 발표해 "농촌 사회보장체계 구축사업을 실시하는 모든 지역에서 최저생활보장제도를 수립"하도록 했다. 2006년 12월 중앙정부에서는 농촌사업회의를 개최하여 "전국적으로 농촌주민 최저생활보장제도를 수립"하도록 했다. 2007년 7월 국무원에서 〈농촌주민 최저생활보장제도를 수립하는 데 관한 통지〉를 발표함으로써 농촌주민 최저생활보장제도는 전국적으로 확대·실시되었다.

2014년 2월 국무원에서는 〈사회구조(社會救助) 임시시행방안〉을 반포했다. 〈사회구조 임시시행방안〉은 국민의 기본생활을 보장하고 사회공평을 촉진하며 사회의 조화로운 안정을 도모하기 위해 제정되었다. 이를 통해 최저생활보장, 의료구조, 교육구조, 주택구조, 취업구조, 임시구조, 수재민구조, 특수빈곤인원공양 등으로 구성된 사회구조제도의 기본 틀이 확립되었다(鄭功成, 2016).

인 사업을 의미한다.

3. 공공부조제도의 현황과 문제점

1) 공공부조제도의 현황

개혁개방 이후 중국은 공공부조제도에서 많은 성과를 이루었다. 그중 빈곤인구의 대규모 감소는 가장 가시적인 성과 중 하나이다. 1990년부터 사회보장체계 개혁이 시작되면서 공공부조제도는 도농주민의 최저생활을 보장하기 위한 제도로 거듭나고 있다. 이번 장에서는 도농주민 최저생활보장제도를 중심으로 공공부조제도의 현황을 설명하고자 한다.

(1) 도시주민 최저생활보장제도

도시주민 최저생활보장제도는 1993년 상하이시에서 처음으로 실시되었고 1999년 〈도시주민 최저생활보장조례〉의 반포와 함께 전국 도시로 확대·실시되었다. 도시주민의 평균 소득수준이 해당 지역 도시주민 최저생활보장 기준보다 낮으면 신청자격이 주어지며, 신청 대상자에 대한 소득·재산 조사를 실시한 후 최저생활보장 기준에 의거하여 차액을 현금으로 지급한다. 최저생활보장 기준은 일반적으로 해당 지역의 경제발전, 주민소비생활, 소득, 물가, 재정 등에 따라 결정된다.

사실상 중앙정부는 최저생활보장제도의 일반적 원칙을 제시할 뿐 구체적 보장 내용, 보장 수준, 재원 조달은 지방정부에 맡기므로 지역별 최저생활보장 기준의 격차가 심하다(唐钧·沙琳·任振兴, 2009). 가령, 베이징시, 텐진시, 상하이시, 광둥성 등 동부 연안 대도시의 최저생활보장 기준은 높은 편이지만, 구이저우성, 간쑤성, 칭하이성 등 내륙지역의 최저생활보장 기준은 낮은 편이다.

2016년 말 현재 도시주민 최저생활보장 대상자 수는 총 1,479만 명, 855만 가구이다. 최근 도시주민 최저생활보장 대상자 수는 줄어드는 추세로,

2011년 2,276만 명에서 2015년 1,708만 명으로 감소하였고, 2016년 말 다시금 1,479명으로 감소하였다. 2016년도 한 해의 도시주민 최저생활보장 대상자 수를 살펴보더라도, 1분기 1,650만 명에서 2분기 1,572만 명, 3분기 1,516만 명, 4분기 1,479만 명으로 감소하였다.

반면, 도시주민 최저생활보장 기준과 급여 수준은 높아지고 있다. 도시주민 최저생활보장 1인당 월평균 기준은 2011년 287위안에서 2015년 450위안으로, 2016년 말 다시금 494위안으로 상향 조정되었다. 이는 2006년 말 월평균 기준인 170위안보다 324위안이 증가한 수치다. 또한 도시주민 최저생활보장 월평균 1인당 실제 급여액은 2011년 240위안에서 2015년 303위안으로 증가하여 지난 5년 동안 연평균 4.2%의 증가세를

〈표 10-1〉 전국 도시주민 최저생활보장 기준 비교

(단위: 위안)

구분	2006년 말 평균 기준	2016년 말 평균 기준	구분	2006년 말 평균 기준	2016년 말 평균 기준
베이징시	310	800	후베이성	147	487
톈진시	300	780	후난성	146	431
허베이성	153	501	광둥성	206	576
산시성	135	441	광시좡족자치구	143	457
네이멍구자치구	130	540	하이난성	140	466
랴오닝성	175	522	충칭시	177	459
지린성	138	446	쓰촨성	142	419
헤이룽장성	124	535	구이저우성	144	507
상하이시	320	880	윈난성	167	442
장쑤성	229	610	티베트자치구	206	693
저장성	223	673	산시성	152	479
안후이성	174	497	간쑤성	142	410
푸젠성	174	514	칭하이성	176	400
장시성	140	480	닝샤후이족자치구	169	416
산둥성	187	494	신장웨이우얼자치구	130	383
허난성	145	425	-		

자료: 民政部网站. 2006年4季度保障标准; 2016年社会服务发展统计公报. http://www.mca.gov.cn/article; 唐钧(2012).

기록했다. 한편 도시주민 최저생활보장 수급자의 1인당 월평균 지출은 333위안으로 조사되었다.

(2) 농촌주민 최저생활보장제도

농촌에서도 1994년부터 최저생활보장제도의 수립을 모색하기 시작했다. 2004년 농촌주민 최저생활보장제도는 전국 8개 직할시·성·자치구에서 실시되었고 2006년 6월 말 전국 18개 성으로 확대·실시하였으며 현재 전국 모든 성의 시·구에서 농촌주민 최저생활보장제도를 실시하고 있다.

농촌주민 최저생활보장제도는 기본적으로 도시주민 최저생활보장제도와 유사하지만 구체적 보장내용·보장수준·운영방식은 다르다(关信平,

〈표 10-2〉 전국 농촌주민 최저생활보장 기준 비교

(단위: 위안)

구분	2008년 초 평균 기준	2016년 말 평균 기준	구분	2008년 초 평균 기준	2016년 말 평균 기준
베이징시	170	800	후베이성	54	319
톈진시	177	755	후난성	56	256
허베이성	61	279	광둥성	139	445
산시성	48	270	광시좡족자치구	45	248
네이멍구자치구	52	350	하이난성	72	346
랴오닝성	77	326	충칭시	74	307
지린성	40	287	쓰촨성	51	262
헤이룽장성	69	315	구이저우성	54	266
상하이시	237	870	윈난성	45	225
장쑤성	140	540	티베트자치구	26	218
저장성	174	607	산시성	42	266
안후이성	58	320	간쑤성	35	244
푸젠성	112	320	칭하이성	55	247
장시성	72	276	닝샤후이족자치구	33	282
산둥성	83	314	신장웨이우얼자치구	54	249
허난성	54	257	-		

자료: 民政部网站. 2016年4季度保障标准; 2008年1季度保障标准. http://www.mca.gov.cn/article.

2007). 농촌주민 최저생활보장제도의 실시에 필요한 재원은 각급 지방재정에서 책임지며 일상생활에 필요한 가장 기본적인 욕구를 보장하는 데 지출된다. 지방정부는 해당 지역 농촌주민의 기본생활을 영위하는 데 필요한 식비·생필품비·광열비·의복비 등을 참고하여 농촌주민 최저생활보장 기준을 결정한다.

2016년 말 현재 농촌주민 최저생활보장 대상자 수는 총 4,576만 명, 2,632만 가구이다. 최근에는 농촌주민 최저생활보장 대상자 수가 감소하는 추세로, 2011년 5,305만 명에서 2015년 4,903만 명으로 감소하였고 2016년 말 다시금 4,576만 명으로 감소하였다. 지난 5년 동안 농촌주민 최저생활보장 대상자 수는 연평균 1.5%의 감소세를 기록했다.

또한 농촌주민 최저생활보장 기준과 급여 수준은 높아지고 있다. 농촌주민 최저생활보장 1인당 월평균 기준은 2011년 143위안에서 2015년 265위안으로, 2016년 말 다시금 312위안으로 상향 조정되었다. 이는 2008년 초 월평균 기준인 82위안보다 230위안이 증가한 수준이다. 농촌주민 최저생활보장 1인당 월평균 실제 급여액은 2011년 106위안에서 2015년 144위안으로 증가하여 지난 5년 동안 5.3% 증가했다. 한편, 2016년 4분기 현재 농촌주민 최저생활보장 수급자의 1인당 월평균 지출은 170위안으로 조사되었다.

2) 공공부조제도의 문제점

개혁개방 이후 가시적인 성과를 거두었음에도 낮은 급여, 이원화, 책임분담시스템 미흡 등 일일이 열거하기 힘들 정도로 절박하고도 복잡한 문제가 산재해 있다. 이러한 문제는 다른 제도의 개혁과정에서도 드러났지만 공공부조제도를 실시하는 데 부정적 영향을 미친다는 점에서 앞으로 시급한 조치가 필요하다. 구체적으로 공공부조제도의 개혁과정에서 드러난 문제점을 다음과 같이 정리할 수 있다.

(1) 낮은 급여 수준

공공부조의 급여가 너무 낮아 의식주 차원의 기본적 생존 욕구만을 해결할 수 있다. 예를 들어 도시주민 최저생활보장급여는 주민 1인당 월평균 소득의 20%에도 미치지 못하며 실제 빈곤선[7]의 80% 정도에 그친다. 전체 공공부조 대상자는 1억 명에 이르렀지만 공공부조 지출은 정부 총지출의 1%에 불과하다(鄭功成, 2013).

(2) 도시와 농촌으로 이원화된 제도

신중국 성립 이후 도농 이원화 구조의 영향으로 인해 공공부조제도에서도 이원화된 양상이 남아 있다(Leung & Wong, 1999). 구조적으로 도시와 농촌으로 이원화되었고 도시와 농촌 사이에 공공부조 재원의 분배 역시 불균형적이다(Roy & Chai, 1999). 예를 들어, 도시주민과 농촌주민의 최저생활보장 1인당 월평균 기준은 동일하지 않다. 2016년 말 현재 도시주민 최저생활보장 1인당 월평균 기준은 494위안으로 농촌주민 최저생활보장 1인당 월평균 기준인 312위안보다 182위안 더 많다.

(3) 책임분담시스템의 미흡

중앙정부와 지방정부 간의 재원분담시스템이 미흡하다. 중앙정부와 지방정부 간의 재원분담에 대한 규정이 마련되지 않아서 공공부조의 지역적 편차가 심하다(洪大用, 2004). 중앙정부가 경제난을 겪는 지방정부를 재정적으로 지원하고 있음에도 재정 상황이 좋지 않은 지방정부에서는 제대로 공공부조제도를 실시하지 못하는 실정이다.

경제가 발달하고 빈곤인구가 적은 지역에서는 공공부조 대상자 대부분이 혜택을 받는 반면, 경제가 발달하지 못하고 빈곤인구가 많은 지역에서

---

7) 최저한도의 생활을 유지하는 데 필요한 보장선을 의미한다.

는 수급자격이 있음에도 제때에 수급받지 못하는 경우가 발생한다(노대명, 2015). 특히, 후자의 경우 공공부조의 적용범위가 좁고 급여도 낮은 편이어서 빈곤층의 최저생활을 보장하고 소득격차를 줄여 사회공평성을 촉진하는 공공부조제도의 역할을 충분히 발휘하지 못하고 있다.

4. 공공부조제도의 개혁방향

공공부조제도의 개혁은 중앙정부의 주도적 역할 아래 중앙정부와 지방정부 간의 책임분담시스템을 확립하여 도농 이원화된 생존형 공공부조제도에서 점차 종합형 공공부조제도로 전환하는 방식이 되어야 한다. 특히, 2014년 5월부터 실시된 〈사회구조 임시시행방안〉은 공공부조제도의 기능을 강화함으로써 국민의 기본생활을 보장하며 사회공평을 촉진하고 조화로운 사회를 도모하기 위해 제정되었다.

1) 종합형 공공부조제도의 수립

공공부조제도의 기능과 역할은 국민의 생존문제를 해결하는 데 국한되지 않는다. 공공부조제도는 의식주 등 생존에 필요한 기본조건을 충족시킬 뿐만 아니라 의료, 교육, 취업 등 다양한 문제로 인해 개인이나 가정이 어려움을 겪어 기본생활수준을 누리지 못할 때도 적절하게 보장할 수 있어야 한다. 경제·사회발전에 따른 국민의 생활수준이 향상될수록 국민의 욕구와 기대수준이 높아질 것이므로 향후 생존형 공공부조제도에서 벗어나 종합형 공공부조제도로 탈바꿈해야 한다.

2) 도농 공공부조제도의 통합

현재 도시와 농촌으로 이원화된 최저생활보장제도를 하나의 최저생활보장 제도로 일원화해야 한다(鄭功成, 2011). 전국적으로 통일된 법률·법규를 제정하여 도시와 농촌으로 분리된 최저생활보장제도를 통합해 제도의 공평성을 확보해야 한다. 최저생활보장제도에 이어 의료구조, 교육구조, 주택구조, 취업구조, 임시구조, 수재민구조, 특수빈곤인원공양 등 기타 제도도 통합해 도시와 농촌 간의 격차를 완화해서 모든 주민에게 동일하게 적용해야 한다.

3) 중앙정부와 지방정부 간 책임분담시스템의 확립

중앙정부와 지방정부 간의 책임을 명확히 분담하고 합리적인 재정분담시스템을 구축하여 공공부조제도의 발전을 도모해야 한다(노대명, 2015). 공공부조제도를 지속적으로 발전시키기 위해 중앙정부와 지방정부 간 역할분담은 무척 중요하다. 중앙정부에서는 전국적으로 통일된 공공부조정책을 제정하고 운영 규범을 관리·감독하며 재원을 효과적으로 지원함으로써 전국에 걸쳐 공공부조제도의 표준화 사업을 적극적으로 추진해야 한다. 한편 지방정부 역시 재정지원에 대한 책임, 구체적 실시에 대한 관리·감독 등의 역할을 분담해야 한다.

5. 맺음말

중국의 공공부조제도는 사회구제제도에서 사회구조제도로 발전해왔다. 도농주민 최저생활보장제도의 확립을 통해 전체적인 공공부조제도의 기능·

역할이 개선되면서 공공부조제도의 기본 틀이 마련되었다. 특히, 〈사회구조 임시시행방안〉의 공포・실시는 공공부조제도의 완전성을 갖추는 계기가 되었다. 그러나 〈사회구조 임시시행방안〉은 법적 강제력이 약해 사회보장 기본법으로서의 기능이 미흡하다. 그러므로 앞으로 공공부조제도의 입법화 추진을 통해 모든 국민의 기본생활을 보장하는 기능을 더욱 강화해야 한다.

■ 참고문헌

국내 문헌

노대명(2015). 《아시아 사회보장정책 비교연구: 아시아 주요국 사회보장체계 비교를 중심으로》. 세종: 한국보건사회연구원.

해외 문헌

多吉才让(2001). 《中国最低生活保障制度研究与实践》. 北京: 人民出版社.

唐钧(2012). 2012: 中国新型社会救助体系基本建成. 《2013年中国社会蓝皮书》, 2012年版. 北京: 社会科学文献出版社.

唐钧・沙琳・任振兴(2009). 《中国城市贫困与反贫困报告》. 华夏出版社.

李军(2004). 《中国城市反贫困论纲》, 2004年10月第1版. 北京: 经济科学出版社.

樊怀玉・郭志仪・李具恒 等(2002). 《贫困论: 贫困与反贫困的理论与实践》, 2002年第1版. 北京: 民族出版社.

尚晓援(2007). 《中国社会保护体制改革研究》. 北京: 中国劳动社会保障出版社.

时正新(2002). 《中国社会救助体系研究》. 北京: 中国社会科学出版社.

杨立雄(2008). 《社会救助研究》. 北京: 经济日报出版社.

杨立雄・于洋・金炳彻(2012). 《中日韩生活保护制度研究》. 北京: 中国经济出版社.

吴碧英(2006). 《中国城镇经济弱势群体救助系统构建研究》. 中国财政经济出版社.

郑功成(主编)(2016). 《中国社会保障发展报告》. 北京: 人民出版社.

_____(2013). 《中国社会保障30年》. 北京: 人民出版社.

_____(2011). 《中国社会保障改革与发展战略》. 北京: 人民出版社.

郑功成 等(2002). 《中国社会保障制度变迁与评估》. 北京: 中国人民大学出版社.

陈良瑾(2009). 《社会救助与社会福利》. 北京: 中国劳动社会保障出版社.

洪大用(2003). 改革以来中国城市扶贫工作的发展历程. 〈社会学研究〉, 第1期.

_____(2004). 《转型时期中国社会救助》. 辽宁教育出版社.

Cook, S. (2002). From rice bowl to safety net: Insecurity and social protection during China's transition. *Development Policy Review*, *20*(5), 615~635.

Leung, J. C. B., & Wong, H. S. W. (1999). The emergence of a community-based social assistance programme in urban China. *Social Policy & Administration*, *33*(1), 39~54.

Roy, K. C., & Chai, J. C. H. (1999). Economic reforms, public transfers and social safety nets for the poor: A study of India and China. *International Journal of Social Economics*, *26*, 222~238.

기타 자료

关信平(2007). 当代中国社会政策体系及术语分析. 第3次社会保障国际学术大会资料集.

民政部网站. 2006年4季度保障标准. http://www.mca.gov.cn/article.

_____. 2008年1季度保障标准. http://www.mca.gov.cn/article.

_____. 2016年4季度保障标准. http://www.mca.gov.cn/article.

_____. 2016年社会服务发展统计公报. http://www.mca.gov.cn/article.

民政部财务与机关事务司(2009. 2. 1). 民政事业统计季〔EB, OL〕. http://cws.mca.gov.cn/accessory/200902/1233554233793.html.

11

농촌사회보장제도

빈곤문제는 전 세계 국가가 직면한 난제이다. 빈곤에 대한 인류사회의 노력은 끊임없이 진행되었다. 선진국의 경험을 살펴보면 대다수 선진국은 처음에는 빈곤 감소(減少)에 주안점을 두었다가 점차 빈곤 감경(減輕)으로, 더 나아가 빈곤 소멸(消滅)로 변화하는 점진적 과정을 거쳤다. 과정마다 선진국의 점진적 반(反)빈곤 정책뿐 아니라 반빈곤에 대한 이해에서도 차이점이 나타난다. 반빈곤 과정의 이러한 점진성과 다양성은 그야말로 현실적 사회·경제발전과 빈곤 감경의 이중목표를 결합한 결과라는 점에서 개도국과는 다르다.

세계적인 인구대국인 중국은 유구한 역사적 원인으로 인해 농촌 경제발전이 도시보다 낙후되었으며 농촌의 빈곤문제가 심각한 편이다. 그러나 개혁개방 이후 중국공산당과 중국정부는 빈곤문제의 심각성에 대해 점차 자각하기 시작하였고 1980년대 초기에 농촌에 대해 대규모 정부주도형 구빈개발(救貧開發)을 시작하였다. 최근 30여 년 동안 국민경제 성장과 정부의 강력한 구빈조치의 지원으로 빈곤문제는 대폭적이고도 대규모로 감소하였다. 2015년 정부 고위급 회의에서 시진핑 주석이 제시한 바와 같이, "중국정부, 사회 각계각층, 빈곤지역 간부와 주민이 협력하고 국제사회의 적극적 지원을 통해 6억 명 빈곤인구가 빈곤에서 벗어나 2015년 유엔의 밀레니엄 목표를 기본적으로 실현"하고자 한다.

1. 농촌사회보장제도의 발전과정

신중국 성립 이후 농촌의 빈곤은 보편적인 문제였다. 빈곤인구는 광대했지만 국가재정은 제한적이어서 이 시기의 농촌사회보장전략은 주로 소규모 구제(救濟)식 구빈이었다. 즉, 상-하식 민정구제 시스템을 통해 산간벽지를 대상으로 재해로 인한 빈곤인구와 전쟁으로 인한 상해 그리고 장애인구에 대해 생활구제를 실시하였다. 이러한 '구제식' 구빈전략은 빈곤인구의 한시적 생활 욕구를 보장할 수 있었지만 빈곤문제를 근본적으로는 해결할 수는 없었다. 그러므로 엄격한 의미에서 볼 때, 계획경제 시기의 구제식 구빈은 농촌사회보장제도라고 볼 수 없다. 중국에서 진정한 의미에서 농촌사회보장제도는 구빈개발전략이었으며, 개혁개방 시기부터 시작되었다. 지난 30여 년간의 농촌사회보장제도의 발전과정은 크게 다음과 같이 다섯 단계로 구분할 수 있다.

1) 농촌구빈개발 추진단계: 1978~1985년

계획경제체제의 폐단과 농촌 경제정책의 과오로 인해 계획경제 말기의 농촌 빈곤문제는 매우 심각했다. 1978년 농촌 1인당 평균 순소득 100위안을 빈곤선 기준으로 한다면 농촌 빈곤인구의 규모는 2억 5천만 명에 달해 전국 총인구의 25.97%, 전 세계 빈곤인구의 25%에 달했고 농촌 빈곤발생률은 30.7%에 달했다. 그러므로 농촌 개혁을 통해 어떻게 경제성장을 촉진하느냐는 개혁개방 초기에 직면한 가장 중요한 문제였다.

우선 농촌 토지제도 개혁을 실시한 후 가정책임제를 실시하였다. 동시에 농촌 경제성장을 촉진하기 위해 농촌의 생산·분배체계와 구매·소비가격 체제를 개혁하였다. 이러한 개혁의 실시로 인해 양식 생산량과 농가소득이 크게 증대했을 뿐만 아니라 농촌 빈곤발생률도 대폭 감소하였다. 1981년부터 1984년까지 1일 1달러의 소득 기준으로 계산한 빈곤발생률은 49%에서 24%로 감소하였다. 중국의 빈곤선에 따르면 빈곤인구는 1978년 2억 5천만 명에서 1985년 1억 2천 5백만 명으로 감소하였다(汪三貴, 2007).

2) 목표지향성 구빈개발단계: 1986~1993년

개혁 초기에 보였던 구빈개발 효과가 점차 사라지면서 농촌 빈곤감소의 속도가 느려지기 시작했다. 특히, '노인, 아동, 주변 지역'을 위주로 한 자연적, 생태적, 경제적 위치조건의 제한을 받은 일부 지역의 빈곤문제가 점차 두드러지게 나타나기 시작했다. 제도 개혁만으로 해결할 수 없는 빈곤문제를 효과적으로 해결하기 위해, 중국정부는 구빈사업의 제도화와 체계화를 통해 정부주도의 대규모 개발식 구빈사업을 시작했다.

1986년 중국정부는 전문적인 구빈기관을 설치하였다. 국무원 빈곤지역 경제개발 지도 소그룹(국무원 구빈개발 지도 소그룹의 전신)을 설치해 지역형과 개발식 구빈전략을 추진하였고 집중 융합된 18개 빈곤지역과 국가급·성급으로 구분된 빈곤현을 선정하였으며 전문 재원을 마련해서 특혜정책을 제시하였다. 또한 생산, 생활, 환경 개선과 특수산업 교육·훈련을 통해 자아발전과 탈빈곤 능력을 증강시켰다.

이 단계의 개발식 농촌 구빈은 다방면의 참여를 요구했다. 우선 중앙정부는 빈곤현을 구빈투자의 기본단위로 삼았다. 이후 중앙정부는 전문 재원을 통해 국가에서 지정한 빈곤현을 지원했다. 전문 구빈대출은 일부 농업과 농업 대출항목에 적용되었다. 일거리 마련으로 구호를 대신하는 프로젝트는 빈곤지역의 부유한 농촌 노동력을 이용하여 기반시설을 조성하였다. 또한 재정발전기금을 이용하여 빈곤현의 각종 투자를 지원했다.

이 단계에서 구빈개발이 달성한 효과는 그리 성공적이지 않았고 심지어 일부 연도에는 원래 수준에 머물렀지만 전국적으로 볼 때 1986~1993년 전국 592개 중점 빈곤현의 농민 1인당 순소득은 206위안에서 483.7위안으로 증가했고 농촌 절대빈곤인구는 1억 2천 5백만 명에서 8천만 명으로 감소하였다. 농촌 빈곤발생률도 14.8%에서 8.7%로 급감하였다. 이러한 통계수치를 통해 알 수 있듯 구빈효과는 대체로 긍정적이었다.

3) 빈곤퇴치계획단계: 1994~2000년

1991년부터 농촌 빈곤인구의 감소속도는 느려졌다. 정부는 1991년부터 1993년까지 겨우 매년 평균 250만 명의 의식주문제를 해결하였다(韓广福, 2005). 농촌 빈곤인구가 상대적으로 중서부지역 중 자연적 조건이 열악한 지역에 집중적으로 거주했기 때문이다. 예를 들어 서남 다스산(大石山) 지대, 서북 황토고원 지대, 친바산(秦巴山) 지대, 칭창(青藏) 고원 등이다. 그러므로 특수빈곤지역에 거주하는 8천만 명의 빈곤층에 있어서 경제체제 개혁과 지역 경제발전의 구빈이 미치는 효과는 점차 약화되었고 대책성 성격이 강한 전략이 요구되었다.

이런 문제를 해결하기 위해, 1994년 제1차 전국구빈개발사업회의를 개최해 '국가 8·7 빈곤퇴치계획'(國家八七扶貧攻堅計劃, 1994~2000)을 발표함으로써 향후 7년 안에 8천만 농촌 빈곤인구의 절대빈곤문제를 해결하고자 했다. 이로써 중국 농촌사회보장제도는 견고한 단계로 접어들었다.

주요 조치는 다음과 같다. 첫째, 명확한 계획을 제정하고 '빈곤퇴치계획'을 발표하였으며 체계적이고 규범적이며 명확한 목표를 갖춘 구빈개발 시대를 열었다.

둘째, 국가 빈곤선 기준을 조정하였다. 1992년 1인당 평균 순소득이 400위안 이하인 전국의 모든 현이 빈곤현으로 지정되었고 700위안 이상 현은 모두 빈곤현에서 제외되었다. 이 기준에 근거하여 빈곤퇴치계획 기간 동안 592개 현이 빈곤현으로 지정되었다.

셋째, "등급으로 구분하여 책임지고 성을 위주로 하는" 제1책임자 책임제를 확정했다. 구체적으로 "중앙에서 전체적으로 계획하고 성급에서 책임지며 현급에서 실시하는" 등급 책임제를 진행하였다.

넷째, 참여와 구빈의 다양성을 도모하였다. 1996년 구빈사업회의에서는 동부 13개 성, 서부 10개 성·자치구와 연합하여 지원대책을 마련했다. 동시에 중국공산당과 정부기관, 사업단위, 사업체 등 고용 부문과 사회단체의 정점(定点, 지정 확정) 구빈을 시작하였다.

다섯째, 구빈 전문 재원을 새롭게 설치했다. 원래의 지원금 보류와 미발달지역 발전재원, 일거리 마련으로 구호를 대신하는 프로젝트와 '삼서'(三西) 농업건설 전문 보조금 외에도 '재정구빈기금'을 새롭게 마련했다. 그중 일부를 '소수민족 발전기금'으로 활용해 비교적 완전한 재정 전문 재원 투자체계를 구축하였다.

이 단계에서는 농촌 빈곤인구가 8천만 명에서 3천만 명으로 감소하였고 빈곤발생률은 8.9%에서 3%로 감소했다(国务院新闻办公室, 2001). 급속한 경제성장과 전문 구빈조치가 추진된 이래 농촌 절대빈곤문제는 기본 수준이 해결되었다.

4) 종합 구빈개발단계: 2001~2010년

21세기로 접어든 후 농촌 빈곤인구의 규모는 한층 축소되었으나, 서부지역에 집중적으로 나타났다. 그러나 빈곤인구의 분포는 갈수록 빈곤현에서 집중적으로 나타나지 않고 빈곤촌으로 분산되었다. 중국 국가통계국의 빈곤 기준에 따르면 농촌 빈곤발생률은 2002년에 이미 3%로 감소했고 빈곤현의 빈곤발생률은 9% 이하로 기록됐다(汪三貴, 2007). 이런 상황을 미루어보아 빈곤현의 구빈방식을 연장하는 것은 더는 효과적이지 않았기 때문에 새로운 구빈개발방식을 모색해야 했다.

이를 위해 2001년 중국정부에서는 '중국 농촌 구빈개발 강요'(中國農村扶貧開發綱要 2001~2010年)를 제정 · 발표하였다. 이 강요(綱要)는 구빈사업의 중점을 조정한 것으로 사업의 중점을 서부지역에 두었고 빈곤촌이 기본조준단위가 되었으며 구빈투자는 중점현이 아닌 빈곤촌까지 적용되었다.

이 시기에 농촌사회보장제도는 다음과 같이 새로운 특징을 나타냈다. 첫째, 구빈 대상자를 보면 저소득 농촌가정까지 적용된 새로운 저소득 빈곤 기준을 발표하였다. 둘째, 구빈 조준중점을 보면 농촌 빈곤인구의 절반 정도가 중점 빈곤현 외에 분포했기 때문에 구빈재원의 조준성을 향상시키기 위해 전국적으로 14만 8천 개 빈곤촌을 지정하였고 조준중점을 빈곤촌과 빈곤가정으로 전환하였다. 셋째, 구빈임무를 보면 빈곤인구의 의식주문제를 해결할 뿐만 아니라 재빈곤화문제를 해결해야만 했다. 따라서 경제개발을 강조할 뿐만 아니라 빈곤지역의 교육, 문화, 환경 등 사회사업의 전면적 발전을 추진하였다.

10여 년 동안 중국정부에서 거시적으로 농촌 특혜정책과 전문 구빈정책을 공동으로 실시한 이래 빈곤지역의 경제가 전면적으로 향상되었고 빈곤발생률이 10.2%에서 2.8%로 감소했으며 농촌주민의 의식주문제가 기본 수준은 해결되었다.

5) 구빈개발사업의 새로운 진전: 2011년~현재

2020년을 눈앞에 맞이하면서 중국의 구빈개발사업은 여전히 산재한 여러 문제에 직면하고 있다. 첫째, 구빈 대상자의 규모가 광대하다. 새로운 구빈 기준(2,300위안)에 따르면 농촌 빈곤인구는 2,688만 명에서 1억 2천 8백만 명으로 늘어날 전망이라 농촌 호적인구의 13.4%를 차지할 것으로 보인다.

둘째, 집중연합 특수빈곤지역의 모순이 드러나고 있다. 14개 집중연합 특수빈곤지역에는 지정학적 빈곤과 지역적 빈곤이 존재할 뿐만 아니라 내재적 원동력이 부족하여 빈곤인구가 거의 전국적으로 70%에 달한다.

셋째, 재빈곤화문제가 심각하다. 빈곤지역과 빈곤인구는 상대적으로 인적자원이 제한적이고 사회복지제도가 완비되지 않아 시장, 자연, 병원 등의 방면이 취약하며 소비 평가전략의 종합적 기능 측면에서도 빈곤에 매우 취약하다.

넷째, 상대빈곤문제가 두드러지고 있다. 2010년 도농주민 소득 대비는 3.23 : 1로 나타났는데, 농촌주민 소득 5분위 배율에서 살펴보면 최고 소득가정의 1인당 평균 순소득은 최저 소득가정의 7.5배에 달했고 중점 빈곤 현 농민의 연평균 순소득은 전국 농민의 55%에 이르렀다.[1]

이러한 많은 도전의 압박과 전면적 샤오캉사회의 건설 완성이라는 목표 아래에서 중국정부는 농촌 구빈실천을 지도할 세 번째 전략 문건인 '중국 농촌 구빈개발 강요'(2011~2020년)를 발표하였다. 이 강요 아래 중국정부는 새롭게 구빈 기준을 조정하였고, 이에 따라 빈곤인구는 2,688만 명에서 1억 2천 8백만 명으로 늘어날 전망이다. 이 강요는 "지역발전이 구빈개발과 연동되고 구빈개발이 지역발전을 촉진하는" 완전히 새로운 이념을 제시하였고, 국무원이 11개 지역의 지역발전과 구빈공략계획의 실시를

---

1) 〈新华网〉. http://news.xinhuanet.com/2011-12/09/c_111231505.htm를 참조하라.

추진할 것을 승인하였으며, 전면적으로 집중연합 특수빈곤지역의 구빈공략전략을 시작하였다. 또한 전문 구빈, 업종 구빈, 사회 구빈의 협력성을 강화할 전망이다.

특히, 2012년 12월 중국공산당 제18기 당대회 개최 이후 시진핑 주석은 '전면적 샤오캉사회 건설 완성'을 위한 새로운 부서를 만들었고 '전면적 샤오캉사회 건설 완성을 위한 청사진' 전략으로 농촌 빈곤문제에 대해 새로운 사고방식으로 접근할 것을 제안했다. 2013년 12월 중국공산당 중앙위원회 사무처와 국무원 사무실이 〈혁신시스템으로 견고하게 농촌 구빈개발사업을 추진할 것에 관한 의견〉을 하달하였다. 이 〈의견〉은 빈곤현 심사시스템의 개혁, 정밀한 구빈사업시스템 구축, 간부가 마을에 주재하며 지원하는 시스템의 완비, 전문 구빈재원 관리시스템의 개혁, 금융시스템 개선, 사회참여시스템 혁신 등 6대 시스템 혁신을 통해 중국 농촌 구빈개발전략이 한층 더 성숙해지는 단계로 나아가는 데 이바지했다.

2. 농촌사회보장제도의 성과와 경험

중앙정부에서 농촌 빈곤선을 2010년 1,274위안에서 2011년 2,300위안으로 조정한 후, 전국 빈곤인구 수는 2010년 2,688만 명에서 2011년 1억 2천만 명으로 증가하였다. 빈곤 기준의 제고와 빈곤인구의 적용범위 확대는 국가재정력의 강화와 구빈정책의 개선을 의미하였다.

지난 30여 년 동안의 사업 지속, 특히 지난 몇 해간의 노력으로 구빈사업은 다음과 같이 가시적인 성과를 거두었다. 현행 빈곤 기준에 따르면 농촌 빈곤인구는 2010년 1억 6,100만 명에서 2015년 5,575만 명으로 감소하였다. 12·5 규획 기간(2011~2015년) 동안 빈곤현 농민 1인당 평균 순소득은 2배로 증가했고 증가 폭은 5년째 전국 평균 수준을 넘어섰으며 빈곤지역의 음수 안전, 도로 교통, 전력 보장 등 기반시설의 구축 목표는 기본 수준을 달성해 특수빈곤지역의 자연촌 도로와 통신의 비율은 90%를 넘어섰다. 또한 교육과 의료·위생 등 기본공공서비스도 구축되었으며 농촌합작의료에 가입한 농촌가정은 거의 100%에 달했다.

농촌사회보장제도의 성과와 방안은 불가분의 관계이다. 유럽과 미국 등 선진국 그리고 인도와 브라질 등 기타 개도국의 구빈방식과 달리 중국은 중국 자체의 경제 기초, 체제 배경, 빈곤인구수와 분포 특징을 파악하여 중국 특색의 구빈방안을 모색하였고 구빈체제와 시스템, 방법과 경로, 주체와 목표 등 측면에서 풍부한 경험을 축적하였다.

1) 구빈 주체: 정부주도와 다원적 참여

빈곤은 단순히 경제문제로 치부할 수 없는 사회·정치문제이기도 하다. 선진국과 개도국을 막론하고 모든 국가는 경제발전에 주력하는 동시에 빈곤 및 빈곤지역의 지원을 중시한다. 정부는 직접적 지원 외에도 다양한 통로를 통해 다양한 방식으로 빈곤지역에 대한 지원을 확대한다. 또한 정부가 주도하는 동시에 사회 각계각층이 구빈개발에 기여하고 있다. 중국정부의 지원은 구체적으로 다음과 같다.

첫째, 정부주도 측면에서 볼 때, 구빈개발사업은 국민경제·사회발전의 전체 틀에 포함되었다. 1986년부터 빈곤지역을 지원하여 낙후된 상황을 벗어나도록 하는 사업이 '제7차 5개년 계획' 중 중요한 내용으로 반영된 후, 구빈개발은 항상 국민경제·사회발전 5개년 계획에서 우위를 차지했다.

둘째, 각급 구빈개발의 지도기관을 설치했다. 1986년에 성립되고 1993년에 개명한 국무원 구빈개발지도소위원회는 상설기관으로서 빈곤지역 경제개발의 방침·정책과 계획을 제정하고 각 직능 부문의 관계를 조율하며 구빈개발의 중요 문제를 해결한다. 또한 상이한 경로를 통해 구빈재원을 모으며 관련 사업을 감독·조사한다. 국무원의 통일된 요구에 따르면 각 유관 부처와 각급 지방정부는 별도로 구빈개발 관련 지도기관을 설치해야 한다.

셋째, 중앙정부는 지속적으로 구빈재원의 지출규모를 확대하였다. 중앙 정부가 빈곤지역을 지원하기 위해 배정한 전문 재원은 주로 재정 구빈자원 과 은행 신용대출금 등 두 가지 부분이었다. 2011부터 2014년까지 중앙재 정에서 구빈재원으로 지출된 금액은 총 1조 2,572억 위안이었다(郑功成, 2016: 68).

사회의 다원화 참여 측면에서 볼 때, 우선 동부 발달지역이 서부 빈곤지 역을 지원하도록 할당하였다. 관련 통계자료에 따르면 1996년부터 2000년 까지 동부 13개 성·시와 사회 각계각층에서 서부 빈곤 성·시를 위해 모 금하거나 지원한 금액은 총 21억 4천만 위안, 상호 합의한 프로젝트는 5,745개, 합의 투자금액은 280억 위안, 현실 투자는 40억 위안, 빈곤지역 유출 노동력은 51만 5천 명에 달했다(国务院新闻办公室, 2001).

다음으로 중국공산당 기관과 대형기업 및 사업단위가 연계하여 빈곤지 역을 지원했다. 구빈개발의 요구에 따라 중앙정부의 지도 아래 각급 당기 관과 대형기업 및 사업단위가 자신의 직능을 충분히 발휘하여 중점적으로 빈곤지역을 지원했다. 중국공산당 중앙기관이 현을, 성·시·현기관이 향 촌을 지원했다.

마지막으로 사회 각계각층이 다양한 형식의 지원을 통해 빈곤지역의 개 발을 도왔다. 예를 들어 '희망공정', '행복공정', '광채사업', '문화구빈', '춘레이(春蕾, 학습지원) 계획' 등 여러 구빈활동이 큰 성과를 거두었다.

2) 구빈 방침: 개발식 구빈과 기타 구빈 상호 결합

농촌사회보장제도의 기본방침은 "개발식 구빈을 위주로 하고 구제식 구빈 과 보장식 구빈을 보충으로" 한다. 그중 개발은 발전을 촉진하고, 구제와 보장은 생존을 보장한다. 1986년 구제식 구빈전략의 "긴급사태만 해결한 채 빈궁을 해결하지 못하는" 폐단에 대해, 중국정부는 개발식 구빈전략을 채택해 '수혈'(輸血)이 아니라 '조혈'(造血)하도록 조치하였으며, 빈곤지역 자원개발에 의탁해 기반시설 건설과 중점 프로젝트를 연동시켜 전체 마을 정비 추진, 노동력 교육훈련, 산업화 구빈조치 등을 통해 효과적으로 빈곤지역의 자체적 발전능력을 강화했다.

그러나 농촌 빈곤인구 중 대다수가 근로능력을 일부 혹은 전부 상실한 장애인, 독거노인과 고아였기 때문에 개발식 구빈을 통한 빈곤탈출은 예상만큼 수월하지 않아 여전히 구제식 구빈과 보장식 구빈을 통해 기본생활을 보장해야만 했다. 특히, '농촌 구빈개발 강요'의 실시와 '정조준 구빈' 사고가 제기된 이래, 각급 정부는 신속하게 농촌 사회보장체계와 다양한 생활구조체계를 구축해 분류지도의 원칙에 따라 대책성 있고 과학적인 구빈정책체계를 구축했으며 다양한 방식으로 농촌 빈곤층을 지원하였다. 근로능력이 있거나 혹은 잠재력을 가진 빈곤인구에 대해 빈곤에서 벗어나 부를 창출할 수 있도록 지원했고 개발조건이 빈약한 지역의 빈곤인구에 대해서는 지역에 적합한 사업을 통해 빈곤에서 벗어나도록 지원했으며 근로능력을 상실한 특별 빈곤인구에게는 공공부조와 최저생활보장제도를 개선하여 기본생활을 보장했다.

이 밖에도 농촌 빈곤은 주로 발전이 불균형적이고 조율되지 못한 곳에서 집중적으로 나타났으며 일반 경제발전으로 촉진할 수 없거나 일상적 수단으로는 현실적으로 빈곤에서 벗어날 수 없는 집중연합 특수지역에서 주로 나타났다. '농촌 구빈개발 강요'(2010~2020년)에서는 "지역발전이 구빈개발을 촉진시키며 구빈개발이 지역발전을 촉진시키는" 기본사고를 제시했으며, 집중연합 특수빈곤지역의 발전을 제약하는 핵심 문제를 해결하는 데에서 출발하여 새로운 시기에 맞게 구빈개발을 중심으로 계획하고 구빈개발과 지역발전을 서로 결합하는 전략조치를 견지·강화하였다.

3) 구빈 정조준: 지역 정조준과 군체 정조준 서로 결합

어떻게 구빈목표의 정조준 수준을 향상시키느냐는 각국 반빈곤 사업의 핵심이자 난제이기도 하다. 중국은 1980년대 중후반과 1990년대 초반에 농촌 빈곤인구 분포와 지역 집약성에 대처하기 위해 주로 지역 정조준 방식을 채택하였다. 즉, 빈곤현을 기본구빈단위로 선정하여 지역의 경제성장을 통해 대규모 빈곤문제를 완화하고자 했다.

1990년대 후반 이후, 빈곤인구 분포가 갈수록 분산되고 농촌 빈곤인구의 분포가 '대분산, 소집중'의 상태를 보이면서 빈곤현의 빈곤인구가 감소하는 추세였으며, 빈곤의 정조준 수준은 갈수록 낮아졌다. 이것은 정조준의 객체가 갈수록 소규모화되는 현상을 보여준다. 이로 인해 구빈개발은 점차 지역 정조준과 군체 정조준을 서로 결합한 방식을 채택하기 시작했다.

'집중연합, 돌출핵심, 전국통합, 계획완비'의 원칙에 따라 11개 지역을 집중연합 특수빈곤지역으로 구분했고 여기에 특수정책을 실시 중인 티베트, 쓰촨성 장족 자치주, 신강 우루무치 등 3개 지역을 포함해 총 14개 연합 특수빈곤지역을 선정했으며 이는 680개 현에 달했다. 중국정부는 이 14개 지역을 구빈공략의 주요 기지로 삼아 역량을 집중하고 낙후된 면모를 철저히 바꾸었다.

지역 정조준의 중점이 빈곤현에서 빈곤촌으로 바뀌어 더욱 직접적으로 빈곤인구에 대처할 수 있었다. 빈곤인구의 현황과 동태 관리사업을 철저하게 이행하여 구빈자원이 모든 촌과 농촌가정에 효과적으로 전달되었으며 구빈자원의 유실을 방지했고 빈곤층의 수혜율을 향상했다.

4) 구빈 기술: 과학기술 의존과 국제협력 중시

빈곤지역이 낙후된 중요한 원인은 바로 낙후된 과학기술 교육과 낮은 자질의 노동력 때문이다. 1996년 국가과학기술위원회에서는 '전국과학기술 구빈계획 강요'(1996~2000년)를 제정해 과학기술식 구빈의 목표, 조치와 실시방안을 제시하였고 정책 지도를 강화하였다. 국가 전문위원회에서는 과학기술식 구빈재원을 마련하여 우수한 품질의 선진 실용기술의 도입, 시험, 시범, 보급과 과학기술 교육훈련 등에 사용했다. 중국정부는 빈곤지역 소재의 대학, 대학교, 과학기술원 등을 동원·조직하여 적극적으로 농업 선진실업기술을 보급하였고 과학기술 인력이 빈곤지역에서 교육에 종사하도록 장려했으며 과학기술 연구기관이 빈곤향·촌에 가서 선진 실용기술을 보급하도록 지원했다. 이러한 조치는 빈곤인구의 과학기술과 문화자질을 향상시키고 빈곤지역의 낙후된 생산방식을 전환하며 토지 생산력과 농민 소득을 증대하는 데 중요한 기능을 발휘했다.

중국의 구빈개발은 또한 구빈개발 영역에서 국제사회와의 교류와 협력을 매우 중시하였다. 구빈개발 영역에서 최초로 세계은행과 협력했으며 지출규모 역시 가장 컸다. 현재 세계은행과 함께 서남, 친바(秦巴) 산간지역〔산시성(陝西省) 남부와 쓰촨성 북부의 산간지대〕, 서부 등 지역에서 제3기 구빈개발 대출프로젝트를 전개하고 있는데, 그 총액은 무려 6억 1천만 달러에 달하며, 9개 성, 91개 빈곤현, 800만여 명 빈곤인구에 적용되었다. 구빈프로젝트는 주로 농업, 기반시설, 산업개발, 노무유출, 교육위생, 빈곤감축 등의 내용을 포함한다.

이 밖에도 국제조직, 해외정부, 비정부조직과 구빈개발 영역에서 광범위한 협력활동을 전개하고 있다. 유엔 산하의 개발계획부, 식량계획부, 인구기금회, 아동기금회, 네덜란드·일본·영국정부와 아시아개발은행, 일본협력은행, 포드기금회, 세계선명회, 홍콩 옥스팜 등 여러 단체가 중국에서 구빈개발프로젝트를 전개하고 있다.

3. 농촌사회보장제도의 문제와 도전

그동안 정부주도의 대규모 개발식 구빈전략은 큰 성과를 거두었다. 빈곤인구는 1978년 7억 7천만 명에서 2015년 5,575만 명으로 감소하여 그간 무려 7억 1천만 명의 빈곤인구를 감소했다. 그러나 최근 들어 빈곤인구의 감소속도가 완만해지고 있으며 빈곤감소 효과도 그다지 크지 않고 농촌 빈곤현상은 여전히 심각하다는 점을 지적해야 한다.

그 주요 원인으로는 객관적 원인과 주관적 원인이 있다. 객관적 원인으로, 빈곤인구가 갈수록 분산되었고 빈곤이 점차 고착되었으며 경제성장은 갈수록 완만해지는 등 여러 원인이 구빈의 어려움을 증가시켰음을 들수 있다. 주관적 원인으로, 구빈개발의 주체상 정부주도를 중시하고 사회참여를 경시하는 현상, 구빈과정에서 속도를 중시하고 효과를 경시하는현상, 구빈전략에서 개발을 중시하고 구제를 경시하는 현상 등을 들 수있다.

1) 농촌 구빈개발 과정에서 드러난 문제

첫째로, 구빈 주체 측면에서 보면 정부주도에 지나치게 의존하여 다양한 사회주체의 참여를 경시하는 풍조가 있다. 정부가 구빈개발의 방침과 정책을 제정하기 때문에 만약 정부의 관련 조직과 계획이 마련되지 않으면 구빈개발을 진행할 방법이 없다. 정부의 주도적 지위가 흔들릴 여지는 없으나 정부의 구빈정책에 지나치게 의존하면 비정부조직이 빈곤인구의 구빈개발에 참여할 잠재적 기회가 원천적으로 사라질 수 있다. 구빈개발의 임무가 막중해짐에 따라 구빈개발의 주체인 정부가 감당할 책임도 막중해졌다. 그러나 일부 구빈사업이 별다른 성과를 보이지 못했고 새로운 시기의 구빈개발 수요를 충족시키기 어렵다.

다른 한편으로, 구빈개발 주체의 다양한 참여가 이루어지기 힘든 원인은 주로 다음과 같다. 첫째, 정부가 모든 기능을 담당하므로 비정부조직의 구빈 참여를 경시했다. 가령 구빈정책 결정과정, 구빈자원 분배과정과 구빈재원 금액 및 발전방향과 구빈프로젝트의 종류, 규모와 허가 여부는 모두 관련 정부부처 장관의 주관적 의지와 관련되므로 주관부처 지도자의 개인적 성향에 따라 구빈개발사업이 전개되기도 한다.

둘째, 비정부조직의 구빈개발 참여에 대한 열정이 미흡하다. 비정부조직은 정부가 제정한 구빈우대정책을 정확히 이해하지 못할 뿐 아니라 그 경제·사회적 효익을 충분히 이해하지 못한다. 비정부조직이 전개하는, 긍정적 시범효과를 가진 구빈사례는 그 홍보와 추진력이 부족하였고 이로 인해 사회조직의 구빈개발을 경시하는 풍조가 생겼다.

셋째, 빈곤인구의 구빈개발 참여에 대한 적극성이 낮다. 주관적 측면에서 보면 일부 빈곤인구는 자신의 능력이 제한적이기 때문에 구빈개발 참여에 대해 '위대한 사물 앞에서 자신의 왜소함에 탄식할' 뿐이고 일부 빈곤인구는 '기다리고 의존하며 요구하는' 생각에 사로잡혀 완전히 정부에 의존하면서 구빈개발은 정부의 일 혹은 정부 관련의 일이라고 생각하여 '자신과 무관한 일이면 거들떠보지도 않는' 태도를 보인다. 객관적인 측면에서 볼 때 농촌 구빈개발 과정 중 구빈정책의 제정과 집행은 모두 빈곤인구를 한쪽으로 제쳐두어, 빈곤인구를 위한 우대정책과 구빈개발을 전개하는 정부의 진정한 의도를 농민이 알 길이 없다. 농민은 아무것도 모르는 상황에서 구빈개발에 참여하는 분위기를 조성해도 농민의 적극성을 기대하기 어려우며 참여 열정을 불러일으킬 방법이 없어 빈곤인구의 주체적 기능이 발휘될 방법이 없다.

둘째로, 구빈과정 중에서 구빈속도와 빈곤탈출 인구수에 너무 치중한 나머지 구빈의 질에 충분히 주목하지 못했다. 무엇보다도 구빈 중점이 시종일관 빈곤가정의 단기적 소득증대 측면에 주안점을 뒀기 때문에 그들의 안정된 소득창출 능력향상에는 충분히 주목하지 못했다. 가령, 과학기술 추진과 농업 기반시설 구축 등의 투자와 지원력은 상대적으로 미흡하다. 다음으로 빈곤이 갖는 장기적 영향의 '인류빈곤'과 같은 교육, 위생, 의료 보건 등에 대해 충분히 주목하지 못했다. 더군다나 빈곤가정의 장기소득이 심각하게 영향을 미치는 인적자본 투자에 대한 지원이 부족하다. 마지막으로 사회구빈자원의 동원, 전달과 분배제도가 아직 수립되지 않았다. 이 밖에도 사회서비스와 사회복지 등의 제도수립은 완비되지 않았다. 구빈 관련 제도가 아직 수립되지 않아 향후 구빈개발이 이룬 성과에 부정적인 영향을 줄 것으로 보인다.

셋째, 구빈전략 선택 측면에서 지역 경제발전의 빈곤 감소작용을 과대평가한 나머지 공공부조의 기능을 경시했다. 지역 개발식 구빈전략은 빈곤인구의 정부구제 의존도를 줄이는 데 어느 정도 도움이 되었고 자원을 집중해서 지역성 빈곤을 해소하는 데 일조하였다. 그러나 이런 구빈방식은 공공부조의 보장기능을 방치한 셈이어서 근로능력을 상실하여 잠재력을 발휘할 수 없는 빈곤인구는 사실상 그 대상범위에서 배제되었다.

이 밖에도 지역 개발식 구빈전략이 처음에는 빈곤인구를 정조준하였지만 이후 지역을 정책과 사업의 기본단위로 삼으면서 모든 빈곤인구에 적용되지 않았다. 빈곤현을 가장 작은 지역적 단위로 선정한 조건 아래, 빈곤현과 비빈곤현의 소득분배구조가 변하면서 빈곤인구의 유출상황이 달라졌다. 동시에 정부 구빈자원을 빈곤현에만 지원하는 상태에서 실제로 비빈곤현에서 유출된 일부 빈곤인구는 정부 구빈자원의 혜택을 받을 수 없었다.

2) 중국 농촌사회보장제도가 직면한 새로운 형세와 도전

첫째, 빈곤인구가 한층 분산되었다. 구빈개발사업이 점차 심화됨에 따라 빈곤인구는 감소하되 갈수록 분산되면서 빈곤지역에서 분절화현상이 나타나고 있다. 빈곤현의 빈곤인구는 감소하고 있지만 비빈곤현의 빈곤인구는 증가하고 있다. 그러나 비빈곤현은 국가의 우대정책에서 배제되어 있다. 2011년 정부에서 14개 집중연합 특수빈곤지역을 확정하였지만, 특수빈곤지역의 3,518만 명 빈곤인구가 전국 빈곤인구에서 차지하는 비율은 50%였다. 말하자면 절반 정도의 빈곤인구가 전국 각지에 분산되어 있다.

집중연합 특수빈곤지역 내에서도 빈곤인구의 분포격차가 큰 편이다. 예를 들어 빈곤인구가 가장 많은 네 곳을 차례대로 나열하면 뎬첸구이(滇黔桂) 석막화(石漠化) 지역이 488만 명, 우링(武陵) 산간지역이 475만 명, 친바 산간지역이 444만 명, 우멍(乌蒙) 산간지역이 442만 명으로 총 1,849만 명을 기록했다. 결국 네 곳의 빈곤인구가 14개 특수빈곤지역 빈곤인구의 50% 이상을 차지한 셈이다(郑功成, 2016: 75).

성(省)별 통계자료를 살펴보면, 빈곤인구가 500만 명을 초과한 성은 주로 허난(河南)성, 광시(广西)성, 쓰촨(四川)성 등 중서부지역에 집중되어 있다. 기타 성 중에서 베이징, 상하이, 톈진 등을 제외하면 모두 빈곤인구의 분포가 다르다. 즉, 빈곤인구의 분포가 광범위하다는 사실을 알 수 있다. 향후 중국의 빈곤인구가 더욱 분산되고 빈곤인구의 분포가 한층 단절화된다는 점을 고려하면, 목표로 설정한 정조준 사업이 더욱 확대되고 정조준 수준은 낮아질 것이어서 구빈개발의 주변효과가 점차 적어질 것이며, 구빈개발의 어려움과 비용은 증가할 것으로 예상된다.

둘째, 빈곤 핵심층이 더욱 고착화되고 있다. 이른바 '빈곤 핵심층'이란 각종 요소의 제약 때문에 구빈개발의 방식을 이용해 빈곤에서 벗어나거나 빈곤을 완화하기 어려워 핵심층으로 형성되는 현상을 가리킨다. 여기에는 통상적으로 자연환경이 극히 열악한 지역에서 생활하는 자, 생활원이 없거나 근로능력이 없는 장애인, 노인, 아동, 중증 장애인 혹은 만성병 환자 등이 포함된다. 더욱 심각한 점은 이러한 부류의 사람은 빈곤에서 벗어나도 매우 쉽게 다시금 빈곤에 빠진다는 것이다.

구체적으로 노인이 주로 빈곤인구를 구성하고 있다. 중국은 이미 고령화 사회에 진입했으며 농촌의 고령화 속도는 도시보다 빠르고, 노인 수 역시 도시보다 높다. 출생률의 감소, 고령화와 도시화의 급속한 진행은 농촌노인의 비중 증가와 청년층의 비중 감소를 초래했다. 2010년 통계자료에 따르면 30세 이상 농촌 청년층 비중은 20%에 불과한 반면, 50세 이상 인구 비중은 33%를 초과했다(宋洪远, 2014). 인구발전 추세에 따르면 앞으로 이러한 경향은 더욱 두드러지게 나타날 것으로 예상된다. 더군다나 가정 양로기능의 약화와 농촌 사회복지체계의 미흡 등 여러 요소의 복합적 작용으로 인해 농촌노인은 쉽게 빈곤에 빠질 가능성이 높다. 2016년 제3분기 통계자료를 들여다보면 최저생활보장 대상자 중에서 농촌노인의 수가 1,850만 명을 초과해 전체 농촌 최저생활보장 대상자의 40.6%를 차지했다(民政部, 2016).

농촌 장애인 역시 빈곤인구의 주요 구성체로 등장했다. 과거 20여 년 동안 대규모 농촌인구가 농촌을 벗어나 일자리를 찾아 도시로 나가면서, 상해로 인한 장애와 직업병으로 인한 장애의 비율이 대폭 상승하였고 농촌에서 장애로 인한 빈곤에 빠지는 비율이 상당히 높아졌다. 2015년 장애인 전문 조사에 따르면 장애인증을 소유한 2,700만 명 장애인 중에서 농촌 최저생활보장 기준에 못 미치는 장애인 수가 무려 1천만 명에 달해 농촌 장애인의 빈곤문제가 심각해지고 있음을 알 수 있다.

마지막으로 농민은 대부분 자연조건이 극히 열악한 환경에서 생활하고 있다. 그들은 매우 쉽게 '환경 열악-빈곤-자원 박탈-환경 퇴화-빈곤 악화'의 악순환에 빠져 자신의 힘으로 헤쳐 나올 방법이 없다.

셋째, 경제성장이 점차 완만해지고 있다. 경제성장이 빈곤 감소에 미치는 영향은 주로 다음과 같이 두 가지 방면이다. 먼저, 경제발전이 빈곤인구를 위해 더 나은 취업과 소득창출 기회를 제공한다. 다음으로 경제성장은 정부 재정수입을 증가시켜서 정부가 더 많은 재원으로 빈곤인구를 지원할 수 있도록 한다.

경제성장은 빈곤 감소에 직접적 효과뿐만 아니라 간접적 효과도 있다. 지난 30여 년 동안 중국의 구빈개발이 일궈낸 성과는 실제적으로 경제성장과 불가분의 관계에 있다. 관련 실증연구에서 밝혀진 바와 같이 1978년부터 2007년까지 중국 GDP 성장속도와 빈곤인구 감소속도는 매우 유사하게 나타났다(汪三贵, 2008). 즉, 경제성장률이 높을수록 빈곤발생률의 감소속도가 빠른 반면, 경제성장률이 낮을수록 빈곤발생률의 감소속도가 느려졌다. 관련 연구결과에 따르면 주민 평균 소득이 1%씩 증가할 때 전국 빈곤발생률은 2.7% 감소했으며 빈곤인구는 약 3% 감소했다. 이를 미루어보아 경제성장이 빈곤 감소에 매우 크게 작용함을 알 수 있다.

지난 30여 년 동안 중국의 경제성장률은 약 10%를 기록하였고 2008년 이후 경제성장 속도는 점차 낮아졌으며 2015년 현재 약 7%를 기록하고 있다. 완만한 경제성장은 다음과 같이 구빈개발사업에 심각한 영향을 미쳤다. 먼저 경제성장 속도가 낮아지면서 취업자 수가 줄어들어 빈곤지역 노동력 유출에 큰 타격을 입었다. 더군다나 산업구조의 전환으로 인해 저가 노동력에 대한 수요가 줄어들면서 빈곤지역 농민의 취업상황은 더욱 나빠져서 일부 한시적 일자리에 의존해 빈곤을 탈출하고자 하는 희망은 더욱 희박해졌다. 다음으로 투자와 자원소비에 의존하던 공업화 구빈이 현재 조정과 업그레이드 요구에 직면하여 공업화 구빈이 가져온 효익이 점차 낮아지고 있다. 마지막으로 완만한 경제속도로 인해 정부 재정수입이 낮아져 구빈재원의 정부 지원 정도에 영향을 미친다.

4. 농촌사회보장제도의 발전방향

지난 30여 년 동안 구빈개발사업은 거대한 성과를 거두었다. 그러나 중국은 여전히 심각한 농촌 빈곤문제에 직면했다. 더군다나 새로운 시기의 빈곤 거버넌스는 빈곤지역의 단절화, 빈곤인구의 분산화와 고착화 등 새로운 도전에 직면해있다.

이에 대해 향후 중국 구빈개발은 이전의 개발식 구빈을 지속하는 가운데 구빈개발의 체제와 시스템을 개선해야 한다. 정부주도를 견지하면서도 사회의 다양한 참여를 장려하고 구빈의 협력적 분위기를 형성해야 하며 빈곤인구의 분산화에 대해 구빈 정조준과 사회복지정책의 상호협력을 이끌어내야 한다. 이 밖에도 구빈인력의 전문화 수준을 향상시키며 구빈의 정조준 수준과 효익을 향상시켜야 한다.

1) 개발식 구빈의 개선과 빈곤인구 참여와 적극성 제고

지난 30여 년 동안 개발식 구빈정책을 실시하면서 중국의 구빈개발은 풍부한 경험을 축적했다. 이러한 모델은 일정한 한계가 있지만 구빈과정에서 개선과 개혁을 통해 지속적으로 농촌 기반시설을 구축하고 충분히 빈곤인구의 적극성과 혁신을 끌어낼 수 있으므로 현실적인 조건 내에서 발전을 이끌어 구빈개발사업에 새로운 원동력을 불어넣어야 할 것이다.

한편으로 개발식 구빈의 내용과 방식은 더욱 개발되고 개선되어야 한다. 먼저 중앙정부와 지방정부의 재정 지원능력을 점차 강화해야 한다. 구빈개발사업의 가장 중요한 임무는 빈곤인구의 생존권을 보장하고 발전 가능성에 가장 직접적으로 영향을 미치는 수도, 전기, 도로, 교육, 의료위생 등 공공기초시설을 구축하는 것이다. 다음으로 구빈 대상자의 판별시스템을 완비하여 개발식 구빈의 정조준 방식을 구빈 대상자인 가정 그리고 더 나아가 개인에게 정확히 맞추어야 한다. '구빈 정조준'의 실시하에서 구빈의 주요 대상자를 확정하고 빈곤인구 판별 동태관리를 실행함으로써 효과적으로 구빈의 효과를 향상시킬 수 있다.

다른 한편으로 빈곤인구의 충분한 참여와 개발식 구빈의 적극성을 장려하고 빈곤인구의 주체적 지위를 강화하며 프로젝트에 부합되도록 개발해야 한다. 구빈은 단순히 돈을 주는 것이 아니라 그 과정 중에서 빈곤인구의 참여의지를 북돋우고 대중이 구빈프로젝트의 설계, 정책결정, 실시와 관리·감독 과정에서 적극적으로 참여토록 하며 지속적으로 빈곤 농촌가정의 참여도를 향상시키고 프로젝트 실시의 효과를 농민 스스로 깨닫도록 하는 방향이 되어야 한다. 농민 스스로 '주인공' 의식을 가지고 구빈개발에 참여할 때 비로소 새로운 시대의 구빈개발사업 성공의 원동력을 보장할 수 있다. 또한 개발식 빈곤과 빈곤촌의 자연자원과 인문자원 등을 결합해 현지실정에 맞는 빈곤촌 구빈프로젝트를 전개함으로써 빈곤지역의 내재적 발전을 이끌어내야 한다.

2) 정부주도형의 유지와 사회의 다양한 참여 장려

오랫동안 중국 구빈개발의 주체는 정부와 그 관련 부처였다. '정부주도형'의 구빈개발은 정부 위주의 상-하식 동원시스템을 형성하였다. 이런 시스템은 오랫동안 구빈사업에서 중요하게 작용했지만 동시에 여러 문제점도 있었다. 특히, "정부는 열정이 있으나 사회주체의 열정이 약하고 시장은 전혀 관심을 가지지 않는"다는 문제가 지적되었다. 다시 말해, 구빈사업은 정부가 독차지한 무대에 불과했다.

해외의 사례를 살펴보면 다양한 주체가 구빈개발에 참여하는 모델을 채택하고 있는데 이런 모델은 반빈곤 효과를 향상하는 데 큰 성과를 나타낸다. 이러한 모델은 행정조직에 의존하는 구빈개발 형태에 변화를 줄 뿐 아니라 정부기관, 사회시스템과 시장시스템을 충분히 활용해 모든 자원을 반빈곤 대책에 집중해서 활용할 수 있을 뿐 아니라 효과적으로 정부의 반빈곤 효과와 투자부족 등의 문제를 해결할 수 있다.

구체적인 방법은 다음과 같다. 첫째, 지속해서 사회역량을 장려하여 구빈개발사업 참여를 유도해 발달지역의 각급 당기관, 민주당파, 사회단체, 민간조직, 사영기업과 자원봉사자 개인이 빈곤지역의 구빈개발에 충분히 참여하도록 동원해야 한다. 과거 구빈개발 중에서 이미 주요 역할을 발휘했던 조직〔가령 전국공상연합회에서 주관한 '광채(光彩)사업', 중국구빈기금회에서 창설한 '천사(天使)공정'과 전국부녀자연합회에서 조직한 '건귀(巾幗)구빈'〕의 유사한 성공사례를 계승·발굴해야 한다. 동시에 해당 지역 기초 당기관과 당원 간부의 규모를 활용해 당원 간부와 빈곤가정을 연결하여 "돕고 포용하며 데려가며 끌어주는" 등의 활동을 전개함으로써 빈곤인구의 빈곤 탈출을 도와야 한다.

둘째, 국내 사회조직의 참여와 구빈개발을 힘써 지원하고 사회자본의 장점과 구빈을 충분히 활용해야 한다. 정부는 서비스 구매방식을 통해 민간조직 혹은 자본을 유도해 농촌 구빈에 참여하도록 장려해야 한다. 동시에 다양한 종류의 직업화·전문화된 구빈 전문조직을 적극적으로 조직해 구빈활동을 전개해야 한다. 이 밖에도 NGO와 관련 국제기구의 참여와 플랫폼 구축을 위한 협력모델을 개선해 전문적 조직 및 기관의 기능과 경험을 충분히 발휘함으로써 구빈개발의 성과를 향상할 수 있다.

셋째, 전문 사회복지사 인력의 전문성을 활용해 구빈효과를 향상시켜야 한다. 구빈개발(특히, 정조준 구빈단계의 구빈개발)에서는 직원이 빈곤층의 가정 경제상황과 인적자원 등의 요소를 철저히 파악해 각종 자연자원과 사회자원을 종합적으로 이용함으로써 개별화된 구빈방안을 마련해야 한다. 이것은 구빈에 종사하는 직원이 일정한 빈곤 이론지식과 구빈실천행동을 구비해야 함을 의미할 뿐 아니라 뛰어난 협력정신과 관리능력이 더욱 요구됨을 의미한다. 그러므로 향후 구빈개발사업을 전개하는 데에는 현재 구빈사업 직원의 전문소질을 향상시킬 뿐만 아니라 점차 전문 사회복지사를 고용해 개발사업방안을 마련하고 빈곤가정을 위해 개별화된 서비스를 제공해야 한다. 기층 구빈사업 직원을 위해 구빈방법, 자원통합, 사회사업 수단 등의 내용을 담은 훈련을 진행하는 동시에 사회복지 전공자를 고용해 기층 구빈팀을 전문화하여 구빈의 전문화 수준을 향상시켜야 한다.

3) 분류정책을 실시하여 구빈개발과 사회보장제도 구축 결합

구빈개발의 핵심 대상자는 근로능력이 있는 개인과 가정이며, 근로능력이 없는 빈곤인구는 사회복지를 통해 그들의 기본생활을 보장해야 한다. 구체적으로 말하자면 향후 구빈개발사업에서는 농촌 사회복지제도 수립과 구빈개발의 계획을 결합해 다양한 빈곤에 대처해야 한다.

구체적으로는 다음과 같다. 첫째, 연령을 구분하여 정책을 실시해야 한다. 연령구조에서 보면 농촌 빈곤의 분포는 아령식(啞鈴式) 구조와 유사하다. 즉, 근로연령층의 빈곤발생률이 가장 낮고 다음으로 미성년자층이 낮으며, 가장 높은 층은 노인층이다. 사회복지제도가 완비되지 않고 아동복지제도가 미흡하며 더군다나 수많은 유수아동(留守兒童, 부모가 돈벌이를 위해 도시로 떠나면서 농촌에 홀로 남겨진 어린이)으로 인해 중국의 아동빈곤 비율은 다른 선진국보다 훨씬 높고 집중연합 특수빈곤지역의 아동빈곤은 훨씬 더 심각하다. 노인빈곤 측면에서 최저생활보장 기준과 신청과정의 복잡함 그리고 낮은 연금급여는 농촌노인의 빈곤함정을 야기했다. 이는 중국이 앞으로 시급히 해결해야 할 문제이다. 따라서 노인, 아동, 장애인 등 취약계층에 대해 사회복지 위주의 빈곤 감소정책을 실시하는 한편, 근로능력층에 대해 개발식 방식을 실시해야 한다.

둘째, 근로능력에 근거하여 보장을 분류해야 한다. 근로능력이 있는 개인과 가정은 구빈개발을 통해 스스로의 발전을 도모하는 동시에 근로능력이 없는 부류에 대해서는 기본생활보장체계를 개선해야 한다. 예를 들어 기준을 높게 혹은 낮게 조정하여 수혜자의 범위를 확대하고 농촌 기본연금의 수준과 노인복지를 확대하며 장애인의 생활, 장기요양급여의 수준과 장애인 기본생활을 보장해야 한다.

셋째, 인구별로 분류하여 단계별로 행동해야 한다. 소득증대는 농촌 빈곤인구의 빈곤탈출을 돕는 주요 수단으로서 강력한 구빈활동 중 하나이다. 이와 더불어 빈곤가정의 인적 자원을 개발하고 취업지원계획을 실시하며 특수산업을 발전시킴으로써 빈곤인구의 자강, 자립, 자조를 실현하도록 해야 한다. 동시에 빈곤가정을 위해 우대정책을 실시해야 한다. 예를 들어 빈곤가정이 신형 농촌 합작의료보험에 가입할 수 있도록 보조금을 지원하거나 농촌 장애인 재활서비스와 보조용구 보조금제도를 수립하거나 농촌 빈곤인구의 만성병 치료를 위해 장기복용 의약품 비용을 감면해 주는 방법 등이 있다.

■ 참고문헌

해외 문헌

郑功成(主编)(2016).《中国社会保障发展报告》. 人民出版社.

国务院新闻办公室(2001). 中国的农村扶贫开发.〈新华月报〉, 2001年第11期.

刘娟(2009). 中国农村扶贫开发的沿革, 经验与趋势.〈理论学刊〉, 2009年第8期.

宋洪远(2014). 农村老龄化的几个突出特点.〈人民论坛〉, 2014年第36期.

汪三贵(2007). 中国农村的扶贫: 回顾与展望.〈农业展望〉, 2007年第1期.

_____(2008). 在发展中战胜贫困: 对中国30年大规模减贫经验的总结与评价.〈管理世界〉, 2008年第11期.

王朝明(2008). 中国农村30年开发式扶贫: 政策实践与理论反思.〈贵州财经学院学报〉, 2008年第6期.

韩广福(2005). 当代中国农村扶贫开发的历史进程.〈理论学刊〉, 2005年第7期.

기타 자료

〈新华网〉. http://news.xinhuanet.com/2011-12/09/c_111231505.htm.

民政部(2016). 2016年3季度全国县以上农村低保情况. http://www.mca.gov.cn/article/sj/tjjb/dbsj/1031/1127.html.

제 **3** 부   의료보장 및 사회서비스

12

보건의료제도

1. 머리말

보건의료제도는 질병에 대한 국민의 우려를 해결하고 전반적인 신체건강을 향상시키는 제도이기에 현대 사회보장체계에서 큰 비중을 차지한다. 또한 보건의료제도는 의료보험의 공급과 수요뿐만 아니라 의료서비스, 의약품 제공 등의 영역과 관련되어 상당히 복잡한 사회보장제도라고 할 수 있다.

중국 보건의료제도는 전 국민에게 적용되는 제도로 성장하였고 제도 통합과정을 거쳐서 공평을 실현하는 보편성 제도로 거듭나고 있다. 이러한 발전과정 중에서 중국은 어느 나라에 못지않게 평탄치 않은 길을 걸어왔다. 이번 장에서는 중국 보건의료제도의 발전과정을 짚어보고 보건의료제도의 현황과 문제점을 분석하며 향후 개혁방향을 살펴보고자 한다.

2. 보건의료제도의 발전과정

1) 보건의료제도의 수립

신중국 성립 이후 도시에서는 기업근로자를 위한 노동보험제도와 국가기관·준공공기관 직원을 위한 공비의료제도가 수립되었다. 반면 농촌에서는 농촌주민을 위한 합작의료제도가 수립되었다.

1951년 2월 26일 정무원(현 국무원)에서는 〈중화인민공화국 노동보험조례〉를 발표해 기업근로자의 산업재해로 인한 장애급여, 질병 또는 비산업 재해로 인한 장애급여, 근로자 및 직계가족 사망 시 급여, 연금급여, 출산급여 등 다섯 가지 노동보험급여를 규정하였다. 당시 노동보험의료의 주요 대상자는 국유기업의 근로자와 퇴직자였다.

1952년 6월 27일 정무원에서는 〈전국 각급 인민정부, 각 당파(黨派), 단체 및 사업단위에 소속된 국가공무원을 대상으로 한 공비의료예방 실시에 관한 지시〉와 〈국가공무원 공비의료예방 실시방안〉을 반포했다. 이로써 혁명근거지의 공무원, 전국 각급 인민정부, 당파, 노동자단체, 청년단체, 부녀연합회, 각종 사무소 및 문화, 교육, 위생, 과학연구, 경제건설 분야 등에 종사하는 국가공무원·준공공기관 직원과 혁명장애군인에게 공비의료보험제도가 적용되면서 전국적으로 실시되었다. 노동보험의료와 공비의료의 대상자는 주로 도시근로자였고 개인이 보험료를 납부하지 않되 모든 의료비를 청구할 수 있는, 즉 '무료의료'에 해당하는 보편형 복지였다.

이 두 제도는 40여 년 동안 실시되었으며 도시근로자의 건강보장, 경제 발전 촉진, 사회안정 유지 측면에서 중요한 기능을 발휘했다.

1955년 5월 1일 산시(山西) 성 가오핑(高平) 현 미산(米山) 향에서는 연합 보건스테이션의 현판을 걸고 전통적 농촌합작의료의 개시를 알렸다. 농촌 합작의료는 상호공제성을 채택하였고 농업생산합작사, 농민과 의사 등 3자가 공동으로 자금을 조달하였으며 국가적 지원은 거의 없었지만 농민의 수요에 적절히 부응하여 상당한 발전을 이루었다. 1976년, 전국에 걸쳐 90%의 농민이 합작의료에 가입하였다. 1977년 말 85%의 생산대에서 합작의료를 실시하였고 '맨발의 의사'(赤脚醫生, 농촌에서 일하면서 환자를 치료하는 의사)는 150만여 명에 달했다. 관련 통계에 따르면 농민 1인당 평균 예상수명은 1930년대 34세에서 1970년대 말 68세로 향상되었는데 전통 농촌합작의료의 기여가 상당히 컸다. 맨발의 의사는 농민에게 크게 환영받았으며 의사와 환자 간의 관계도 매우 좋았다(韩凤, 2014).

경제체제가 계획경제에서 시장경제로 전환되자 노동보험제도와 농촌합작의료제도가 의존하던 기금조달과 조직관리체계는 지속되기 어려워졌다. 게다가 공비의료제도의 의료비는 계속 빠른 속도로 증가하는 반면, 재정수입의 증가속도는 완만하여 어려움에 봉착했다. 1993년, 어떠한 의료보장에도 적용되지 못한 인구가 전체 인구의 69.86%를 차지하였다. 심지어 농촌에서는 그 상황이 더욱 열악해 무려 84.11%에 달했다(卫生部统计信息中心, 2009). 노동보험, 공비의료와 농촌합작의료제도가 직면한 어려움은 보건의료제도에 대한 개혁을 요구하는 배경이 되었다.

2) 보건의료제도의 개혁

1993년 11월 중국공산당 제 14기 제 3중전회에서 〈사회주의 시장경제체제의 몇 가지 문제에 관한 중국공산당 중앙위원회의 결정〉을 통과한 후, 도시근로자 보건의료제도는 새로운 역사적 시기에 진입했다. 이 〈결정〉을 통해 사회통합 의료기금과 개인 의료계좌가 서로 결합한 사회의료보험제도를 수립하게 되었다. 이로써 보건의료제도는 노동보험과 공비의료에서 개인, 기업과 국가의 3자가 공동으로 부담하는 사회의료보험으로 전환되었다.

1998년 12월 14일 국무원에서는 〈도시근로자 기본의료보험제도 수립에 관한 규정〉을 반포하여, 의료보험료는 사업체와 근로자 개인이 공동으로 부담하기로 하고 각자 납부할 보험료율을 구체적으로 명시했다. 이러한 의료 개혁방안은 수년간에 걸쳐 실시된 선행연구를 통해 총정리된 시범사업의 경험과 구체적인 산출을 바탕으로 이루어졌다. 지역관리 원칙에 따라 모든 사업체의 근로자를 기본의료보험에 가입시키는 정책이 통일적으로 시행되었다. 기본의료보험기금은 통일적으로 조달·운용·관리하고 기본의료보험료는 사업체와 근로자 개인이 공동으로 납부하였다. 의료보험료를 통일적으로 조성하는 보험시스템이 완성됨에 따라 사회보험 중에서 최초로 일원화된 의료보험제도가 도입되었다.

2003년 1월 국무원에서는 〈신형 농촌 합작의료제도 수립에 관한 의견〉을 전달해서 2003년 하반기부터 시범사업을 전개할 것을 지시했다. 시범사업 실시지역은 저장성, 후베이성, 지린성, 윈난성 등 4개 성으로 확정되었고 각 성, 자치구와 직할시에게 최소 2~3개 시·현을 선정하여 시범운영으로 경험을 쌓은 뒤, 확대·실시할 것을 요구했다. 2003년 시범사업을 실시할 때는 중서부지역 신형 합작의료 가입농민에게 중앙재정으로 매년 1인당 10위안을 보조금으로 지원했고 지방재정으로 10위안 이상을 보조금으로 지급했다. 농민 개인도 매년 1인당 10위안 이상을 납부함으로써 중앙정부, 지방정부, 개인의 3자가 공동으로 납부하여 신형 농촌 합작의료기금을 조성했다.

2007년 7월 10일 국무원에서 발표한 〈도시주민 기본의료보험제도 시범사업에 관한 지도의견〉과 함께 도시주민 의료보험 개혁 시범사업이 시작되었다. 시범사업을 통해 도시주민 기본의료보험체계를 개선하였고 합리적 기금조달체제, 건전한 관리체제, 규범적 운행제도를 확립했으며 중증 질환 의료비 기금조달을 중심으로 하는 도시주민 기본의료보험제도를 수립했다(鄭功成, 2008). 이로써 기본의료보험에 있어서 최후의 공백으로 남았던 도시주민의 의료 수요를 보장할 수 있는 제도를 마련하였다.

〈표 12-1〉 현행 보건의료제도

	도시근로자 기본의료보험	도시주민 기본의료보험	신형 농촌 합작의료	도농 의료부조
보장대상자와 가입 원칙	•도시의 모든 사업체와 그 근로자는 반드시 가입 •향진기업과 그 근로자, 도시자영업자와 그 종사하는 근로자의 가입 여부는 지방정부가 결정	•전체 미취업 도시주민, 초·중등 학교, 소년·아동과 기타 미취업 도시주민 자원 가입	•가정을 단위로 한 농민이 가입 •자원 가입	•최저생활보장제도 대상자 혹은 저소득층 중 부조가 필요한 자
보장범위	•외래와 입원 의료서비스, 최저한도, 최고한도와 공공지불시스템 설계, 환자가 일부 의료비 부담	•주로 입원과 외래 중병 의료지출을 보장 •최저한도, 최고한도와 공공지불시스템 설계 •환자가 일부 의료비 부담	•주로 거액 의료비 혹은 입원 의료비를 보장 •최저한도, 최고한도와 공공지불시스템 설계 •환자가 일부 의료비 부담	•기본의료보험 가입지원 •일부 의료서비스 비용 감면, 혹은 일부 의료비 지원 제공 •환자가 일부 의료비 부담
기금조성	•사업체와 근로자가 공동 납부 •사업체 납부율은 총임금의 6% 정도, 근로자 개인 납부율은 2% 정도 •보험기금은 사회통합과 개인계좌를 서로 결합하여 운영 •퇴직자는 납부하지 않음	•가정 납부 위주 •정부 적절한 보조금 지원 •세금우대정책 실시 •보편성 보조금과 빈곤층을 위한 개인 특수 보조금 •노인 가입 후 납부	•개인 납부 •집체 보조와 정부 지원이 3자 결합 •노인 가입 후 납부	•재정예산 지출금, 전문 복권 공익금, 사회모금 등 •지방재정 매년 보조금 지원 •중앙과 성급 재정으로 빈곤지역에 적절한 보조
통합기금단계	•지급 이상 행정지역을 단위로 하고 •현·시를 통합기금 단위로 함.	•시범사업 도시 •도시를 단위로 통합기금 실시	•현·시를 중심으로 통합기금 실시 •낙후 지역은 향·진을 단위로 통합기금을 실시	
관리기구	•인력자원·사회보장부	•인력자원·사회보장부	•위생부	•민정부

자료: 鄭功成(2008).

이 단계에서 적극적으로 도농 빈곤층의 의료문제를 해결하기 위해 2003년과 2005년 각각 농촌과 도시에서 의료구조제도를 실시하였다.

중국은 도시근로자를 대상으로 한 기본의료보험, 도시 미취업 주민을 대상으로 한 도시주민 기본의료보험과 농촌주민을 대상으로 한 신형 농촌 합작의료의 3대 의료보험제도를 수립하였다. 또한 도농 의료구조의 발전을 촉진하면서 제도 측면에서 전 국민에게 적용되는 목표를 실현하였다.

3) 신의약위생체제 개혁 이후 보건의료제도의 개선

2009년 3월 중국공산당 중앙위원회·국무원의 〈의약위생체제 개혁 심화에 관한 의견〉의 발표를 계기로 신의약위생체제 개혁이 전면적으로 가동되었다. 신의약위생체제 개혁 이후 보건의료제도는 최적화 제도설계, 중병 위험보장, 도농발전의 종합적 계획 등 방면에서 핵심 개혁을 진행하였다.

첫째, 기본의료보험제도 설계를 최적화했다. 우선 기본의료보험의 보장수준을 향상시켰다. 도시근로자 기본의료보험, 도시주민 기본의료보험과 신형 농촌 합작의료 등의 최고한도 지불금액을 2009년 해당 지역 근로자 연평균 임금, 주민가처분소득과 농민 1인당 평균 순소득의 6배 정도로 규정하였고, 2012년 해당 지역 근로자 연평균 임금의 6배 이상, 해당 지역 주민 1인당 평균 가처분소득의 6배 이상과 전국 농민 1인당 평균 순소득의 8배 이상으로 상향조정하되, 모두 동일하게 6만 위안 이상이 되어야 한다고 규정하였다.

또한 기본의료보험의 보장범위를 확대하였다. 도시와 농촌에서 외래 통합기금 시범사업을 실시하였고, 2015년에는 도시주민 의료보험과 신형 농촌 합작의료의 외래 통합기금이 사회통합기금을 실시하는 모든 지역에 적용되었으며, 지급률은 50% 이상으로 향상시켰다. 또한 도시근로자 의료보험 외래 통합기금을 안정적으로 추진하였다.

둘째, 도농주민 중병보험을 전면적으로 실시했다. 2012년 8월 국가발전 개혁위원회(發改委) 등 부처에서는 〈도농주민 중병보험사업을 전개하는 데 관한 지도의견〉을 발표하여 도농주민 보건의료제도를 더욱 개선하기 위해 다층화된 보건의료제도 완비, 효과적인 중병·특수질병 보장수준 제고, 도농주민 중병보험사업 실시 등을 결정하였다. 도농주민 중병보험은 기본보건의료제도의 기초 위에 중병환자에게 발생할 수 있는 고액 의료비에 대한 보장성이 한층 강화된 제도이며, 기본보건의료제도의 확대라는 의미가 있다. 국무원 사무실(辦公廳)에서 발표한 〈도농주민 중대 질병보험 사업을 전면적으로 실시하는 데 관한 의견〉에 의거해 2015년 말 이전까지 중병보험은 모든 도시주민 기본의료보험과 신형 농촌 합작의료의 가입자에게 적용되었다.

셋째, 도농 의료구조제도를 표준화하고 개선하였다. 2009년 6월 민정부 등 부처에서는 〈도농 의료구조제도를 더욱 개선하는 데 관한 의견〉을 발표함으로써 의료구조사업의 탐색단계에서 새로운 발전시기인 표준화단계로 접어들겠다는 의지를 나타냈다. 2012년부터 중국정부는 의료구조에 더 많은 관심을 두기 시작했고 일련의 관련 문서를 공포했으며 중병·특수질병 의료구조 시범사업을 전개했다. 2015년 4월 국무원 사무실에서는 〈의료구조제도를 더욱 개선하고 전면적으로 중병·특수질병 의료구조사업을 전개하는 데 관한 의견〉을 민정부 등 관련 부처에 하달하여 의료구조제도의 개선을 지시하는 한편, 전면적으로 중병·특수질병 의료구조제도를 전개했다.

넷째, 보건의료제도의 도농 통합을 추진했다. 2016년 1월 국무원에서는 〈도농주민 기본의료보험제도를 통합하는 데 관한 의견〉을 발표해서 도시주민 기본의료보험과 신형 농촌 합작의료의 양대제도를 통합하여 통일된 도농주민 기본의료보험제도를 수립할 것을 요구했다. 도시주민 기본의료보험제도와 신형 농촌 합작의료의 양대제도의 통합은 통일된 도농주민 의료보험제도의 수립이자 의약위생체제 개혁의 추진, 도농주민의 공평한 기본의료 수혜의 실현, 사회의 공평과 정의 촉진, 국민복지의 향상을 위한 중대조치이며, 도농 경제·사회의 조화로운 발전과 전면적 샤오캉사회 건설에 있어 매우 중요한 의의를 갖는다.

3. 보건의료제도의 현황

1) 도시근로자 기본의료보험제도

2015년 말 도시근로자 기본의료보험 총가입자 수는 2억 8,893만 명으로 2010년보다 5,158만 명이 증가하였고 연평균 4.01%의 성장률을 기록했다. 그중 기업의 가입자 수는 1억 9,835만 명으로 전체 가입자의 68.6%를, 국가기관·준공공기관의 가입자 수는 5,786만 명으로 전체 가입자의 20%를, 기타 가입자 수(도시 자영업자, 비정규직 등 개인자격으로 가입한 자)는 3,272만 명으로 전체 가입자의 11.3%를 차지했다. 2015년 말까지 도시근로자 기본의료보험에 가입한 재직자 수는 2억 1,362만 명으로 전체 가입자의 73.9%, 도시근로자 기본의료보험에 가입한 퇴직자 수는 7,351만 명으로 전체 가입자의 26.1%를 차지하였다. 2015년 도시근로자 정년퇴직 비율은 2.84%로 전년도보다 0.06%, 2010년보다 0.15% 감소했다.[1]

2015년 도시근로자 의료기본보험기금 수입은 9,038억 위안으로 2010년보다 5,083억 위안이 증가해 연평균 18%의 성장률을 기록했다. 그중 사회통합기금 수입은 5,686억 위안으로 전체 기금 수입의 62.6%를 차지했고,

---

[1] 일부 데이터는 인력자원·사회보장부 사회보험사업관리센터에서 출간한 《중국 사회보험 발전 연차보고서》(2015)를 참고하였다.

〈그림 12-1〉 도시근로자 기본의료보험기금 수지 상황

(2010~2015년, 단위: 억 위안, %)

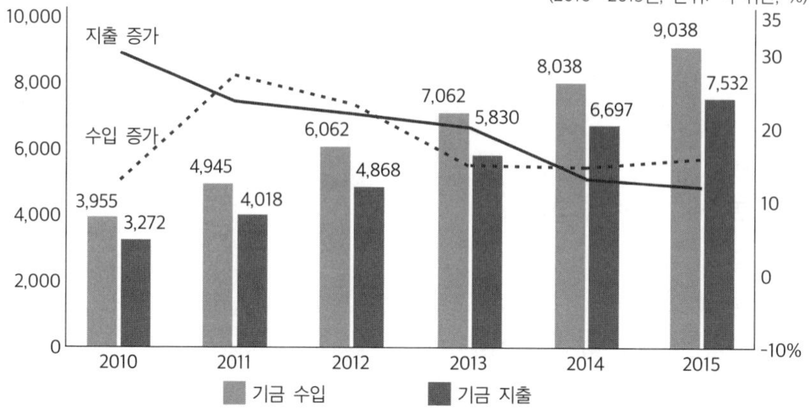

자료: 2010년부터 2015년까지의 인력자원·사회보장사업 발전 통계공보 정리.

2010년보다 3,310억 위안이 증가해 연평균 19.1%의 성장률을 기록했다. 개인계좌 수입은 3,397억 위안으로 전체 기금 수입의 37.6%를 차지했으며 2010년보다 1,818억 위안이 증가했고 연평균 16.6%의 성장률을 기록했다. 2015년 도시근로자 기본의료보험료 수입은 8,727억 위안, 재정보조금은 68억 위안, 이자 수입은 237억 위안, 기타 수입은 51억 위안으로 전체 수입에서 차지한 비율은 각각 96.6%, 0.75%, 2.6%, 0.56%를 기록했다.

2015년 도시근로자 기본의료보험기금 지출은 7,532억 위안으로 2010년보다 4,260억 위안이 증가해 연평균 18.1%의 성장률을 기록했다. 사회통합기금 지출은 4,654억 위안으로 2010년보다 2,621억 위안이 증가해 연평균 18%의 성장률을 기록했다. 2015년 도시근로자 기본의료보험 통합기금 적립금은 6,568억 위안으로 2010년보다 3,561억 위안이 증가해 연평균 16.9%의 성장률을 기록했다.

2015년 도시근로자 기본의료보험 가입자의 의료비는 7,887억 위안으로 2010년보다 4,310억 위안이 증가해 연평균 17.1%의 성장률을 기록했다. 입원·외래진료 1회 비용은 평균 163위안으로 2010년보다 38위안이 증가

해 연평균 5.5%의 성장률을 기록했다. 중병 외래진료 1회 비용은 471위안으로 2010년보다 73위안이 증가해 연평균 3.4%의 성장률을 기록했다. 입원진료 1회 비용은 1만 414위안으로 2010년보다 2,001위안이 증가해 연평균 4.4%의 성장률을 기록했다.

2) 도농주민 기본의료보험제도

2015년 말 도농주민 기본의료보험 가입자 수는 3억 7,689만 명으로 2010년보다 1억 8,161만 명이 증가해 연평균 14.1%의 성장률을 기록했다.[2] 도농주민 가입자 중 성인은 2억 3,346만 명으로 전체 가입자 수의 61.9%를, 초·중·고등학생 아동은 1억 2,046만 명으로 전체 가입자 수의 32%를, 대학생은 2,297만 명으로 전체 가입자 수의 6.1%를 차지했다.

2015년 도농주민 기본의료보험기금 수입은 2,109억 위안으로 2010년보다 1,755억 위안이 증가해 연평균 42.9%의 성장률을 기록했다. 그중 개인 보험료는 458억 위안(전체 기금 수입의 21.7%)으로 2010년보다 342억 위안이 증가해 연평균 31.5%의 성장률을 기록했다. 재정보조금(재정지원금 포함)은 1,585억 위안(전체 기금 수입의 75.2%)으로 2010년보다 1,354억 위안이 증가해 연평균 47%의 성장률을 기록했다. 2015년 1인당 평균 정부 보조급여는 360위안으로 2010년보다 240위안이 증가해 연평균 21.7%의 성장률을 기록했다. 2015년 도농주민 기본의료보험기금 지출은 1,781억 위안, 해당연도 적립금은 329억 위안이었다.

2015년 도농주민 기본의료보험 가입자의 의료비는 3,191억 위안으로 2010년보다 2,615억 위안이 증가해 연평균 40.8%의 성장률을 기록했다. 입원진료 1회 비용은 6,821위안으로 2010년보다 1,353위안이 증가해 연

---

[2] 도농주민 기본의료보험 가입자 수는 인력자원·사회보장부가 관리하는 도농 사회통합기금 주민기본의료보험 가입자를 포함한다.

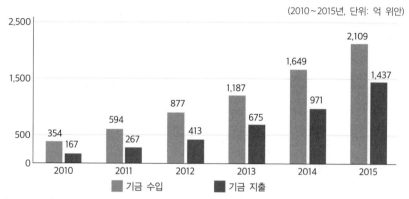

<그림 12-2> 도농주민 기본의료보험기금 수지 상황

(2010~2015년, 단위: 억 위안)

자료: 2010년부터 2015년까지의 인력자원 · 사회보장사업 발전 통계공보 정리.

평균 4.5%의 성장률을 기록했다. 가입자의 입원율은 10.4%로 2010년보다 5.9% 증가했다.

3) 신형 농촌 합작의료제도

신형 농촌 합작의료는 2003년부터 실시된 시범사업을 바탕으로 한다. 중앙재정으로 신형 농촌 합작의료 가입자에게 매년 1인당 평균 10위안의 보조금을 지원하고 지방재정으로 10위안 이상의 보조금을 지원하며 농촌 개인의 보험료는 매년 10위안 이상을 납부하는 등 3자가 공동으로 신형 농촌 합작의료기금을 조성한다.

　2005년 678개 현(시·구)에서 신형 농촌 합작의료사업을 전개했으며 가입률은 75.7%에 달했다. 2010년 말까지는 전국 2,678개 현(시·구)에서 신형 농촌 합작의료사업을 전개했고 가입률은 96.3%에 달했다. 아울러 신형 농촌 합작의료 사회통합기금의 급여 수준은 150위안으로 상승했다. 신형 농촌 합작의료제도는 점차 규범화와 제도화를 이루었다. 2015년 말까지 전국 신형 농촌 합작의료 가입자 수는 6억 7천만 명으로 가입률은 무려 98.8%에 달했다. 2015년 신형 농촌 합작의료 사회통합기금은 총 3,286억 위안, 1인 평균 기금 조성은 490.3위안이었다. 신형 농촌 합작의료 지출은 2,993억 5천만 위안이었다(朱铭来, 2016).

4) 의료구조제도

현재 의료구조제도는 주로 두 가지 형태로 제공된다. 첫째, 취약계층의 기본의료보험 가입을 지원해 기본의료의 문턱을 넘어 기본의료보험의 혜택을 누리도록 한다. 둘째, 직접부조를 제공하는 것으로 취약계층의 외래진료, 입원진료에서 발생하는 비용에 대해 정책범위 내에서 일정한 비율에 따라 보조금을 지급한다.

2015년 민정부의 지원으로 기본의료보험에 가입한 자는 6,634만 7천 명, 기본의료보험 가입지원으로 사용된 보조금은 61억 7천만 위안, 기본의료보험 가입지원금으로 1인당 평균 93위안이 지급되었다. 2015년 직접부조는 2,889만 1천 회가 지급되었는데 그중 입원진료 부조는 1,307만 9천 회, 외래진료 부조는 1,581만 2천 회가 지급되었다. 한편 직접부조로 236억 8천만 위안이 지출되었는데 그중 입원진료 부조로 28억 7천만 위안, 외래진료 부조로 28억 위안이 지출되었다.

〈표 12-2〉 전국 도농 의료구조 기본상황

(2010~2015년)

구분	직접부조(만 회)	기본의료보험 가입지원(만 명)	재정지출(억 위안)
2010	1,479.3	6,076.6	133.0
2011	2,144.0	6,375.1	187.6
2012	2,173.7	5,877.5	203.8
2013	2,126.4	6,358.8	224.9
2014	2,395.3	6,723.7	252.6
2015	2,889.1	6,634.7	236.8

자료: 2010년부터 2015년까지의 인력자원·사회보장사업 발전 통계공보 정리.

5) 보충의료보험제도와 상업건강보험제도

국무원의 〈도시근로자 기본의료보험제도를 수립하는 데 관한 결정〉에 따라 기본의료보험을 바탕으로 도시근로자 거액 의료보조금과 공무원 의료보조금 등 다양한 보충의료보험제도가 수립되었다.

2015년 말 보충의료보험 가입자 수는 2억 9,015만 명으로 2010년보다 9,062만 명이 증가해 연평균 7.8%의 성장률을 기록했다. 근로자 거액 의료비보조, 공무원 의료보조와 기타 보충의료보험 가입자 수는 각각 2억 2,878만 명, 1,938만 명, 4,198만 명이었다. 2015년 보충의료보험기금 수입은 720억 위안으로 2010년보다 439억 위안이 증가해 연평균 20.7%의 성장률을 기록했다. 보충의료보험기금 지출은 557억 위안으로 2010년보다 335억 위안이 증가해 연평균 20.2%의 성장률을 기록했다. 보충의료보험기금 적립금은 1,090억 위안으로 2010년보다 703억 위안이 증가해 연평균 23%의 성장률을 기록했다.

최근 상업건강보험제도는 빠른 성장을 보였다. 2014년 11월 국무원 사무실에서는 〈상업건강보험의 발전을 가속화하는 데 관한 몇 가지 의견〉을 발표했다. 이 〈의견〉은 새로운 시대에 맞춰 상업건강보험 업종의 발전을 추진하는 지도원칙에 해당한다.

2015년 건강보험 사업에서 보험료 수입은 2,410억 4,700만 위안으로 전년도 대비 51.87% 성장했고 동시기에 생명보험이 가장 빠른 성장세를 보였다. 건강보험업무 배상금과 지급금은 모두 762억 9,700만 위안으로 전년도 대비 33.58% 성장했다. 생명보험 중 상업건강보험이 차지하는 비율이 점차 증가하고 있는데, 2010년 6.4%에서 2015년 14.8%로 증가했다.

상업건강보험제도의 발전을 위해 2016년 1월 1일 정식적으로 개인세 우대형 건강보험 시범사업을 추진했다. 세금 우대정책의 효과가 나타나면 상업건강보험시장이 한층 발전할 것으로 예상된다.

4. 보건의료제도의 문제점 및 발전방향

1) 현행 보건의료제도의 주요 문제점

첫 번째로 지적되는 문제는 바로 관리체제이다. 현재 보건의료제도 관리체제는 여전히 도시와 농촌으로 이원화된 상태인데 이는 직접적으로 보건의료제도가 성숙하고 완비된 제도로 발전하는 데 부정적 영향을 미칠 뿐만 아니라 상당한 장애물로 작용한다. 역사적 원인으로 인해 의료보험의 발전과정은 도시에서 농촌으로, 근로자에서 비근로자로 확대·적용되었다. 또한 도시근로자 의료보험, 신형 농촌 합작의료와 도시주민 의료보험 순으로 수립되어 '삼원화'(三元化)된 의료보험제도가 형성되었고 이 제도들은 인력자원·사회보장부와 위생부 등 양대부처에 의해 관리된다.

이러한 제도 분할현상은 단순히 공평성문제뿐만 아니라 자원 분할과 정보 분할에도 영향을 미쳐서 심각하게 제도운영의 효율에 악영향을 초래했다. 관련 예측에 의하면 제도 분할로 인해 사회보험 중복 가입률이 도농주민 가입자의 약 10%를 차지하는 실정이다(郑功成, 2010). 국무원에서는 이미 도농주민 의료보험의 통합을 추진하는 정책 문서를 발표하였다. 그러나 이 문서에서는 아직 중앙정부의 기본의료보험 행정 주무부서가 명시되지 않아 일부 지방정부에서는 진행이 지체되고 있고 실질적으로 보건의료제도 개혁을 저해했다.

두 번째 문제는 기금 조성시스템에 관한 것으로, 보건의료기금 조성시스템은 여전히 불안정하고 표준화되지 못해 기금 조성구조의 불균형 등이 문제점으로 지적되고 있다. 기금 조성구조의 불균형은 세 가지 의료보험제도에 동일하게 존재하는 공통문제로, 현재 기업·정부 책임과 개인 책임이 불균형해서 전자의 책임이 크고 후자의 책임이 작은 편이다. 비율로 나타내면 기업·정부 책임과 개인 책임의 비율은 3 : 1~4 : 1 정도 되는데 이러한 책임 불균형은 제도의 공평성을 파괴했을 뿐만 아니라 제도의 안정성에도 악영향을 미쳤다. 도시근로자 의료보험에는 여전히 재직자만 보험료를 납부하고 퇴직자는 보험료를 납부하지 않는다. 이것은 책임전가와 지속가능성 문제를 초래했다. 개인계좌가 실시되고는 있지만 대규모 계좌적립금은 위험 분산에 그다지 유리하지 않고 제도의 저효율성, 심지어 비효율성을 초래할 수 있다. 도농주민 의료보험기금 조성문제는 동일한 액수를 납부해서 기금을 조성하는 형태인데 이러한 방식은 소득 기준과 욕구에 근거하여 의료보험기금 조성 기준을 확정하는 공평성 원칙에 위반되어서 저소득층 보조금과 고소득층 역방향성을 초래했다.

세 번째 문제는 보험료 지급에 관한 것이다. 전체적으로 보건의료제도의 보장성은 낮은 편이고 중병·특수질병 보장시스템이 결여되어 있다. 최근 몇 해 동안 보건의료제도의 적용범위가 확대되고 있지만 전체 보건의료제도의 보장성이 매우 낮아 개인이 여전히 의료비 중 상당 부분을 자비로 부담하고 있는 실정이다. 이러한 '진료비가 비싼' 현상은 민생문제로 불거지기도 한다. 심지어 일부 주민은 '질병으로 빈곤에 빠지거나' 혹은 '질병으로 빈곤에서 벗어나지 못하는' 문제를 겪고 있다.

동시에 의료위생자원이 도농 간, 지역 간에 불균형적으로 분포한다는 문제가 있다. 우수한 의료자원은 주로 발달지역에 집중되어 있다. 의료자원 편중으로 인해 낙후된 지역과 농촌지역 주민은 제때에 편리하게 의료서비스에 접근할 수 없다. 도시주민 역시 '진료받기 힘든' 상황은 마찬가지이다. 2012년 도농주민 중병보험의 시범사업이 실시되었는데 목표는 주민의 '재난성 의료비 지출'을 완화하는 것이었다. 그러나 이 제도를 위한 독립적인 기금 조성시스템이 결여되었기 때문에 기본의료보험의 '제2차 정산'에 불과했으며 실제적으로 그 기능에 의구심이 제기되었다.

네 번째 문제는 법제화 건설이다. 여기에서 주로 제기되는 문제는 세분화된 규정의 미흡과 불명확한 책임소재이다. 〈사회보험법〉의 반포·실시는 사회보험의 법률·법제체계를 완비하는 데 기본적 법률기초가 되었다. 그러나 의료보험과 관련된 법규와 실시 세칙이 제때에 마련되지 않아 의료보험 영역의 개혁 집행력에 근거가 결여되었고 의료보험 관련 정책을 철저하게 이행할 수 없었다.

2) 보건의료제도의 발전방향

첫 번째 발전방향은 제도 통합의 추진이다. 보건의료제도의 발전목표는 전 국민 의료보험제도이다. 도농주민 의료보험제도의 통합은 전 국민 보건의료제도 수립의 첫 단계이자 매우 중요한 단계이다. 조건에 부합하는 지역에서는 주민 기본의료보험과 도시근로자 기본의료보험의 통합을 추진하도록 지원해야 한다. 이러한 과정에서 의료보험관리체제와 사무시스템의 통합은 체계적으로 전 국민 의료보험제도를 개선하는 것이자 행정적 책임소재를 명확히 묻는 전제이기도 하다. 사회의료보험 사무를 통일적으로 사회보험 행정부서에서 관리하는 것은 전 국민 의료보험제도의 목표에 부합되고 〈사회보험법〉의 법률규정을 준수하는 것이며 대다수 지역의 실천적 경험에 부합되는 이성적 제도 선택이다.

두 번째 발전방향은 제도 설계의 최적화이다. 우선, 기금 조성시스템을 한층 개선하여 합리적으로 의료보험기금의 조성책임을 분담해야 한다. 여기에는 균형적인 고용주 혹은 정부와 가입자의 납부 분담과 퇴직자의 점진적 납부 의무가 포함되어야 한다. 둘째로, 통합기금단계를 향상시켜 전면적으로 시(市)급 의료보험 통합기금을 실현한 후, 성(省)급 통합기금으로 나아가 지역 간의 공평성을 증진시켜야 한다. 셋째로, 도시근로자 기본의료보험 중 개인계좌의 문제를 해결해야 하는데 전면적으로 개인계좌 신설을 중지하고 원래 계좌기금을 중병보험과 장기요양보험 등을 구매하는 데 사용하여 의료보험제도의 효율을 향상시켜야 한다. 마지막으로, 의료보험

지불방식을 개혁하여 의약과 의료서비스 가격판정시스템을 확립해서 의료 측과 환자 측이 공동으로 의료가격을 조절하도록 독려해야 한다.

세 번째 발전방향은 입법 추진의 가속화이다. '법치 의료보험'을 건설하여 법에 따라 이행하는 분위기를 형성해야 한다. 법치 의료보험의 전제조건은 법제 완비이다. 완비된 의료법제로 법률, 법규, 규장, 정책성 문서 등으로 구성된 의료보험 법률체계를 구축하여 입법과 집행, 집행과 감독, 조사가 서로 결합된 효과적인 체계를 구성해야 한다. 이에 따라 의료보험과 관련된 제반 영역과 행위를 전면적으로 법에 의거하여 실시해야 한다. 최대한 빨리 〈사회보험법〉을 수정하여 의료보험과 관련된 법률을 세부적으로 규정하고 구체적 정책과 행동방안을 제정해야 할 것이다.

네 번째 발전방향은 '삼의'(三醫, 의료보험, 의료, 의약품) 연동의 강화이다. 의료 개혁은 이미 핵심부에 들어서 다양한 개혁정책이 제시되고 있다. 그러나 분할적 추진과 분산적 시범사업으로 인해 의료보험, 의료, 의약품 등 삼의 간의 관계가 체계적이지 못하고 유기적으로 연동하지 못한다. 이러한 상황 아래에서 삼의 연동의 강화는 전면적 의료 개혁의 심화를 의미하는 것이자 '건강중국'을 건설하는 돌파구가 된다. 삼의 연동은 일부 지역에서 우선 시범사업으로 실시될 수 있는데, 집중적으로 난관을 극복함으로써 의료보험제도의 최적화, 공립병원 개혁과 위생자원의 합리적 배치, 의약가격 개방과 시장 관리·감독 표준화 추진이 가능하며 협력하여 관련 조치를 개선하여 '삼의'의 선순환을 실현할 수 있다.

5. 맺음말

중국 보건의료제도는 전통적 '제도 분할구조, 폐쇄적 운영'의 공비의료, 노동보험의료와 농촌합작의료의 삼원체계에서 현행 사회화된 도시근로자 기본의료보험, 도시주민 기본의료보험과 신형 농촌 합작의료의 삼원체계로 전환됨으로써 보건의료제도 개혁에 있어 거대한 성과를 이루었다. 그렇지만 제도 설계, 관리체제와 운영시스템 등에서 여전히 많은 문제가 존재하며 근본적으로 도농주민의 '진료받기 힘들고, 진료비가 비싼' 문제를 해결하지 못하고 있는 실정이다. 2016년 8월 중국정부는 정식적으로 '건강중국 2030' 전략을 발표함으로써 더욱 공평하고 효율적이며 지속가능한 제도로의 발전을 도모하고 있고, 제도 통합과정을 가속화하고 제도 설계를 최적화하고 법제 건설을 강화하며 '삼의' 연동 개혁을 추진하고자 한다.

■ 참고문헌

해외 문헌

郑功成(2008).《中国社会保障30年》. 北京: 人民出版社.
_____(2010). 中国医疗保障改革与发展战略: 病有所医及其发展路径. 东岳论丛, 2010年10月.
_____(2015). 理性促使医保制度走向成熟: 中国医保发展历程及'十三五'战略.〈中国医疗保险〉, 2015年第12期.
韩凤(2014). 中国医疗保险制度的历史沿革.〈中国医疗保险〉, 2014年第6期.

기타 자료

朱铭来(2016). 多层次解决重特大疾病医疗保障待遇研究报告. 中国医疗保险研究会.
卫生部统计信息中心(2009). 2008年第四次中国卫生服务调查分析报告.
人力资源社会保障部. 人力资源和社会保障事业发展统计公报.
民政部门户网站. 社会服务发展统计公报.

13

여성사회보장제도

1. 머리말

중국의 여성사회보장제도는 여성을 주요 대상으로 하는 사회보장제도 그리고 사회보장제도 중 남녀 간의 이익차별에 관한 제도이다. 이 정의에 따르면 중국 여성사회보장제도는 주로 생육(生育, 이하 출산) 보험제도, 여성근로자 노동보호제도, 여성과 취업보장, 여성과 연금보험, 여성과 의료보험, 여성복지제도 등을 포함한다(潘锦棠, 2002a).

출산보험제도는 출산사고 발생 시 출산을 책임지는 당사자에 대하여 소득보상, 의료서비스, 출산휴가를 제공하는 사회보장제도이다. 여성근로자 노동보호제도는 직장에서 여성에게 일반 생리적 보호와 출산보호를 실시하는 직원복지제도이다. 여성복지제도는 여성에게 물질적, 문화·정신적 복지를 제공하는 제도이다. 물질적 복지로는 각종 수당(가령 모친수당)과 복지항목(가령 여성보호소와 정신재활원 등으로, 여성보호소는 주로 가정폭력을 당한 부녀자를 위한 곳이고, 정신재활원은 성범죄 피해여성을 돕는 곳)이 있으며, 문화·정신적 복지는 휴일제정(가령 부녀자 휴일) 등을 포함한다(潘

錦棠, 2002a).

　여성사회보장제도 중 출산보험제도와 여성근로자 노동보호제도는 그동
안 빠르게 발전했다. 일부 책에서는 아동사회보장제도와 여성사회보장제
도가 함께 저술되는데, 출산보험은 여성뿐만 아니라 아동에게도 혜택이 주
어지므로 서로 중복되는 부분이 있기 때문이다. 여기에서는 주로 출산보험
제도와 여성근로자 노동보호제도의 발전변화, 현황 그리고 이 두 제도를
둘러싼 쟁점을 다루고자 한다. 이 밖에도 주로 여성의 취업차별 예방을 목
적으로 하는 일부 여성취업보장과 관련된 내용도 다소 포함할 것이다. 예
를 들어 성별에 의한 여성고용 거절, 임신기간 혹은 수유기간 중 여성근로
자 근로계약 해지 금지 등과 일부 여성복지와 부조항목에 관한 사항이다.

2. 출산보험제도

1) 출산보험제도의 발전과정

(1) 계획경제시기의 출산보험제도

신중국 성립 초기에 출산보험제도가 수립되었다. 전국적으로 통일된 최초
의 사회보장법규인 〈노동보험조례〉에서 적용 대상자는 '여성근로자'였다.
또한 1955년 4월 26일 국무원이 통과한 〈여성근로자의 출산휴가에 관한
통지〉는 '공공기관에서 근무하는 여성근로자'도 대체로 비슷한 제도에 적
용될 수 있다고 규정하였다.

　문화대혁명(1966~1976년) 동안 출산보험제도에 변화가 생기기 시작했
다. 사회보험은 기업보험으로 바뀌었으며 기업은 해당 기업의 근로자만
을 책임졌다. 전국적으로 기금을 조성하는 상호협력시스템 역시 작동되
지 않았다.

(2) 개혁과정에서 출산보험제도 개혁

1991년 전국총공회는 노동부에 〈여성근로자 출산보장제도 개혁문제에 관한 건의〉를 제출하였다. 당시 "여성근로자의 출산기간 비용 중 출산 전 휴직, 출산휴가, 수유로 인한 결근·지각 등과 관련된 급여와 출산 관련 의료비는 전부 여성근로자가 종사하는 기업에서 지불한다"는 규정은 체제 전

〈표 13-1〉 출산보험제도의 주요 내용

	기업근로자 출산보험		주민 출산보험(일부 지방 실시)
적용 대상	기업근로자와 미취업 배우자		기본의료보험 가입 주민
납부책임	사업체에서 납부(급여 총액의 1%를 초과하지 않음)하며, 개인은 납부하지 않음		주민의료보험 납부 규정은 개인 납부 + 정부 보조금
급여·혜택과 자격조건 (출산 보험정책의 규정 외에 급여 대상자는 반드시 〈혼인법〉과 계획출산정책 규정에 부합해야 함)	즉, 근로자는 출산의료비와 출산수당 혜택을 받을 수 있음. 1) 출산의료비는 다음 각 항목을 포함. 출산의료비, 출산계획의 의료비, 법률·법규에 규정된 기타 항목 비용. 2) 여성근로자는 출산휴가, 난관수술 휴가와 법률·법규에서 규정한 기타 상황에서 혜택을 받을 수 있고, 휴가기간의 출산수당은 근로자가 종사하는 사업체에서 전년도 근로자 월평균 급여에 따라 지급(이미 출산보험에 가입한 자에 대해서는 사업체의 전년도 월평균 임금 기준에 따라 출산보험기금을 지출하고, 아직 출산보험에 가입하지 않은 자에 대해서는 여성근로자 출산휴가 전 급여의 기준에 따라 사업체에서 지급하며, 근로자의 미취업 배우자는 규정에 따라 출산의료비 혜택만 받을 수 있음).		주민은 출산의료비를 청구할 수 있다
출산의료비, 계획출산 의료비의 규정	1) 출산의료비: 검사비, 출산비, 수술비, 입원비와 약품비, 출산 퇴원 후 출산으로 인한 의료비 2) 계획출산 의료비: 계획출산에 의한 자궁 내 피임기구 사용(제거), 낙태, 분만촉진술, 중절수술과 재수술에서 발생한 모든 의료비용		내용과 방법은 지방정책을 참고함
휴가 규정	2012년 〈여성근로자 노동보호특별규정〉: 출산휴가를 원래 90일에서 98일로 연장(그중 출산 전 15일), 난임·쌍둥이 출산 보호, 출산휴가 증가, 유산 역시 일정 시간의 휴가 제공. 계획출산수술 휴가와 계획출산장려 휴가는 계획출산정책을 참고.		없음

자료: 潘锦棠(2011).

환 이후 기업경영체계와 상충되었다. 이는 상당수 여성근로자를 고용한 기업에 부담이 되었으며 이러한 기업은 시장경쟁에서 불리해졌다. 일부 기업에서는 여성근로자를 채용하길 원치 않거나 혹은 여성근로자에게 퇴사를 종용하기도 하였다. 예를 들어 1987년 전국총공회 여성근로자부처에서 전국 11개 성·시 10개 업종 660개 기업에 대한 조사에 따르면, 남녀 모두에게 적합한 직장 중 88.2%의 기업 최고경영자(CEO)가 여성근로자를 채용하길 원치 않았다. 주된 이유로는 '해당 기업이 출산보장을 강제적으로 책임지는' 제도 아래 여성근로자의 출산기간 중 각종 비용이 기업의 경제적 이익에 손해가 되기 때문이라고 밝혔다.

1994년 12월 노동부에서는 〈기업근로자 생육(출산) 보험 시행조치〉를 발표하였고 전국적으로 통일된 여성근로자의 출산보험기금 조성방안이 마련되었다. 이후 출산보험제도의 내용은 2010년 공포된 〈사회보험법〉에서 한층 강화되었다. 2010년 도농주민에 대한 출산보장정책도 일부 지방에서 수립되기 시작하였다.

2) 출산보험제도에 관한 쟁점

첫째, 남성출산휴가에 관한 쟁점이다. 대다수 서구(특히, 북유럽)국가와 달리 중국에는 남녀 모두가 누릴 수 있는 육아휴가제도가 마련되지 않았다. 중국 남성출산휴가는 계획출산정책에 규정되었는데 노산부부에 대해 '계획출산장려휴가'(각 성의 인구·계획출산조항 참조)가 제공된다. 티베트(西藏)와 지린(吉林)성을 제외하고 기타 성·시의 계획출산조항에는 모두 남성출산휴가가 규정되었는데 일반적으로 5~15일 사이이다(보편적으로 7일, 10일, 15일 적용). 특히, 남성출산휴가 기간은 상하이(上海)가 가장 짧은 반면(3일), 허난(河南)성이 가장 길다(1개월, 刘明辉, 2012). 이는 허난성이 인구통제에 대한 정책적 힘이 강한 편임을 의미한다.

휴가기간 동안 일부 성은 규정에 따라 급여와 서비스를 제공하지만 대부분의 성은 휴가기간의 급여보상에 대한 자세한 규정을 마련하지 않았다. 또한, 현 출산보험제도 내 남성근로자에게 납부의무가 있지만 계획출산수술휴가의 권리만 있을 뿐 육아휴가의 권리는 없다. 여러 연구자는 이런 현상에 주목하여, 중국이 서구국가의 육아휴가제도를 벤치마킹하여 남성에게 아이를 돌볼 수 있는 권리(남성출산휴가 혹은 남성육아휴가)를 제공해 성평등을 한층 촉진할 수 있도록 호소하였다(刘文明·段兰英, 2006; 刘娟·黄柳梅, 2011).

둘째, 출산보험제도의 적용범위가 낮다. 정부 관계자의 공언에도 출산보험제도의 적용범위는 2010년 말 현재 90%에 미치지 못한다. 도시의 모든 취업인구를 포함한다면 출산보험제도의 적용률은 매우 낮은 편이다. 2008년 출산보험 가입자 수는 도시 취업자 수의 28.8%를 차지했고 2010년 35.6%로 증가했으며 2014년 43.3%로 증가했다.[1] 이것은 상당수 도시 취업자가 현실적으로 출산보험제도에서 배제되고 있음을 의미한다. 충칭(重庆)시 룽창(荣昌)현을 예로 들면 2009년 1월부터 8월까지 총 59개 사업체가 출산보험에 가입했고 출산보험료로 118만 위안을 납부해야 하는데, 실제 납부는 66만 위안에 그쳐 납부율은 56%를 기록했다(李学英, 2010). 비정규직, 유동인구, 미취업인구와 농촌주민까지 포함해 계산하면 출산보험의 적용률은 더욱 낮아질 것이다. 비정규직근로자와 농촌주민은 오랫동안 출산보험제도에서 배제되었다(杨连专, 2010).

이 밖에도 출산보험제도의 '속지(屬地) 관리'의 특성상, 많은 지방에서 본지 호적이 아닌 여성근로자는 출산보험에서 배제되었다. 베이징시를 예로 들면 상당수 외지 호적 여성근로자는 출산보장을 누릴 방법이 없다(邓大松·刘昌平, 2013. 7). 노동인구 유동량이 많은 현 상황(2016년 말 농민공

---

1) 각각 2008년도, 2010년도, 2014년도 국가통계국 데이터를 기반으로 산출한 결과이다.

은 약 2억 7천만 명)에서 많은 유동인구가 호적제한으로 인해 출산보험제도의 사각지대에 놓여있다.

셋째, 출산보험제도와 의료보험제도의 합병 추진에 관한 논쟁이다. 2010년부터 난징(南京)시, 창춘(長春)시, 난퉁(南通)시, 후이저우(惠州)시, 신샹(新乡)시 등 일부 지방정부에서는 출산정책에 부합하는 도시주민의 출산비용(출산 전 검사비와 출산비 포함)을 의료보험기금에 청구할 수 있다. 즉, 의료보험에 가입된 도시주민은 출산할 경우에 의료보험제도에서 일부 출산의료비를 보상받을 수 있다. 또한 청두(成都)시(2010년)와 톈진(天津)시(2013년)에서 발표한 도농주민의 출산보험제도는 농촌주민에게도 적용되었는데, 도농주민 의료보험에 가입한 모든 주민은 출산할 경우 출산비를 청구할 수 있을 뿐만 아니라 출산과 관련한 기타 비용까지 청구할 수 있다(예를 들어, 출산과 의료비용, 계획출산수술비용 등).

이러한 일부 지방정부의 각종 시범사업으로 인해 현재 중앙정부 역시 출산보험제도와 의료보험제도의 합병문제를 신중히 고려하기 시작하였다. 2015년 국무원의 각 지방 출산보험료율 0.5% 인하 요구와 2016년 4월 인력자원·사회보장부와 재정부의 〈사회보험료율의 단계적 인하에 대한 통지〉 이후, 출산보험제도와 의료보험제도의 합병 실시사업을 제시하였다. 현재 국무원이 관련 규정을 정식으로 제정한 후 통일적으로 조직·실시하기를 기다리고 있다(〈新华日报〉, 2016. 4. 21). 또한 인력자원·사회보장부, 재정부와 위생계획출산위원회가 합병 실시 시범사업 방안을 연구 중이다. 기본계획은 원래의 출산보험 혜택항목을 보류한 채(출산비 보조와 출산휴가 보조 포함), 양대보험의 통일된 납부등록과 기금관리를 실시하는 것이다.

출산보험제도와 의료보험제도의 합병은 과거 출산보장에서 배제되었던 도농주민도 출산의료비의 혜택을 누리게 하려는 목적이 있다. 이 밖에도 출산보험제도에서 배제되었던 많은 도시근로자(예를 들어 유동인구, 비정규직근로자와 출산보험료를 납부하기 원치 않는 사업체의 근로자) 모두 일정한 수

준의 출산보장을 누릴 수 있게 될 것이다(潘锦棠, 2001). 현재의 기본계획
은 합병한 이후 근로자의 출산보조금을 보류하는 방향이다.

넷째, 출산보험료율의 인하에 관한 논쟁이다. 출산보험제도와 의료보험
제도의 합병 추진 외에 출산보험료율의 인하를 추진 중이다. 최근 출산보
험기금은 계속 팽창하고 있지만 지역의 적립금이 불균형적이다. 또한 대다
수 정책결정자와 학자는 출산보험기금이 심각한 팽창상태에 있으므로 보
험료율을 인하할 수 있다고 주장한다(〈新华日报〉, 2016. 4. 21). 2015년
국무원에서는 각 지방에 출산보험료율을 '1% 이하에서 0.5% 이하' 납부
로 수정할 것을 요구하였다.

3. 여성근로자 노동보호제도

1) 여성근로자 노동보호제도의 주요 내용

1988년에 반포된 〈여성근로자 노동보호규정〉은 2012년 〈여성근로자 노
동보호특별규정〉으로 개정되었다. 주요 보호항목은 다음과 같다. 첫째,
'일반보호'는 여성근로자의 노동, 안전, 위생을 개선하는 조건으로서 여성
근로자에게 자신의 건강에 해를 끼치는 직장(광산 갱내 작업장 등 4급 체력을
요하는 근무강도와 같이 체력을 많이 소모하는 직장)을 금지하였다.

둘째, '3기 보호'는 월경기, 배란기, 모·수유 기간의 근로를 금지하였
고 임신 혹은 만 1세 미만 유아를 가진 여성근로자의 노동을 줄이거나 혹
은 기타 적응할 만한 작업에 배정했다. 사업체는 여성근로자의 임신, 출
산, 모·수유 기간 동안 그들의 임금을 낮추거나 해고하거나 이로 인해
노동 혹은 고용계약을 해지할 수 없으며, 임신한 여성근로자가 근무기간
내 출산 전 검사에 소요되는 시간 혹은 모·수유시간을 노동시간으로 간

주하였다.

셋째, 사업체에게 여성을 위한 위생시설을 설치할 것을 권고했다. 여기에는 여성화장실, 모·수유실, 보육시설 등이 포함된다(潘锦棠, 2002b).

2001년 7월부터 2002년 7월까지 베이징시 일부 국가기관에서 여성근로자 노동보호 현황에 대한 조사를 실시했고, 90% 이상 사업체가 여성근로자에게 4급 노동, 광산 갱내 작업, 유독·유해한 일, 월경기 여성에 적합하지 않은 모든 '고공', '저온', '냉수' 등 3급 근무강도의 일은 배정하지 않는 것으로 나타났다. 또한 여성근로자에게 정기 건강검진을 실시한 사업체는 68.4%를, 여성근로자에게 정기 산부인과검진을 제공하는 사업체는 66.3%를 차지했다. 여성근로자 위생설비를 갖춘 사업체는 345개로 32.2%를 차지했다. 이 밖에도 여성근로자의 조사 결과를 따르면 여성근로자에게 정기적으로 출산 전 검사를 제공한 사업체는 8%를, 여성근로자에게 출산 전 검사시간을 근로시간으로 인정한 사업체는 73.4%(국가기관, 준공공기관과 국유기업은 80%를 차지함)를, 여성근로자에게 출산휴가를 제공한 사업체는 95%를 차지했다(潘锦棠, 2005).

2) 여성근로자 노동보호제도를 둘러싼 논의

2012년 여성 노동보호제도의 개정은 주로 다음과 같은 내용을 포함한다. 첫째, 개정 이전 "여성근로자의 임신기, 출산기, 모·수유기에 기본임금을 낮춰서는 안 된다"는 항목 중 '기본임금'을 '임금'으로 개정하였다. 기본임금이 임금에서 차지하는 비율이 점차 낮아지는 상황에서 이러한 수정안은 여성 이익을 보호하는 것으로 보인다.

둘째, 개정 이전 "출산휴가기간 동안 임금을 원래대로 지급한다"는 조항을 "출산보조금을 지급받는다"라고 개정했다. 그러나 실질적으로 사회보험기관에서 '출산보조금'을 지급할 때 '근로자가 소속된 사업체에서 매월 지급한 평균 월급'(많은 사업체에서 노동력 원가를 줄이기 위해 지급하는 월급이 직원의 실제 월급보다 낮은 경우가 많다)의 비율에 따라 지급하여, '출산보조금'이 개정 이전의 '출산휴가임금'보다 훨씬 적어졌다(刘明辉, 2012). 일부 지방정부에서는 여성의 출산보조금이 더 낮아지지 않도록 출산보조금을 여성의 출산 전 임금보다 높게 규정하였고, 사업체는 공제할 수 없도록 하였으며, 여성근로자의 출산 전 임금보다 적게 지급한 사업체는 그 차액을 전부 보충하도록 지시하였다.

이 밖에도 보호범위가 "자영업자와 기타 사회조직 등의 사업체와 그 여성근로자"까지 확대·적용되었고 사업체는 더 이상 의무적으로 어린이집 및 유치원을 제공하지 않았으며 정치와 사업체를 분리하는 추세에 순응하였다.

1988년의 여성근로자 노동보호정책이나 2012년 개정 이후 정책은 모두 노동보호원가(가령, '3기 보호' 내에서 여성근로자의 근로시간이 감소하고 근무 강도가 경감되어도 임금은 감소되지 않는 데 따른 원가, 일을 바꿔주고 출산휴가 기간에 일자리를 채우는 등으로 인한 관리원가, 그리고 사업체가 여성근로자를 위해 근로환경을 개선하는 데 소비하는 원가)를 사업체가 전부 감당하도록 규정했다. 이것은 여성근로자를 채용하는 사업체가 여성근로자를 채용하지 않는 사업체보다 고용원가를 더 많이 부담해야 함을 의미한다. 말하자면 사업체는 여성을 채용하지 않거나 혹은 여성의 취업문제에 직면한다. 그래서 일부 학자는 여성근로자의 노동보호 비용과 다음으로 제시할 여성취업보호 비용(임신·출산기의 근무 조정, 대체 등에 따른 관리원가)을 출산휴가임금처럼 사회화 분담을 통한다면 사업체 자체를 강화할 뿐만 아니라 사업체가 여성근로자를 채용하기 원치 않는 국면에 치닫는 현상을 줄일 수 있다고 주장한다(潘锦棠, 2009).

여성근로자 노동보호제도를 둘러싼 논의는 다음과 같다. 첫째, 취업에 있어 성차별 반대이다. 2010년 11월 1일 실시한 6차 전국 인구센서스 통계자료에 따르면 18세부터 64세까지 인구 중 여성의 경제활동참여율은 71.1%, 남성의 경제활동참여율은 87.2%로 조사되었다. 그중 도시에서 여성의 경제활동참여율은 60.8%, 남성의 경제활동참여율은 80.5%를 기록한 반면, 농촌에서 여성의 경제활동참여율은 82.0%, 남성의 경제활동참여율은 93.6%를 기록했다. 중국의 통계관례에 따르면 농업에 종사하는 성인남녀는 모두 취업으로 간주하기 때문에 농촌여성의 경제활동참여율은 도시여성의 경제활동참여율보다 높게 나타난 것이다.

미취업자 중 가사를 전담하는 여성은 40.5%인 것에 반해, 가사를 전담하는 남성은 7.1%에 불과했다. 아울러 18~64세 인구는 연령대를 막론하고 남성의 경제활동참여율이 여성의 경제활동참여율보다 높았다. 전체적으로 계획경제 시기보다 도시남녀 간의 경제활동참여 현황에 격차가 늘어났다. 이러한 상황은 성 평등주의자의 우려를 사고 있다. 일부 페미니스트는 정부가 '취업 성차별' 반대에 앞장설 것을 호소하고 있다.

지금까지 중국정부는 여성의 취업권리보호에 있어 '결혼, 출산기 여성'의 취업차별을 해소하기 위해 노력해왔다. 〈부녀자권익보장법〉(1992년, 2005년)은 '취업 성차별'에 대해 규제한다(〈표 13-2〉 참조).

'여성의 취업기회 평등'의 내용과 '여성근로자 노동보호'와 관련한 정책 법규를 비교하면, 후자가 전자보다 구체적이고 더 잘 갖추어졌음을 알 수 있다. 그동안에는 여성의 취업기회 평등보호가 경시된 반면 여성의 노동보호가 중시되었다(郭延军, 2013). 앞서 언급한 바와 같이 여성근로자를 위한 특수보호로 인해 사업체는 여성보다 남성을 고용하는 것을 더 선호하였다. 취업기회 평등이 효율적으로 보장될 수 없는 상황에서 여성근로자의 노동보호조치는 점점 강해지면서 여성의 취업기회는 실제로 점차 줄어들고 있다.

이 밖에도 일부 학자는 지금까지 중국법률이 여성근로자에게 출산기간에만 취업보호를 제공하고, 구직여성에게는 유사한 보호조치조차 없음을

〈표 13-2〉 1992년과 2005년의 〈부녀자권익보장법〉 비교

	1992년 〈부녀자권익보장법〉	2005년 〈부녀자권익보장법〉
취업차별에 대한 규제 (주로 사업체가 여성근로자의 결혼, 출산에 대해 차별할 수 없음을 규정)	모든 사업체가 여성근로자를 고용할 때 부녀자에게 합당하지 않은 일 혹은 부서를 배정하는 것 외에도 성별을 이유로 부녀자 고용을 거절하거나 혹은 부녀자에게만 고용 기준을 높여서는 안 된다.	모든 사업체가 여성근로자를 고용할 때 반드시 법에 의거하여 그 노동(임용)계약 혹은 서비스 계약을 체결해야 하며, 노동(임용)계약 혹은 서비스 계약 중 여성근로자의 결혼, 출산에 대한 내용의 제한을 규정해서는 안 된다.
	어떠한 사업체라도 결혼, 임신, 출산휴가, 모·수유 등을 이유로 여성근로자를 해고하거나 혹은 일방적으로 노동계약을 해지할 수 없다.	어떠한 사업체라도 결혼, 임신, 출산휴가, 모·수유 등의 상황으로 인해 여성근로자의 임금을 감소하거나, 여성근로자를 해고하거나, 일방적인 노동(임용)계약 혹은 서비스 계약을 해지할 수 없다. 모든 사업체는 법정 퇴직제도를 실행할 때 성별에 의해 부녀자를 차별을 해서는 안 된다.
	승진, 진급, 전문기술직무 평가 등 방면에서 반드시 남녀평등의 원칙을 지키며 부녀자를 차별해서는 안 된다.	

지적했다. 예를 들어 법률은 '사업체가 구직여성을 대상으로 실시하는 혼인과 출산 조사'나 '사업체가 임신을 이유로 여성구직자 고용을 거절하는' 행위에 대해 명확하게 금지한 규정이 없다(潘錦棠, 2014). 법률은 '성별을 이유로' 여성채용을 거절하거나 혹은 여성고용의 기준을 높여서는 안 된다고 규정한다. 그러나 이 조항은 실질적으로 사업체의 '채용 일환의 출산 경시행위'를 효율적으로 제약하지 못한다. 일부 성별 취업경시에 대한 조사와 신문보도에서는 사업체가 구직여성의 혼인·출산계획을 확인하고 강제로 구직여성에게 임신검사를 실시하며 명확히 혹은 음성적으로 임신을 이유로 여성채용을 거절하는 행위가 매우 보편적이어서 법률로 규정하기 매우 힘들다고 밝혔다. 이러한 현상에 대해 법률을 개선하여 "사업체가 근로자를 채용할 때 구직자의 결혼, 임신 등 상황조사"를 금지해야 한다고 주장하는 한편, 정부가 기업을 도와 임산부 채용을 수용해서 경제손실을 분담할 것을 건의했다.

둘째, 출산보험제도와 보육서비스 등 여성취업 지원이다. 앞서 언급한 취업 성차별 반대가 여성에게 평등한 취업기회 제공을 보장하였듯 출산보험제도와 보육서비스의 발전 역시 여성에게 취업기회를 제공하였다. 비농업 분야에 종사하는 여성근로자 6,687명을 대상으로 실시한 중국부녀자 사회지위조사 결과에 따르면, 출산보험 수준(여성이 출산할 때 의료비 청구 비율과 출산휴가기간 소득 수준)은 여성이 출산할 경우에 일을 중단(6개월 이상 일을 하지 않고 노동소득이 없는 경우)할 가능성에 상당한 영향을 미친 것으로 조사되었다(黃桂霞, 2014). 다시 말해, 출산보험제도에서 제공하는 경제보상 수준이 높을수록 여성이 출산기간 동안 일을 중단하는 비율은 감소했다.

이 밖에 보육서비스의 발전도 여성의 취업기회를 제공하였다. 계획경제 시기에 중국정부는 사업체에서 모친의 육아부담을 경감하여 일자리 기회를 제공하기 위해 보육시설을 개설할 것을 독려했다. 당시 대다수 보육시설은 보편적 복지로 보육 관련 비용은 정부와 사업체의 몫이었다. 그러나 개혁개방 이후 중국정부는 보육서비스의 사회화와 시장화를 추진하기 시작했다. 이로 인해 사업체가 제공했던 보육서비스가 '가정의 부담'으로 바뀌었다(和建花·谭琳·蒋永萍, 2008. 12).

베이징시와 상하이시의 조사결과에 따르면 개혁개방 이후 3세 이하 아동을 대상으로 하는 보육시설 수는 급격히 감소했다. 베이징시의 경우, 정부와 직장, 가도(街道, 주민과 관련한 사무소) 등에서 운영하던 보육시설은 사라져 버렸다. 한편 3세 이하 아동을 대상으로 하는 사립 유치원이 등장하였는데 고소득가정에서만 이를 이용하고 있다. 2010년부터 중국정부는 3세 이하 아동을 대상으로 하는 보육서비스의 균등화와 보급화를 추진하고 있지만 지금까지도 3세 이하 아동을 대상으로 하는 보육서비스는 아직 보편화되지 않은 실정이다. 3세 이하 아동의 돌봄을 도울 시설이 부족하여 여성인구가 취업난을 겪는 현실을 간과할 수 없다.

4. 맺음말

많은 학자가 출산으로 인해 여성이 취업에 방해를 받는 것은 불공정하다고 여기지만 정책상 견해는 차이를 보였다. 일부 여성학자는 "사업체가 임신한 여성근로자의 채용을 꺼리는 것은 여성에 대한 경시"라고 여겨 성 평등의 개념으로 사업체의 이러한 행위를 근절할 것을 건의했다(刘伯红, 2014. 7. 22). 그러나 다른 일부 학자는 중국 현행의 여성보장제도 아래에서 "사업체가 임신한 여성을 고용하는 것을 꺼리는 것"은 이성적 선택이라 여겼다. 여성을 위한 노동보호와 취업보호 관련 비용을 사업체가 부담하므로 여성은 남성에 비해 인건비가 높으니 무턱대고 "여성의 취업이익을 보호하기 위해 사업체를 강요하는 것은 역차별"이라고 비난하면서 사업체에게 압박을 가하는 것은 사업체에게 무익할 뿐 아니라 여성근로자에게도 해가 된다고 주장했다. 그러므로 이들은 전체 사회가 분담하는 방식으로 여성을 보호하고 사업체의 이익을 창출할 것을 제안했다(潘锦棠, 2015).

■ 참고문헌

해외 문헌

郭延军(2013). 我国女性就业权平等保护制度反思. 〈法商研究〉, 2013(2), 97~104.
谭琳主(编)(2008). 《2006~2007年: 中国性别平等与妇女发展报告》, 2008年12月. 社会科学文献出版社.
邓大松·刘昌平(2013. 7). 《中国社会保障改革与发展报告 2012》. 北京: 北京大学出版社.
刘明辉(2012). 生育待遇立法的演进及趋向. 〈妇女研究论丛〉, 2012(4).
刘文明·段兰英(2006). 男性生育角色与我国生育保险制度改革. 〈华南农业大学学报: 社会科学版〉, 5(3), 129~132.

刘娟·黄柳梅(2011). 生育保险中的男性权益比较: 以15个副省级城市为例. 〈中国社会保障〉, *2011*(10), 26～28.

李学英(2010). 职工生育保险为何难推行. 〈中国劳动保障〉, 2010年第1期.

潘锦棠(2015). 向公共家庭政策要妇女公平就业权利〔J〕. 〈湖南师范大学社会科学学报〉, *44*(1), 74～79.

_____(2014). 女性就业保护政策亟待完善. 〈中华女子学院学报〉, 2014(2), 52～57.

_____(2011).《社会保险原理与实务》, 2011年版. 中国人民大学出版社.

_____(2009). 建立女职工劳动保护费用分担机制〔J〕. 〈妇女研究论丛〉, 2009(2), 45～46.

_____(2005). 北京市女职工劳动保护状况调查分析〔J〕. 〈北京社会科学〉, 2005(1), 26～32.

_____(2002a). 中国女性社会保障制度变迁与评估. In 源自郑功成 等.《中国社会保障制度变迁与评估》, 2002年11月第1版. 中国人民大学出版社.

_____(2002b). 中国女工劳动保护制度与现状〔J〕. *Women of China*, 2002(4), 22～24.

_____(2001). 生育社会保险中的女性利益, 企业利益和国家利益. 〈浙江学刊〉, *2001*(6), 110～114.

杨连专(2010). 生育保险立法问题研究. 〈人口学刊〉, 2010年第5期.

郑功成 等(2002).《中国社会保障制度变迁与评估》, 2002年11月第1版. 中国人民大学出版社.

黄桂霞(2014). 生育支持对女性职业中断的缓冲作用: 以第三期中国妇女社会地位调查为基础. 〈妇女研究论丛〉, 2014(4), 27～33.

和建花·谭琳·蒋永萍(2008. 12). 托幼作为一种公共服务的现状, 问题及对策: 社会性别视角的分析和思考〔M〕. In 谭琳主〔编〕.《2006～2007年: 中国性别平等与妇女发展报告》. 社会科学文献出版社.

기타 자료

〈新华日报〉(2016. 4. 21). 生育保险和医疗保险将合并实施. http://news.163.com/16/0421/07/BL5J4IDG00014AED.html.

刘伯红(2014. 7. 22). 就业性别歧视, 被"高估"还是被"盲视": 从《消除对妇女一切形式歧视公约》说开去. 〈中国妇女报社〉. http://paper.cnwomen.com.cn/content/2014-07/22/005122.html.

14

고령자 및 장애인 복지서비스*

1. 머리말

중국은 13억 7천만 명의 인구를 보유한 인구대국이다. 최근 인구고령화가 빠르게 진행되었는데 2016년 말 현재 중국의 65세 이상 노인인구는 1억 4,300만 명으로 전체 인구의 10.5%를 차지했다. 중국은 2025년이 되면 고령 사회(65세 이상 인구가 전체 인구의 14% 이상인 상태)로 진입하며 2040년이 되기 전에 초고령화 사회(65세 이상 인구가 전체 인구의 20% 이상인 상태)가 될 것으로 예상된다.

그뿐만 아니라 중국의 장애인구는 8,500만 명으로 전 세계에서 장애인이 가장 많은 나라이기도 하다. 인구고령화가 심화됨에 따라 2020년 중국의 장애노인인구는 4,200만 명, 80세 이상 고령노인은 2,900만 명에 이를 것으로 예상된다.

---

* 이 글은 2012년 《주요국의 사회보장제도: 중국》(한국보건사회연구원, 2012)에서 필자가 작성한 "제 3부 제 3장 고령자 및 장애인 복지서비스"를 수정 보완한 것이다.

2. 고령자 복지서비스

신중국 성립 이후 중국공산당과 중국정부는 고령자 복지사업에 주안점을 두며 사업을 전개하고 있다.

1999년 중국은 고령화 사회(65세 이상 인구가 전체 인구의 7% 이상인 상태)에 접어들었다. 2005년 1%의 인구를 대상으로 실시한 표본조사에 따르면 중국의 60세 이상 노인인구는 1억 4,400만 명으로 전체 인구의 11.03%를 차지했다. 2010년 전국 인구를 대상으로 한 조사결과에 따르면 60세 이상 노인인구는 1억 7,800만 명으로 전체 인구의 13.26%를 차지했다. 2015년 말 현재 전국 60세 이상 노인인구는 2억 2,200만 명으로 전체 인구의 16.1%를 차지했다.

2020년 중국 노인인구는 2억 4,300만 명으로 전체 인구의 18%를 차지하고, 2030년에는 노인인구의 규모가 두 배로 증가하며, 2050년에는 60세 이상 노인인구가 4억 3천만 명으로 전체 인구의 31%를 차지할 것으로 예상된다.

인구고령화의 심화, 가족구조의 변화, 생활방식의 변화 및 소득수준의 지속적 증가에 따라 노인인구의 사회복지 수요가 계속 증가할 추세이므로 노인사회복지 관련 제도를 신속히 개선해야 한다. 이 글은 중국 노인사회복지의 발전과정과 현황을 정리하고 실천과정 중에서 드러난 주요 문제를 분석함으로써 향후 노인사회복지의 발전방향을 제시하고자 한다.

〈표 14-1〉 60세 이상 노인인구가 전체 인구에서 차지하는 비율 추이

(2011~2015년)

구분	2011년	2012년	2013년	2014년	2015년
60세 이상 인구(만 명)	18,499	19,390	20,243	21,242	22,200
비율(%)	13.7	14.3	14.9	15.5	16.1

자료: 중국 민정부 연도별 사회서비스 발전 통계공보.

1) 중국 노인사회복지제도의 발전과정

중국 노인사회복지의 발전과정은 크게 개혁개방 이전과 개혁개방 이후의 두 시기로 구분할 수 있다.

신중국 성립 초기에는 국민경제의 발전속도가 느리고 재정수입이 낮으며 자연재해와 인재가 수시로 발생해 노인사회복지사업의 발전속도가 느릴 수밖에 없었다. 문화대혁명 기간인 1966년부터 1976년까지에는 도시 노인사회복지사업이 심각한 타격을 입었다.

1978년 중국정부가 민정부를 재설립하면서 노인사회복지는 다시금 회복·발전하기 시작했다. 1978년 개혁개방 이후에는 인구가 급격히 증가하고 기업복지가 줄어들며 전통가정의 부양기능이 약화되는 등 국내 영향으로 인해 노인사회복지의 기능과 역할이 매우 중요시되고 있다.

(1) 개혁개방 이전의 노인사회복지사업

① 도시 노인사회복지

1949년부터 1978년까지의 도시 노인사회복지는 크게 두 가지로 구분된다. 하나는 단웨이보장의 직업복지로 주로 집체복지, 주택복지와 생활보조금이 포함되며, 다른 하나는 '삼무'(三無) 노인을 대상으로 한 정부의 시설보호 복지이다(郑功成, 2008). 1949년부터 1955년까지 민정부에서는 많은 양로원을 설립하여 수십만 명의 삼무 독거노인을 수용하였다. 1956년 내무부는 별도로 장애노인요양원을 설립하기로 결정하였고 1959년 전국적으로 379채의 건물을 세워서 6만 5천 명의 노인을 수용하였다. 이후 복지기관은 사회복지원과 양로원으로 명칭을 바꾸었다. 문화대혁명의 혼란으로 인해 1968년 내무부가 폐쇄된 후 노인사회복지사업의 서비스 질은 전반적으로 낮아졌다.

② 농촌 노인사회복지

개혁개방 이전 농촌 노인사회복지 형식은 주로 오보(五保) 공양제도였다. 1956년 6월 〈고급농업생산합작사 시범규정〉의 발표는 농촌에 거주하는 빈곤노인을 대상으로 한 오보공양제도의 탄생을 알렸다. 1958년 인민공사의 〈몇 가지 문제 결의에 관하여〉에서는 "경로당을 잘 수립해야 한다"고 제시하였다. 1959년부터 1961년까지 대다수 경로당은 유지하기 힘든 상황이었다. 1962년 이후 모든 지역에서 농촌 인민공사는 〈오보가정 및 취약계층에게 보조금을 제공하는 데 관한 방안〉을 반포하였다. 1966년부터 1976년까지 농촌 경로당은 다수 줄었고 이는 농촌 노인사회복지에 큰 손실을 끼쳤다.

(2) 개혁개방 이후 노인사회복지사업

① 초기단계: 1979~1990년

이 기간 동안 노인사회복지사업의 발전은 다음과 같다. 첫째, 1984년 장저우(漳州) 전국사회복지사업협의체는 서비스 대상과 복지내용의 이념을 전환해야 한다고 제안하였다. 이로 인해 과거 '삼무' 계층과 '오보공양' 계층 등이었던 취약계층의 범위가 장애를 지닌 노인, 장애인, 고아 등으로 확대되었으며 기존의 기본생활보장을 넘어 생활보장, 의료·보건, 문화·체육 등 다양한 복지가 제공되었다(郑功成, 2003). 둘째, 지역사회에서 도시 노인복지서비스, 사회복지원과 단체경로당 등이 농촌 노인복지의 주체로 뿌리내렸다. 셋째, 복지복권이 발행되고 기금 모금의 사회화가 시작되었다. 1987년 6월 3일 베이징시에서 중국 사회복지 유상모금위원회가 설립되었다.

② 개선단계: 1991~2000년

노인사회복지사업은 법체제 수립을 위주로 진행되었다. 1994년 국무원에서는 〈농촌 오보부양조례〉를 발표하였다. 이후 〈노인권익보장법〉(1996),

〈농촌 경로원 관리 임시시행방안〉(1997), 〈사회복지 사회화를 신속히 실현하는 데 관한 의견〉(2000) 등 일련의 법률조항이 반포되기 시작하였다.

③ 신속한 발전단계: 2000년~현재

이 기간의 주요 성과는 다음과 같다. 첫째, 지역사회서비스를 바탕으로 한 재가양로모델이 확대되었다. 민정부에서는 2001년부터 3년간 전국 도농 지역사회에 "성광(星光) 노인의 집"을 재건하였다. 2002년 9월 다롄(大连)시 사허커우(沙河口)구에 최초로 설립된 '재가양로원' 모델이 전국 대도시로 확대되었다. 둘째, 노인복지수당이 수립되었다. 2009년 전국민정사업회의에서는 "조건에 맞는 지역에서는 빈곤노인과 고령노인을 위한 수당제도를 수립할 것"이라고 명시하였다. 같은 해 닝샤(宁夏) 자치구 인민정부가 전국에서 최초로 노인수당제도를 실시하였다. 셋째, 정책법규가 점차 완비되었다. 〈노인권익보장법〉은 2012년 12월 28일에 수정·통과되었다. 이후 국무원에서 발표한 〈양로서비스업을 가속화하는 데 관한 약간의 의견〉(2013), 〈도시 양로서비스 시설 건설사업 추진 통지에 관하여〉(2014), 〈의료위생과 양로서비스 상호결합 추진의 지도의견에 관하여〉(2015) 등 일련의 정책이 반포되었다.

2) 중국 노인사회복지제도 현황

최근 중국정부는 적극적으로 노인사회복지제도의 수립을 추진하였다. 현재, 복지서비스를 중심으로 하고 복지수당을 보충으로 하는 노인사회복지체계의 틀이 기본적으로 구축되었다.

(1) 노인복지 수준의 제고

2015년 전국 20개 성에서 고령노인수당제도를 수립하여 2, 155만 명에게 지급되었고 23개 성에서 빈곤노인 양로서비스 수당제도를 수립해 654만 9천 명에게 지급되었다. 베이징시, 톈진시, 상하이시, 헤이룽장(黑龙江)성, 산시(陝西)성 등의 지역에서 생활자립이 불가능한 노인을 위한 수당제도가 수립되어 109만 명의 노인에게 지급되었다.

노인요양기관과 주간보호센터의 수립에 힘입어 2015년 전국 양로서비스 기관과 시설은 총 11만 6천 개로 늘어났고 전년도 대비 23. 4%의 성장률을 기록했다. 각 종류별 양로침상은 672만 7천 장으로 전년도 대비 16. 4% 증가했다. 전국 농촌 집중부양은 162만 3천 명 노인을 지원하여 연평균 부양 기준이 1인당 6, 025. 7위안으로 전년도 대비 12. 2% 증가했다. 분산부양은 354만 4천 명의 노인을 지원하여 연평균 부양 기준은 1인당 4, 490. 1위안으로 전년도 대비 12. 1% 증가했다.

〈표 14-2〉 전국 각 종류별 양로침상 현황

(2011~2015년)

수치	2011년	2012년	2013년	2014년	2015년
침상 수(만 장)	353.2	416.5	493.7	577.8	672.7
노인 천 명당 침상 확보율(%)	19.1	21.5	24.4	27.2	30.3

자료: 중국 민정부 연도별 사회서비스 발전 통계공보.

(2) 양로기관 운영·설립 방면 사회화 모색

양로기관의 장기적 발전을 추진하기 위해 중국정부는 정부가 설립하고 민간이 운영하는 방식을 중점으로 적극적으로 양로기관 개혁 시범사업을 전개하고 있다. 2015년 전국 1, 179개 양로기관이 '정부 설립, 민간 운영'을 실행하였다. 톈진시를 예로 들면, 2014년부터 톈진시 정부에서는 양로기관에서 생활하는 노인의 요양등급에 따라 차등적으로 시설에 보조금을 지급해

<표 14-3> 전국 양로서비스기관 수

(2011~2015년, 단위: 개)

구분	2011년	2012년	2013년	2014년	2015년
기관 수	40,868	44,304	42,475	33,043	28,000

자료: 중국 민정부 연도별 사회서비스 발전 통계공보.

사회역량이 공공양로기관의 운영·관리에 참여하도록 지원했다. 2015년 현재 텐진시에는 이미 60%의 양로기관이 정부가 설립하고 민간이 운영하는 방식을 실행하고 있다.

이 밖에도 우대정책을 제정하여 사회역량이 양로기관을 설립하도록 지원했다. 완전 자립이 불가능하거나 혹은 일부 자립이 불가능한 노인을 수용하는 민간 양로기관에 대해서는 침상 수 증가에 필요한 보조금을 일회성으로 제공하였다. 이와 동시에 중국정부는 민간이 설립한 양로기관의 노인 요양사를 위해 사회보험, 임금과 교육 방면에서 우대정책과 보조금을 지원하였다.

(3) 지역사회 재가양로서비스의 형식·내용의 다양화 출현

지역사회 재가양로서비스는 지역사회에 의탁된 것으로 재가노인을 위해 생활, 의료, 요양과 정신위안 등의 서비스를 제공하는, 사회화된 양로서비스 방식이다. 지역사회 재가양로서비스는 중국정부의 계획지도 아래 나날이 개선되고 있다. 2015년 현재 전국적으로 총 2만 6천 개의 지역사회 양로서비스기관과 시설이 있다. 장쑤(江苏)성과 상하이시 등 5개 지역의 도시 지역사회 주간보호센터의 적용률은 100%에 달했고 농촌 주간보호센터의 적용률 역시 50%를 상회했다.

이와 동시에 지역사회 양로서비스의 형식·내용이 점차 다양해지고 있다. 여기에는 주로 정부의 양로서비스, 주간보호서비스, 식사 제공, 보육시설·양로원서비스, 호출서비스, 자원봉사자서비스 등이 포함된다.

<표 14-4> 전국 지역사회 숙박과 주간보호센터 침상 수

(2011~2015년, 단위: 만 장)

구분	2011년	2012년	2013년	2014년	2015년
침상 수	-	19.8	64.1	187.5	298.1

자료: 중국 민정부 연도별 사회서비스 발전 통계공보.

3) 노인사회복지제도의 문제점과 발전방향

(1) 노인사회복지제도의 문제점

첫째, 노인사회복지 인프라 조성에 관한 상세한 계획과 직책분담이 미흡하다. 현재 노인사회복지의 사업은 중국정부가 발표한 〈고령사업 12·5 규획 발전규칙〉, 〈사회양로서비스체계 구축규칙〉에 기반을 둔다. 그러나 이러한 거시적인 지도문건에는 지역별 노인사회복지체계 구축에 관한 상세하고 통일된 규칙이 마련되어 있지 않다. 예컨대, 양로서비스기관을 어떻게 도시에 분포시킬 것인지 수적 규모는 어느 기준에 맞출 것인지 등이 확실히 명시되지 않았다.

현재 중국정부는 노인사회복지 발전중점을 양로원과 침상 수 증가 등 물리적 요소 구축에 두고 있을 뿐 서비스나 경영관리 등 방법적 요소 구축에는 관심이 부족하여 정책 체계와 틀이 아직 형성되지 않았다. 각급 정부 간 노인사회복지 방면에서 구체적인 직책분담의 경계가 분명하지 않고 관련 부처 간에 통일 및 조정이 결여되어 발전을 위한 협력을 이루기 어려운 상황이다.

둘째, 노인사회복지사업의 자금투자가 현실적 수요를 만족시키기 어렵다. 현재 노인사회복지체계는 경제발전 수준과 비교했을 때 확실히 떨어지는 수준이며 관련 재원의 지출도 제한적이다. 2015년 현재 중앙재정 28억 위안을 전국적으로 양로기관과 주간보호센터 건설에 지원했고 10억 위안을 중앙 복권공익금으로 이체하여 3만 3천 개 농촌 행복양로원 프로젝트를 지원하였다. 재정 지원정책 방면에서는 각 지역의 공립 양로기관에 필요한 재원을 시, 구·현의 재정예산에 포함시켰다. 일부 지역에서는 빈곤노인에게 재가양로수당을 제공하는 정책을 발표하기도 했다.

그럼에도 안정적인 노인사회복지 재정투자 증가시스템이 아직 수립되지 않아 복지공익금마저도 일반성 지출항목으로 고정되지 못한 실정이다. 이로 인해 지역사회 양로서비스와 양로기관의 침상 수가 심각하게 부족한 현상을 초래하였다.

셋째, 도농 간, 지역 간 노인사회복지 자원이 균등하지 못하다. 도시와 농촌을 비교해볼 때, 농촌지역에서는 기존의 양로원을 제외하면 기타 양로서비스 조직이 사실상 백지상태에 가깝다. 더군다나 양로서비스 수준이 낮은 편이라서 농촌노인의 수요를 효과적으로 충족하기 어렵다. 이 밖에도 각 지역 사이에 양로서비스 격차가 크고 양로기관의 분포가 균형적이지 않다. 예를 들면 경제여건이 좋은 편에 속하는 톈진시 남부 개발구에서는 이미 대형 양로서비스센터를 시범운영하는 반면, 경제여건이 낙후된 지역에서는 양로서비스의 발전이 느린 편이다. 일부 지역사회 양로서비스센터에서는 "먹고, 즐기고, 배우고, 치료할 수 있는" 종합서비스를 제공하지만 일부 양로서비스센터에서는 최저생활보장 대상자 혹은 극빈가정에게 간단한 방문서비스를 제공하며 일부 서비스센터에서는 음식서비스 혹은 정기 무료 신체검사 등의 서비스를 제공한다.

넷째, 민영 양로기관의 발전이 느린 편이다. 공립 양로기관은 국가 우대 정책으로 지원을 받기 때문에 환경이 우수하고 의료서비스가 일정 수준에 도달하였으며 입원비용도 상대적으로 저렴한 편이다. 반면, 민영 양로기관은 자체 경영을 통해 이익과 손해를 모두 책임져야 한다. 현재 민영 의료기관에 대한 지원정책은 침상당 일회성 보조금을 지원하는 것이 고작이며 운영비 지원은 제공되지 않는다. 대다수 민영 양로기관은 높은 운영비로 인해 수익이 적은 편이다. 이 밖에도 이용료가 낮은 대다수 민영 양로기관은 시설이 조잡하고 서비스가 일반 돌봄서비스로 제한되어 전문적 재활서비스와 심리·위로 등 서비스를 제공할 수 없다. 또한 소수의 전문 노인재활돌봄기관의 이용료가 높아 노인의 현재 소득으로는 감당할 수 없다. 즉, 민영 양로기관은 공립 양로기관과 비교했을 때 상대적으로 경쟁에서 우위를 점하기 어렵다.

다섯째, 전문적인 노인요양사 인력이 부족하다. 민정부의 〈사회복지기관서비스 관리규범 요구〉의 규정은 양로원 내에서 건강한 노인과 노인요양사의 비율은 7 : 1이며, 1급 이상 요양이 필요한 노인과 노인요양사의 비율은 4 : 1이어야 한다고 명시하였다. 현재 공립과 민영 양로기관 모두 노인요양사가 부족한 상황이다. 톈진시의 경우, 2014년 80세 이상 고령노인은 약 30만 6,600명이며 완전 자립이 불가능한 노인은 약 14만 3,300명에 달했지만 노인요양사는 6천여 명에 불과했다.

또한 양로기관 내에 경험이 풍부하고 노인요양사 자격증을 소유한 요양사도 매우 부족한 상황이다. 2015년 전국 노인요양사가 자격증을 소지하고 있는 비율은 33.7%였다. 이 밖에도 노인 노인요양사의 급여와 사회지위가 낮고 업무강도가 높아서 양로기관이 전문기술을 갖춘 노인요양사를 모집하기가 쉽지 않다.

(2) 노인사회복지의 향후 발전방향

첫째, 제도 최상층 설계를 완비해야 한다. 노인복지복지와 관련된 제도를 통합하여 중복, 교차와 결위(缺位)를 피하고 높은 단계에서 노인사회복지체계를 더욱 세밀하게 설계해야 한다. 가령, 가족구성원, 지역사회와 양로기관의 기능을 통합함으로써 전체적으로 규모우세를 발휘할 수 있는 노인사회복지의 이념을 확립해야 한다.

동시에 노인사회복지 중 복지성 양로와 시장화 양로의 경계를 구분하여 여러 방면에서 양로산업 발전에 정책지원과 표준화지도를 이끌어야 한다.

사회 각계각층의 역량을 최대한 동원하여 노인을 위한 서비스와 공평하게 경쟁하는 양로서비스업 발전환경을 조성하는 것을 정책제정의 출발점이자 귀결점으로 삼아야 한다.

둘째, 노인사회복지 수립에 대한 정부책임을 명시해야 한다. 중국정부는 충분한 재원지원으로 노인사회복지 자원의 균등화를 확보해야 한다. 우선, 정부재정은 '기본보장'의 원칙을 지켜야 한다. 즉, 저소득 노인층의 장기요양비용을 부담해야 할 뿐만 아니라 실제 경제발전 수준에 맞추어 조정해야 한다.

동시에 미발달 지역에 특별한 관심을 두어 재원 이전지불의 균등화 시스템을 수립함으로써 양로복지기금의 협력적 발전을 확보해야 한다. 이 밖에도 적합한 시기에 노인장기요양보험제도를 수립하여 재원을 확대하고 재원보장의 안정성을 강화해야 한다.

셋째, 공립 양로기관과 민영 양로기관의 차별화된 발전구조를 구축해야 한다. 정부투자로 설립한 양로기관은 '기초적' 작용을 충분히 발휘해야 한다. 예를 들어, 경로당과 노인복지원은 돌봄이 가장 필요한 노인(독거노인과 오보공양 대상자 등)에게 양로서비스를 제공해야 한다. 이러한 서비스는 보편적 복지로 제공되어야 한다. 반면, 민영 양로기관은 주로 조건이 양호한 노인을 대상으로 서비스를 제공해야 한다.

민영 양로기관과 공립 양로기관 간의 협력을 살펴볼 때, 전자는 후자의 의료 장점을 충분히 활용할 수 있는 반면, 후자는 부유하고 조건이 양호한 노인에게 전자를 추천할 수 있다. 이는 노인의 의료서비스 권익을 보장하고 침상 부족의 문제를 해결하는 데 도움을 줄 수 있을 뿐만 아니라 효율적으로 양자 간 상부상조와 자원공유의 토대를 마련할 수 있다.

넷째, 양로서비스 인력의 다원화와 전문화를 촉진해야 한다. 한편으로는 다양한 양로서비스 전달방식을 통합하고 광범위한 양로서비스 네트워크를 구축함으로써 양로서비스 제공자의 다원화를 도모해야 한다. 양로기관은 정기적으로 근처 지역사회에서 양로서비스 활동을 전개하고 적합한 시기에 단기적으로 돌봄이 필요한 지역사회 노인을 수용해야 한다. 또한 적합한 시기에 지역사회 병원과 보건소에서 전문적 훈련을 받은 의료진과 노인요양사를 활용하여 노인요양서비스를 제공하고 재가양로서비스로 확대해야 한다. 이 밖에도 자원봉사자로 하여금 양로서비스 전달에 참여하도록 도모해야 한다.

다른 한편으로는 전문적 노인요양사를 더 많이 배치하여 노인요양서비스의 전문화 수준을 향상시켜야 한다. 양로기관서비스 인력의 임금수준을 합리적 수준까지 향상시켜서 더 많은 전문인력이 양로서비스 사업에 종사하도록 해야 한다. 이와 동시에 노인요양사 인력의 기능 인증, 전문자격과 직무 인증제도를 더욱 엄격하게 관리해야 한다.

개혁개방 이전 중국의 노인사회복지사업 발전은 느린 편이었다. 개혁개방 이후(특히, 2001년) 중국의 노인사회복지사업은 매우 신속한 발전단계에 접어들었다. 현재 중국의 노인복지수준은 한 단계 향상되었고 거주시설은 운용과 설립 방면에서 사회화를 모색하고 있으며 지역사회 재가양로서비스의 형식 역시 갈수록 다양해지고 있다.

동시에 노인사회복지 수립에 있어서 상세한 규정과 직책분담이 결여되고 노인사회복지사업의 재원 지출이 현실적 수요를 만족시키지 못하며, 도농과 지역 간 노인사회복지 자원 격차가 심화되고 민영 양로기관 발전에 장애가 있으며 전문 노인요양사 인력풀이 결여되는 등의 문제가 지적되고 있다.

앞으로 최상층 설계를 개선하고 노인사회복지 수립에 있어 정부 책임을 명확히 하며 공립 양로기관과 민영 양로기관의 차별화된 발전을 도모하며 전문 노인요양사 인력의 다원화와 전문화를 촉진시켜서 노인사회복지제도의 건전한 발전을 도모해야 한다.

3. 장애인 복지서비스

개혁개방 이후 중국정부는 사회보장제도 수립에 더욱 박차를 가했고 점차 다층적인 사회보장체계를 형성하였으며 보장 대상자도 특수집단에서 점차 전 국민으로 확대되었다. 장애인의 교육, 양성취업을 기본내용으로 하는 장애인보장제도 역시 가시적 발전을 이루었다. 사회 각계각층의 관심 속에서 재활, 교육, 취업 등을 보장하는 전통적 장애인보장제도가 점차 강화되었으며 새로운 장애인보장제도 역시 지속적으로 도입되고 있다. 중국 장애인복지의 발전과정은 다음과 같이 크게 3단계로 구분할 수 있다.

1) 장애인복지의 발전과정

(1) 장애인복지 수립단계: 1949~1965년

1949년 신중국 성립 이후, 국민경제의 회복과 재건의 덕택으로 장애인복지제도는 상당한 발전을 이루었다. 경제사회의 발전 수준이 높지 않은 현실을 감안하여 이 시기의 장애인복지는 주로 장애인의 경제, 특별우대, 취업, 보호 등에 주안점을 두었으며 관련 업무는 신중국 성립 이전에 설치된 내무부에서 책임지고 관리·실시하였다(呂学静·超萌萌, 2012).

구체적으로는 다음과 같다. 첫째, 공공부조정책이 제정되었는데, 대상자는 주로 도시빈민, 실업자, 독거노인 등이었으며 주로 자선단체를 통해 구제활동을 전개했다. 둘째, 도시 장애인보장제도를 수립했다. 1950년 제정하고 발표한 〈혁명인원 상해·사망 무휼사업 임시조례〉는 "전시 부상으로 인해 장애를 가진 사람에게 필요한 보장을 제공한다"라고 명시했다. 1951년 반포한 〈노동보험조례〉에서는 "산재를 당한 근로자에게 물질적 도움을 주어야 한다"라고 밝혔다. 이 밖에도 정부가 주관하는 사회복지기구나 복지기업에서 장애인을 위한 각종 보장제도를 마련했다. 셋째, 농촌 장애인보장제도를 수립했다. 1956년 반포한 〈고급농업생산합작사〉 제53조 규정은 "농업생산합작사는 노동능력이 결여되었거나 일부 혹은 완전히 상실된 노약자나 장애인에게 생산과 생활상에 있어 합당한 조치와 배려 그리고 의식주를 제공할 것을 보장한다"라고 명시했다.

(2) 장애인복지 정돈단계: 1966~1977년

10여 년에 걸친 문화대혁명 기간 동안, 중국의 사회보장은 발전에 심각한 피해를 입었으며 장애인복지사업 역시 예외는 아니었다. 1960년 수립된 유일한 장애인단체인 중국 망·농아인협회도 문화대혁명 기간 동안 강압적으로 업무가 중단됐다. 장애인 생산자조(自救) 단체도 합병당하거나 이전되거나 해체되었다. 망·농아인학교도 관련 업무를 축소하거나 일부 업무를 중단해야만 했다. 중국 장애인복지사업은 정체되었고 심지어 후퇴되는 현상을 보였다.

(3) 장애인복지 회복·발전단계: 1978년~현재

중국공산당 제11기 제3중전회는 중국 경제·사회발전의 역사적 전환점으로 장애인복지사업의 회복과 발전에 있어 좋은 계기가 되었다. 1984년 성립된 중국장애인복지기금회는 여러 경로를 통해 장애인의 기본권리와 관련 서비스 제공을 보장하는 데 힘썼다. 1985년, 〈장애인보장법〉의 초안이 마련되어 장애인사회복지의 법률적 기반이 되었으며 1987년 국무원에서 비준·실시한 제1차 전국 장애인표본조사를 통해 장애인사업을 전면적으로 이해하고 합당한 대책을 마련함으로써 발전을 모색했다. 1988년 중국장애인연합회가 성립되었고 정부와 협조하여 장애인을 위한 각종 사업을 제공했다.

1990년 최초의 장애인 권익 법률인 〈장애인보장법〉이 정식으로 공포되었고 법률적으로 장애인보장과 관련한 권리에 관해 규정했다. 이어서 장애인사업발전 5개년 계획이 실시되었고 다양한 방면에서 장애인복지사업이 포괄적으로 진행됐다.

2008년 4월 〈장애인보장법〉이 수정작업을 거친 후 정식적으로 반포됨으로써 장애인복지에 관한 구체적이고 체계적인 법률이 마련되었다. 2008년 3월 28일 중국공산당 중앙위원회와 국무원은 〈장애인사업 발전촉진에 대한 의견〉을 발표해서 장애인복지제도를 신속히 수립하는 데 주력하였고 이로써 장애인복지사업은 크게 발전하였다. 또한 2008년 6월 24일 제11기 전국인민대표대회 상무위원회 제3차 회의에서 〈장애인 권리협약〉을 인정하였다. 2008년 9월 베이징에서 개최된 제13차 장애인 올림픽대회는 장애인복지를 한 단계 발전시키는 데 중요한 계기가 되었다.

2010년 국무원에서는 중국장애인연합회 등 관련 부처와 기관에 〈장애인복지의 체계와 서비스체계를 신속하게 구축하는 데 관한 지도의견 및 통지〉를 발표·하달하여 장애인복지체계와 서비스체계의 구축과 개선을 위한 명확한 목표와 구체적인 지도방안을 제시하였다. 이 밖에도 장애인의 평등한 사회생활의 참여를 독려하기 위해 2012년 6월 13일 국무원에서는 〈무장애환경 건설조례〉(無障碍環境建設條例)를 통과시킴으로써 무장애환경 건설, 무장애정보 교환, 무장애지역사회 등과 관련한 법규를 마련하였다.

2) 장애인복지 현황

2013년 개최된 중국공산당 제18기 제3중전회에서 '장애인 권익보장제도'의 완비를 촉구하는 동시에 중국공산당 중앙위원회와 국무원에서는 장애인과 국민이 더불어 샤오캉사회를 만들어가는 전략적 목표를 명확히 제시하였다. 이로써 장애인복지사업은 신속한 발전을 도모할 수 있는 도약의 전기를 맞이하였다.

한편 중국장애인연합회, 국가통계국, 민정부, 위생계획생육위원회 등은 지난 7년 동안 전국 장애인 현황에 대한 감측을 실시하였다. 감측보고는 장애인의 샤오캉 생활수준, 〈중국 장애인사업 '제 12차 5 개년 계획' 발전 강요〉의 집행 현황과 장애인 관련 정책제정을 위해 정확하고 신뢰할 수 있는 근거를 제공하였다. 2013년도 감측은 2012년 11월 1일 0시를 기점으로 실시되었고 2013년 10월 31일 24시에 종료되었다. 2013년 감측보고에 포함된 주요 내용은 장애인의 생존, 발전과 환경 현황, 장애인 생활, 재활, 교육, 취업, 사회보장, 지역사회서비스, 무장애 시설, 문화·체육 등과 관련된 기본 현황을 포함하고 있다.

(1) 장애인의 기본생활 현황

2013년 도시 장애인가정의 평균 주택면적은 18.9m^{2}로 2011년보다 3.8% 증가한 반면, 농촌 장애인가정의 평균 주택면적은 23.9m^{2}로 2011년보다 8.1% 증가했다. 또한 2013년 도시 장애인가정의 1인당 평균 가처분소득은 약 15,851위안으로 2011년보다 35% 증가한 반면, 농촌 장애인가정의 1인당 평균 순소득은 약 8,829위안으로 2011년보다 31% 증가했다. 한편 2013년 6~14세 장애아동 의무교육 비율은 72.7%를 기록했다.

〈표 14-5〉 장애인의 소득, 주택, 교육 기본 현황

(2011~2013년)

구분	주택 현황(m^2)		가정 1인당 평균 소득(위안)		의무교육 비율(%)
	도시	농촌	도시	농촌	
2013	18.9	23.9	15,851.4	7,829.9	72.7
2012	18.5	22.6	14,050.9	6,971.4	71.9
2011	18.2	22.1	11,757.7	5,998.2	72.1

자료: 2013년 전국 장애인 현황 및 샤오캉 진전 감측보고.

(2) 장애인의 재활 현황

중국 장애인의 재활사업은 1980년대부터 시작됐다. 시기적으로 다소 늦게 시작되었지만 재활사업은 꾸준히 전개되었다. 1980년대 이후 네 차례에

걸쳐 실시된 '장애인사업 5개년 규획'을 통해 장애인의 재활사업 영역이 점차 확대됐다. 재활사업은 처음에는 주로 백내장 수술, 소아마비 후유증 치료, 청각장애인 청각훈련 등 3가지 영역을 위주로 실시되었으며 점차 정신병 종합예방재활, 지적장애인 재활훈련, 뇌병변, 자폐증 아동의 조기재활훈련, 보조기구 배치 및 서비스 제공 등 다양한 영역으로 확대되었다(杨立雄·兰花, 2011).

전국 장애인 현황 및 샤오캉 진전 감측보고 조사가 실시된 2007년부터 장애인의 재활서비스 이용률은 점차 향상되고 있다. 2013년 전국 장애인 현황 및 샤오캉 진전 감측보고에 따르면, 2010년부터 장애인의 재활서비스 이용률이 신속하게 증가하고 있다. 2013년 장애인의 재활서비스 비율은 58.3%로 2012년 55.2%보다 3.1%p 높아졌다.

또한 2013년 전국 장애인의 재활지식 보급, 치료 및 재활훈련, 보조용구 배치 등 3가지 재활서비스 이용률이 2012년과 비교했을 때 크게 증가했다. 2013년 전국 장애인의 재활서비스 이용률은 2010년에 접어들면서 대

〈표 14-6〉 전국 장애인 재활서비스 이용률

(단위: %)

구분	2007	2008	2009	2010	2011	2012	2013
치료 및 재활훈련	9.7	10.5	10.7	13.6	13.7	20.2	23.3
보조용구 배치	4.1	5.5	5.5	8.4	9.0	14.2	16.3
심리 치료	4.2	5.9	5.2	6.7	8.3	12.8	13.9
재활지식 보급	5.2	7.3	7.3	13.7	18.5	26.9	31.2
진단과 수요 평가*	-	-	-	-	14.8	11.2	12.5
재가서비스, 주간 돌봄, 위탁 부양*	-	-	-	-	11.8	13.9	14.3
장애인 및 가족 훈련*	-	-	-	-	3.4	6.3	6.9
수행 방문 평가서비스*	-	-	-	-	4.9	11.4	12.1
기타 재활서비스*	-	-	-	-	11.4	19.4	24.4
최소한 재활서비스 1회 이용	19.0	23.3	23.0	33.5	47.4	55.2	58.3

주: * 2011년에 신설된 재활서비스 지표 선택항목.
자료: 2013년 전국 장애인 현황 및 샤오캉 진전 감측보고.

폭 증가했다. 2013년 도시 장애인의 재활지식 보급 이용률은 2012년보다 2.0% 증가한 반면, 농촌 장애인의 재활지식 보급 이용률은 2012년보다 5.0% 증가했다. 전국적으로 각종 재활서비스 이용률이 해마다 점차 증가하고 있다.

(3) 장애인의 교육 현황

개혁개방 이후 장애인의 교육을 보장하기 위해 중앙정부와 지방정부가 관련 정책을 제정한 이래 중국의 장애인교육사업은 가시적 성과를 거두기 시작했다. 1982년에 개정된 〈헌법〉 제45조는 "중국정부와 사회가 시각장애인과 청각장애인을 지원하며, 시각장애, 청각장애, 언어장애 및 기타 장애와 관련된 활동, 생활, 교육을 지원한다"라고 규정했다. 1994년 국무원에서는 중국 최초의 장애인교육 관련 전문 행정법규인 〈장애인교육조례〉를 반포하는 동시에 장애인교육이 정부 교육사업의 일부임을 명시했다. 이후 장애인교육에 관한 법률·법규가 지속적으로 개선되면서 장애인교육체계가 그 골격을 갖추었다.

중국 장애인의 교육내용은 기본적으로 연령과 장애유형에 따라 다르다. 연령과 장애유형에 따라 장애인의 교육은 크게 일반교육과 특수교육으로 구분된다. 일반교육 차원에서 1985년 〈의무교육법〉이 공포되어 9년제 의무교육이 시작되었고 장애인에게도 9년제 의무교육이 적용되고 있다.

최근 전국 장애아동의 의무교육률은 점차 상승하고 있다. 2013년 전국 장애아동의 의무교육률은 72.7%를 기록해 2012년보다 0.8% 증가했다. 2007년 이후 9년제 의무교육에서 "2가지를 면제하고 1가지를 보충하는 정책"을 핵심으로 하는 교육구조정책이 실시되는 동시에 중·서부지역의 특수교육학교 건설과 교육지원프로그램 등이 점차 확립되면서 장애아동의 의무교육률이 지속적으로 높아지고 있다.

또한 조기교육에서 대학교육에 이르기까지 특수교육체계의 기본 틀이 마련되었다. 예를 들면, 장애유아는 특수유아 교육기관을 통해 학령 전(前) 교육을 받을 수 있고 장애 정도에 따라 일반학교에서 특수유아반에 이르기까지 다양하게 선택할 수 있다. 특히, 최근 특수교육의 학습방식이 개발되어 특수교육, 특수학급, 특수학교 등 다양한 형식의 교육이 실시되고 있다. 2007년부터 2012년까지 6~17세 장애아동의 취학 유형을 비교해 볼 때, 일반초등학교의 취학률은 낮아지는 반면, 일반중학교와 특수교육학교의 취학률은 높아지고 있다.

한편 18세 이상 장애인의 교육수준은 전반적으로 높지 않은 편이다. 장애인 중 교육을 전혀 받지 못했거나(36.3%), 초등학교 교육과정만 이수(38.0%)한 비율을 모두 합치면 무려 74.3%에 달했다. 그러나 다행히도 2013년 장애인 중 교육을 전혀 받지 못한 비율은 전국적으로 점차 낮아지고 있다. 2007년부터 2013년까지 18세 이상 장애인 중 교육을 전혀 받지 못한 비율은 8.1% 감소한 반면, 2007년부터 2013년까지 18세 이상 장애인 중 중학교 교육과정과 고등학교 교육과정을 이수한 비율은 각각 2.4%, 0.4% 증가했다. 기타 교육수준의 비율은 변화가 많지 않은 것으로 나타났다.

장애인의 취업을 도모하기 위해 중국정부는 장애인의 직업교육을 전체 직업교육 발전계획에 포함했다. 장애인의 직업교육은 장애인 당사자의 우수성을 자각하고 전공기식과 기능을 배양하는 기회를 통해 본인의 취업능력을 높이고 자립의 중요성을 일깨우는 과정이기에 중국정부로부터 많은 주목을 받고 있다(郑功成·杜鵬·杨立雄 等, 2011). 현재 중국 장애인의 직업교육은 다음과 같이 크게 4가지로 구분된다.

1) 교육부, 노동부, 민정부 등에서 실시하는 일반 직업교육
2) 일부 특수교육학교에서 개설한 중등직업교육
3) 각급 장애인연합회에서 설치한 직업교육
4) 각종 민간단체에서 설치한 장애인 직업교육

직업교육은 장애인의 취업능력을 향상시키는 데 중요한 수단이다. 최근 중국 5개 도시에 거주하는 지적장애인을 대상으로 실시한 직업교육학교의 현황 조사에 따르면 첫해에 취업한 장애인은 전체 졸업자의 50%를 차지했고 이들은 주로 서비스업에 종사했으며 가정, 학교, 지역사회, 장애인연합회 등을 통해 취업에 성공했다. 반면 그 밖의 50% 지적장애인은 일자리를 구하지 못한 것으로 조사됐다.

(4) 장애인 취업 현황

2013년 근로가능 연령층 중 도시 장애인의 취업률은 37.3%, 농촌 장애인의 취업률은 47.3%를 나타냈다. 2012년도와 비교해 보면, 도시 장애인의 취업률은 큰 변화 없이 현상 유지를 보였으나 농촌 장애인의 취업률은 다소 낮아졌다.

2013년 전국 장애인 현황 및 샤오캉 진전 감측보고에 따르면, 대다수 장애인 취업자는 지인을 통해 일자리를 소개받았다. 도시 장애인의 66.4%가 친분에 의한 소개로 취업하였고 농촌 장애인은 75.7%가 지인을 통해 일자리를 소개받았다. 2013년 전체 장애인 중 장애인 취업서비스기구를 통해 일자리를 찾은 비율은 45.6%로 2012년도보다 4.8% 증가하였다. 도시의 경우 장애인 취업서비스기구를 통해 일자리를 찾은 경우는 무려 12.5% 증가하였다. 한편 2013년 도시 장애인의 등록 실업률은 10.8%로, 2012년보다 1.6% 증가하였다.

2013년 18~59세 근로가능 남성장애인과 여성장애인 가운데 미취업 원인은 다음과 같이 조사됐다. 도시 남녀장애인의 미취업 원인은 '노동력 상실로 인해'(29.4%)가 가장 높았고, '퇴직으로 인해'(20.6%), '기타 원인으로'(20.2%) 순으로 나타냈다. 농촌 남녀장애인의 미취업 원인은 '노동력 상실로 인해'(34.7%)가 가장 높았고, '기타 원인으로 인해'(29.6%), '집안일로 인해'(28.0%) 순이었다. 2012년과 비교해 볼 때, 도시와 농촌

〈표 14-7〉 장애인 취업자의 취업경로 분석

(2010~2013년, 단위: %)

구분	전국				도시				농촌			
	2010	2011	2012	2013	2010	2011	2012	2013	2010	2011	2012	2013
인터넷 취업정보	2.0	4.8	6.9	9.1	3.3	6.4	8.5	16.0	0.9	3.3	5.4	4.2
공공취업서비스기관	12.2	12.4	12.4	14.1	19.4	17.7	16.4	23.7	5.6	7.5	8.6	7.4
장애인취업서비스기관	38.1	35.7	40.8	45.6	42.2	40.0	48.6	61.1	34.3	31.7	33.3	34.9
채용회	11.3	11.5	17.1	16.3	19.0	17.7	25.4	30.5	4.3	5.8	9.1	6.3
친분에 의한 소개	61.7	59.1	64.2	71.9	62.6	65.9	61.6	66.4	60.9	52.9	66.7	75.7
창업 및 비정규직	16.9	26.3	25.3	19.4	23.7	20.1	23.7	17.6	10.7	32.1	26.9	20.6
기타	33.3	29.4	24.2	31.9	19.4	25.9	22.6	21.4	45.9	32.5	25.8	39.2

자료: 2013년 전국 장애인 현황 및 샤오캉 진전 감측보고.

남녀장애인의 미취업 원인은 거의 비슷한 것으로 나타났다.

2013년 근로가능 연령층 장애인 미취업자의 생활원은 다음과 같이 조사됐다. 도시 근로가능 연령층 장애인 미취업자의 생활원은 '가족의 지원'(41.6%)이 가장 높았고 '기본생활비 지급'(28.2%), '연금'(20.9%) 순으로 조사됐다. 반면 농촌 근로가능 연령층 장애인 미취업자의 생활원은 '가족의 지원'(68.5%)이 가장 높았고, '기본생활비 지급'(15.3%), '기타'(14.2%) 순이었다. 2012년과 비교해 볼 때, 도시와 농촌 근로가능 연령층 장애인 미취업자의 생활원 가운데 기본생활비를 지급받는 비율은 모두 감소한 것으로 나타났다.

(5) 장애인의 사회보장 현황

〈표 14-8〉은 16세 이상 도시 장애인의 사회보험 가입 현황을 보여준다. 2007년부터 2013년까지 도시 장애인의 사회보험 가입률은 지속적으로 증가하였다. 연금의 경우 2008년에는 41.6%에 불과하였으나 이후 가입률이 대폭적으로 증가해 2013년에는 74.4%에 이르렀다. 또한 도시 장애주민의 연금 가입률 역시 대폭 증가해 2013년에 49.1%에 이르렀는데 이는 2012년

보다 1.2% 증가한 것이다. 하지만 2013년에도 아무 사회보험에도 가입하지 않은 도시 장애인이 대략 5.4% 정도 존재한다는 것에 주목해야 한다.

신형 농촌 합작의료에 가입한 농촌 장애인의 비율은 안정적으로 높아지고 있다. 2007~2013년 농촌 장애인의 신형 농촌 합작의료 가입 비율이 지속적으로 높아지고 있는데 2007년 84.4%에서 2013년 97.1%로 상승했다. 정부의 재정적 지원과 중국장애인연합회의 적극적인 추진으로 인해 농

〈표 14-8〉 16세 이상 도시 장애인의 사회보험 가입 현황

(2008~2013년, 단위: %)

구분	2008	2009	2010	2011	2012	2013
한 가지 이상 사회보험 가입	62.6	64.3	76.1	80.9	94.7	94.6
연금 가입	41.6	42.1	47.4	58.4	72.3	74.4
의료보험 가입	58.6	62.1	74.4	78.5	93.3	93.7

자료: 2013년 전국 장애인 현황 및 샤오캉 진전 감측보고.

〈표 14-9〉 16세 이상 도시 근로장애인의 사회보험 가입 현황

(단위: %)

구분	2008	2009	2010	2011	2012	2013
한 가지 이상 사회보험 가입	70.9	92.6	95.6	97.2	98.1	97.0
연금 가입	64.9	83.8	83.2	91.4	93.4	94.5
의료보험 가입	70.6	89.6	93.5	95.2	97.2	96.2
고용보험 가입	7.9	8.9	10.0	11.8	10.8	13.3
산재보험 가입	3.9	6.1	6.5	9.1	9.0	12.1
출산보험 가입	2.9	3.5	4.6	7.3	6.3	10.4

자료: 2013년 전국 장애인 현황 및 샤오캉 진전 감측보고.

〈표 14-10〉 16세 이상 도시 장애주민의 사회보험 가입 현황

(2008~2013년, 단위: %)

구분	2008	2009	2010	2011	2012	2013
한 가지 이상 사회보험 가입	46.4	63.7	75.8	87.4	90.7	91.4
연금 가입	12.4	13.3	19.4	35.2	47.9	49.1
의료보험 가입	43.6	61.4	74.5	83.6	88.9	90.5

자료: 2013년 전국 장애인 현황 및 샤오캉 진전 감측보고.

촌 장애인 대부분이 신형 농촌 합작의료에 가입한 것으로 보인다.

〈표 14-12〉는 장애인 최저생활보장급여의 급여 현황을 보여주는 것으로, 2013년 도시 장애인 최저생활보장급여 수급률과 부조 수급률은 2007년과 비교했을 때 대폭 향상되었다. 농촌 역시 이 기간 동안 무려 18.1%p가 증가했다.

중국정부에서 최저생활보장제도와 오보공양제도 등을 통해 장애인의 기본생활을 보장하고 있지만 장애인의 각종 부조 수요는 충족시키지 못하고 있다. 2013년 도시에서 생활구조가 필요한 장애인은 41.8%인 반면, 농촌에서 생활구조가 필요한 장애인은 65.6%인 것으로 조사되었다(〈표 14-14〉와 〈표 14-15〉 참조). 이를 보완하기 위해 최저생활보장제도의 실시

〈표 14-11〉 농촌 장애인의 신형 농촌 합작의료의 가입 현황

(2007~2013년. 단위: %)

구분	2007	2008	2009	2010	2011	2012	2013
전국	84.4	93.5	94.4	96.0	97.4	97.0	97.1

자료: 2013년 전국 장애인 현황 및 샤오캉 진전 감측보고.

〈표 14-12〉 도시 장애인의 최저생활보장급여 수급률과 부조 수급률

(2007~2013년, 단위 : %)

구분	2007	2008	2009	2010	2011	2012	2013
최저생활보장급여 수급률	19.7	21.3	22.6	24.0	23.7	22.6	21.7
부조 수급률	22.2	26.7	26.6	26.9	25.9	27.0	26.8

자료: 2013년 전국 장애인 현황 및 샤오캉 진전 감측보고.

〈표 14-13〉 농촌 장애인의 최저생활보장급여 수급률과 부조 수급률

(2007~2013년, 단위: %)

구분	2007	2008	2009	2010	2011	2012	2013
최저생활보장급여 수급률	12.5	19.6	23.6	28.6	28.1	29.9	30.6
부조 수급률	26.6	28.8	27.2	27.7	25.7	32.8	28.9

자료: 2013년 전국 장애인 현황 및 샤오캉 진전 감측보고.

<표 14-14> 도시 장애인가정의 부조 현황

(2007~2013년, 단위: %)

구분	2007	2008	2009	2010	2011	2012	2013
의료구조	57.8	54.3	56.3	54.3	54.9	52.7	52.5
생활구조	41.4	40.6	49.5	48.7	50.3	45.2	41.8
재활구조	30.1	27.9	26.5	24.1	24.8	25.6	26.0
교육구조	10.4	10.3	7.6	7.0	5.8	7.6	7.8

자료: 2013년 전국 장애인 현황 및 샤오캉 진전 감측보고.

<표 14-15> 농촌 장애인가정의 부조 현황

(2007~2013년, 단위: %)

구분	2007	2008	2009	2010	2011	2012	2013
의료구조	69.1	66.8	66.2	63.5	63.6	62.3	59.7
생활구조	60.2	61.8	65.0	66.2	66.6	68.6	65.6
재활구조	37.9	35.6	32.0	30.5	29.4	29.8	27.5
교육구조	14.7	12.7	13.9	13.2	11.3	10.2	9.3

자료: 2013년 전국 장애인 현황 및 샤오캉 진전 감측보고.

과정에서 장애인의 특수한 상황에 대해 〈장애유형에 따라 구조를 제공하는 방안〉을 통해 최저생활보장제도의 문제점을 보완하기 모색했다.

(6) 장애인의 사회서비스 현황

2011년부터 2014년까지 장애인의 사회서비스사업 체계화가 실시되면서 장애인 사회서비스는 크게 발전했다. 2014년 장애인 재활기관은 6,914개로, 재활치료 횟수는 2011년 631만 8천 회에서 2014년 751만 5천 회로 증가했다. 2013년 장애인의 지역사회서비스 비율은 44.3%로, 2011년보다 40% 증가했다. 도시 장애인 지역사회서비스 비율은 농촌 장애인 지역사회서비스 비율보다 높았다. 2013년 장애인의 법률서비스 비율은 23.5%로, 2011년보다 85% 증가했다. 장애인가정의 법률서비스 만족도 조사에서 매우 만족 혹은 만족하다고 답한 가정의 비율은 조금 감소했다. 2013년 장애인의 법률서비스 만족도는 87.2%로, 2011년보다 6% 낮아졌다.

〈표 14-16〉 장애인의 기본사회서비스 현황

(2011~2014년)

구분	재활서비스		법률서비스		거주서비스	
	재활기관(개)	서비스(만 회)	부조스테이션(개)	지원센터(개)	거주기관(개)	서비스(만 회)
2011	-	631.8	545	2,933	3,921	11.9
2012	-	760.2	811	2,979	3,903	11.3
2013	-	746.8	901	3,096	5,677	16.0
2014	6,914	751.5	4,666	3,001	5,917	16.1

자료: 2013년 전국 장애인 현황 및 샤오캉 진전 감측보고; 중국 사회보장 발전 보고(2016).

(7) 장애인의 무장애환경

중국의 장애인을 위한 무장애(*barrier-free*, 배리어프리) 환경 조성은 늦은 편이다. 1980년 말에 이르러서야 무장애환경 조성과 관련된 조항이 국가발전계획에 포함되었다(刘迟·韩俊江, 2012). 이후 중국 각급 정부는 전국에 걸쳐 무장애환경 조성에 관한 구체적 규정을 제시하였으며 점차 도로와 대형건축물을 대상으로 그 범위와 규모를 확대하였다. 중국 대도시 중 신축건물 혹은 재건축건물, 인도, 공공건축물과 주택단지에 조성된 배리어프리는 무장애환경 조성사업 사례에 해당한다. 일부 도시에서 시각장애인 유도블록을 만들고 휠체어 이용자를 위해 각종 사업을 실시하면서 무장애환경 조성이 크게 향상되었다. 건축설계에서도 대형공공건물에 휠체어 이용자와 노인을 위한 실내외 연결램프 설치 등 사회취약계층이 안전하고 편리하게 사용할 수 있는 무장애설비를 강화하였다.

중국정부는 장애인에게 편리한 사회환경을 제공하기 위해 무장애환경 조성을 우선적으로 지원하고 있다. 특히, 장애인의 사회참여에 있어서 무장애환경 조성은 핵심이 된다. 중국 무장애환경 조성 현황은 다음과 같이 요약할 수 있다.

첫째, 무장애환경 조성체계가 기본적으로 구축되었다. 중국공산당 중앙위원회와 국무원은 〈장애인사업을 발전시키는 데 관한 의견〉과 〈장애인보장법〉(수정안)을 통해 무장애환경 조성에 관한 내용을 강화하였고, 2001년

<표 14-17> 도시 장애인의 무장애시설과 서비스 만족도

(2007~2013년, 단위: %)

구분	2007	2008	2009	2010	2011	2012	2013
매우 만족 혹은 만족	48.0	62.9	66.9	69.4	77.9	81.5	84.6
보통	48.5	34.5	31.5	29.2	20.4	17.8	15.1
불만족	3.5	2.6	1.5	1.4	1.7	0.7	0.3

자료: 2013년 전국 장애인 현황 및 샤오캉 진전 감측보고.

〈도시 도로와 건축물 무장애환경 조성규범〉을 제정하였으며, 2012년 〈무장애환경 조성조례〉를 제정하였다.

둘째, 정부 각 부처에서 무장애환경 조성사업을 전개하였다. 주택도농건설부에서는 〈도시 도로와 건축물 무장애환경 설계규범〉을 발표하였고 철도부에서는 〈철도역 무장애환경 설계규범〉을 제정하였다. 민항국에서는 〈장애인 항공운송방안〉을 제정하였으며, '민용 공항 무장애환경 설비배치기준'을 수정하였다. 공업정보화부는 관련 정보 교환하여 무장애기술, 제품 기준을 개선하였다.

셋째, 장애인정보 무장애 핵심 서비스 지원플랫폼을 구축하였다. 2009년 1월 12일 과학기술부와 중국장애인연합회는 '장애인정보 무장애 조성연합행동계획'(中國殘疾人信息無障碍建設聯合行動計劃)을 공동으로 추진하였다.

넷째, 도시 무장애환경 조성모델의 기본 수준이 마련되었다. 주택도농건설부, 민정부, 중국장애인연합회, 전국노령위원회에서는 100개 도시를 대상으로 11·5 규획 기간(2006~2010년) 동안 전국적으로 무장애환경 조성 도시사업을 진행하며 중국 도시 무장애환경 조성사업모델을 모색하였다. 전반적인 무장애환경 조성의 향상과 주민의식의 제고에 따라 11·5 규획 기간 동안 장애인 종합서비스시설 현황이 크게 호전되었다.

다섯째, 도시장애인의 무장애시설에 관한 만족도가 향상되었다. 2007년부터 2012년까지 도시장애인의 무장애시설과 서비스 만족도가 지속적으로 높아지고 있다. 2013년 도시장애인의 무장애시설과 서비스 만족도는 84.6%로, 2012년보다 3.1%p 증가하였다.

(8) 장애인 문화 · 체육 현황

최근 중국은 장애인 문화 · 체육사업에서 가시적인 발전을 이루었다. 중국 정부가 장애인 문화 · 체육사업의 발전을 매우 중시하면서 장애인이 문화 · 체육사업에 참여하는 통로가 다양해졌고 기회도 많아졌다. 우선 중국정부는 정책 및 법률을 통해 장애인의 문화 · 체육사업 발전을 촉진하고 있다. 〈장애인보장법〉제5장에 수록된 '문화생활'에서는 장애인의 평등한 문화 생활 참여권을 보장해 장애인 문화보장의 원칙과 방식을 확정함으로써 법적 기반을 마련하였다.

장애인 문화 · 체육사업의 전개는 장애인의 기본적인 문화 욕구를 충족할 뿐만 아니라, 장애인의 문화예술을 발전시킬 기회와 공간을 마련하는 데 그 목적이 있다. 주요 장애인 문화활동사업은 다음과 같다. 첫째, 중국정부는 각종 공공문화장소를 장애인에게 무료 혹은 저렴한 입장료로 제공해 시설과 정보교류 측면에서 무장애서비스를 제공하고 있다. 둘째, '장애인 문화의 주' 행사를 전개해 대중에게 장애인 문화활동을 홍보하는 데 주력하고 도시와 농촌의 지역사회에서는 '장애인 지역사회 문화활동' 프로그램을 전개하고 있다. 셋째, 공공도서관에 시각장애인 열람실을 배치하고 시각장애인을 위한 그림, 책, 관련 열람 설비를 갖추었으며 시각장애인 열람서비스를 제공하고 있다. 특히, 경제적으로 낙후된 중 · 서부지역의 시 · 현급 공공도서관의 설립을 지원해 시각장애인 전용 열람실을 설치하였다. 또한 중국 시청각 문화소식서비스센터(중국 시각장애인 전용도서관)를 설치해 장애인에게 공공문화서비스를 제공하고 있다. 넷째, 특수교육학교를 위주로 장애인 특수예술 인재교육센터를 설치함으로써 각종 예술대회 및 전람회를 개최하고 장애인이 예술활동에 참여하고 창작할 수 있도록 장려한다. 또한 장애인

<표 14-18> 전국 장애인의 지역사회 문화 · 체육활동 참여율

(2007~2013년, 단위: %)

구분	2007	2008	2009	2010	2011	2012	2013
자주 참여한다	4.7	5.7	5.4	5.4	6.3	7.8	8.2
거의 참여하지 않는다	20.1	24.5	24.5	28.3	32.4	36.5	34.9
한 번도 참여하지 않았다	75.2	69.8	70.1	66.3	61.3	55.7	57.0

자료: 2013년 전국 장애인 현황 및 샤오캉 진전 감측보고.

문화예술품의 개발을 지원하며 장애인의 국제교류사업을 지원하고 있다.

전국 장애인 현황 및 샤오캉 진전 감측보고에 따르면 2013년 장애인의 지역사회 문화 · 체육활동 참여율은 낮은 것으로 나타났다. 전국적으로 장애인의 지역사회 문화 · 체육활동 참여율은 8.2%로 2012년보다 0.4%p 증가했다.

4. 맺음말

중국 고령자 및 장애인 복지제도는 그동안 큰 성과를 거두었지만 노인, 장애인 등 취약계층의 다양한 욕구를 만족시키기에는 역부족하다. 먼저, 현재 중국의 고령자 및 장애인 복지체계가 제대로 구축되지 못한 상태이며 대다수 고령자 및 장애인이 누릴 수 있는 혜택은 적고 급여 수준이 낮아서 기본 욕구를 만족시키지 못하는 상황이다. 특히, 기본생활, 재활, 교육, 취업 등 방면에서 많은 어려움에 직면하고 있다.

다행히도 개혁개방 이후 발전과정을 살펴보면, 중국의 고령자 및 장애인 복지서비스의 발전방향과 계획이 점차 명확해졌음을 알 수 있다. 즉, 사회서비스의 목표는 사회화, 다원화, 정부와 민간이 결합하는 방향으로 나아가며, 모든 취약계층의 욕구를 만족시키고 생활의 질을 보장하여 기본생활을 영위하는 데 필요한 서비스를 적절하게 제공하는 것이다.

■ 참고문헌

해외 문헌

吕学静·超萌萌(2012).《典型国家残疾人社会福利制度比较研究》. 北京: 首都经济
    贸易大学出版社.

刘迟·韩俊江(2012). 我国残疾人社会保障制度的完善.〈税务与经济〉.

杨立雄·兰花(2011).《中国残疾人社会保障制度》. 人民出版社.

郑功成(2003).《中国社会保障制度的变迁与评估》. 北京: 中国人民大学出版社.

_____(2008).《中国社会保障30年》. 北京: 人民出版社.

郑功成·杜鹏·杨立雄 等(2011).《中国残疾人事业发展报告》. 人民出版社.

기타 자료

중국 민정부 사회서비스 발전 통계공보, 2011~2015년.

第二次全国残疾人抽样调查主要数据公报.

2013年度全国残疾人状况及小康进程监测报告(2013년 전국 장애인 현황 및 샤오캉 진
    전 감측보고).

15

아동 및 보육서비스

2014년 말 기준 중국 아동인구(0~14세)가 전체 인구에서 차지하는 비율은
16.5%에 달했다. 중국의 연간 신생아인구는 지난 2006년 이후 1,500만
명을 넘지 못하고 있다. 2016년 중국정부의 두 자녀 정책 실시로 중국의
아동인구는 지난 2014년 2억 4,600만 명에서 2020년 2억 6,600만 명으로
늘어날 것으로 예상된다.

1. 아동복지의 발전과정

신중국 성립 이후 중국사회는 큰 변화를 겪었다. 계획경제 시기 아동복지
제도의 주요 특징은 다음과 같다. 첫째, 아동복지제도의 도농 분할이다.
도시에서 대다수 사람은 단웨이(單位, 직장)에 소속되었는데 아동은 일반
적으로 부모의 직장으로부터 복지를 제공받았다(郑功成, 2003). 아동복지
기관의 보호가 필요한 아동은 사실상 보호자가 없는 아동이었지만 국가로
부터 전액을 지원받는 아동복지기관은 일반적으로 도시 아동만을 보호했

다. 한편 농촌의 가정이 없는 아동은 '오보공양제도'에 적용되었다. 이와 동시에 가정, 친척과 친구의 네트워크는 고아 보호 측면에서 상당한 기능을 발휘했다.

둘째, 아동복지기관은 정부가 완전히 책임졌다. 과거 서양전도사가 창설한 아동복지기관과 국민당정부 시기의 공립 아동복지기관의 운영은 정지되었거나 혹은 신중국 성립 후 공립 복지기관으로 개조·통합되었다. 사회주의시기에 모든 아동복지기관은 정부에서 전액을 지원하고 인력을 파견하여 운영하였으며 중국공산당과 중국정부는 고아와 장애아동에 대해 지대한 관심을 보였다. 아동복지는 정치적 성향을 충분히 엿볼 수 있는 사례이기도 하다.

개혁개방 이후 시장경제와 대외개방의 영향으로 아동거주시설과 양육에 관한 관념이 많이 바뀌었다. 계획경제시기에는 사회주의 집체사상의 영향으로, 고아와 장애아동이 복지시설에서 보호받는 것이 일반가정에 입양되어 생활하는 것보다 좋다고 여겨졌다. 그러나 1990년대 이후 지속적인 연구, 실천과 논쟁을 통해 고아를 가정으로 보내는 것이 가장 합리적인 선택임을 인식하게 되었다.

이러한 배경 아래에서 아동복지기관은 점차 돌봄의 방식과 수단을 다양화했다. 시설 내 가정식 돌봄, 가정위탁양육, 가정입양, 원외 입양, 사회보호 등 새로운 방식이 아동복지의 발전방향이 되었다. 고아와 장애아동 보호 외에도, 아동복지원의 기능도 점차 다양해지기 시작했다. 일부 지방의 아동복지원에서는 지역사회 장애아동을 위해 재활훈련과 가장육성서비스를 전개하는 등 복지기관의 기능이 지역사회로 뻗어 나갔다.

이 밖에도 개혁개방 이후 중국의 보편적 아동복지도 어느 정도 발전하였는데, 주로 두 가지 부분에서 나타났다. 첫째, 전국 현(縣)급 이상 지역에서 보편적으로 임산시기와 출산 전후기간에 관한 보건제도와 방안을 수립하였고 심각한 전염병이나 장애아동에 대해 조기예방을 실시하였다. 0~

14세 아동의 면역접종 대책과 방안 실시는 아동의 건강수준을 크게 향상시켰다. 둘째, 의무교육제도를 실시했다. 1986년 4월 12일 제6기 전국인민대표대회 제4차 회의에서 〈의무교육법〉을 통과하였고, 1986년 7월 1일부로 의무교육을 실시하였다. 중국정부는 의무교육비 보장시스템을 구축해서 9년 의무교육제를 통해 학생에게 학비와 그 외 비용을 받지 않았고 아동의 교육기회를 보장하였다. 이 밖에도 개혁개방 이후 전국 각지에서 자선사업가에 의한 각종 비영리 아동복지기관이 창설되었는데 이는 취약아동의 보호에 상당히 기여했다.

2. 적정 보편적 아동복지제도의 모색

1) 적정 보편적 아동복지의 이론논쟁

신중국부터 개혁개방 초기까지 오랫동안 중국에서의 아동복지란 관례적으로 민정부가 창설한 아동복지원의 활동을 가리켰으며, 주요 대상자는 고아, 유기된 영아와 장애아동이었다. 이러한 아동은 일반적으로 아동복지기관에 입주하였다. 아동복지원의 주요 기능은 가정의 기능이 정상적으로 발휘하지 못할 때 발생하는 결함을 보완하는 것으로 전형적인 잔여형 아동복지로 볼 수 있다.

개혁개방 이후 경제성장과 사회보장제도 개혁이 추진되면서 아동복지제도에도 변화가 일기 시작했다. 전체적인 개혁 추세는 국가가 더욱 광범위하게 아동복지에 개입하고 복지공급 주체로서 가정의 지위를 대신하거나 대체하는 것이었다. 각종 현상이 보여주듯 보편적 아동복지는 중국 아동복지의 발전방향이 될 가능성이 아주 크다. 그러나 경제발전 수준 등의 원인으로 인해 단기간에 서구복지국가의 수준에 도달하는 것은 불가능하다. 이러한 배경 아래에서 적정 보편적 아동복지는 정부로부터 제시되었다.

'적정 보편적' 복지의 의미가 무엇이냐에 관해 중국학술계에서는 아직 공감대가 형성되지 않았다. 일부 학자는 적정 보편적 사회복지란 '보충형'과 '전 국민 보편적' 사회복지 사이의 과도기적 단계로서 사회경제발전과 서로 관련되어 특정성과 단계성을 가진다고 주장했다. 상당수의 연구자는 적정 보편적 수준을 오직 정부의 책임으로 생각하지 않고 복지다원주의를 주장한다(戴建兵·曹艳春, 2012). 예를 들어 린민강(林闽钢) 교수와 펑화민(彭华民) 교수는 적정 보편적 사회복지모델에서 정부주도의 구조를 실현하기 위해서는 단계성과 표준화가 필요하다고 보고, 다원화된 책임분담시스템의 구조를 형성해야 한다고 주장한다(林闽钢, 2011). 그러므로 적정 보편적 사회복지는 보편적 사회복지로 향하는 과도기적 단계로 볼 수 있다(彭华民, 2011; 林闽钢, 2011). 적정 보편적 사회복지에서는 정부와 다양한 사회주체가 참여하는 반면, 보편적 제도 아래에서는 정부가 주로 책임을 진다.

이론적 논쟁과는 달리, 중국정부는 적정 보편적 아동복지가 무엇인가에 관해 정부의 입장을 분명하게 표명했다. 아동복지는 경제발전과 사회문명의 진보에 따라 보충형에서 보편적 복지로 발전해왔기에 중국 아동복지의 대상범위는 경제발전과 사회문명 진보에 따라 고아 보호에서부터 곤경에 처한 아동, 최종적으로는 모든 아동까지 확대되어야 한다는 것이다. 이와 동시에 적극적인 연구를 통해 어려움에 처한 아동을 위한 아동복지를 확대함으로써 앞으로 중국 아동복지가 보충형에서 적정 보편적 복지로 전환하는 데 속도를 낼 수 있다는 견해다.

적정 보편적 아동복지제도는 곤경아동사업에 있어 핵심 사항이다(窦玉沛, 2011). 곤경아동의 개념은 전통적 고아 혹은 장애아동을 넘어섰다. 2013년 6월 민정부에서는 〈적정 보편적 아동복지제도의 확장에 관한 시범사업 업무통지〉를 발표했고 적정 보편적 아동복지제도는 '적정 보편적, 단계별, 유형별, 표준별, 구역별'이라는 기준을 고려하여 진행되었다. '단계별'에 따라 아동집단을 고아, 곤경아동, 곤경가정아동, 일반아동 등 4가지 단계로 나눈다. 곤경아동은 장애아동과 중병아동, 유랑아동 등 3가지로 구분되고, 곤경가정아동은 부모가 중병을 앓는 아동, 장애를 가진 아동, 부모가 감옥에서 장기 징역을 사는 아동, 강제적으로 마약을 끊은 아동, 부모의 한쪽이 사망하거나 다른 한쪽은 기타 이유로 인해 부양의 의무와 보호책임을 하지 못하는 아동, 빈곤가정 등으로 구분된다. 아동서비스보조금을 지급할 때는 아동이 어떤 분류에 해당하는지(특히, 고아, 곤경아동, 곤경가정아동) 고려하여 제공한다. 이러한 아동을 위해 기본생활보조금을 지급하고 장애아동과 중병아동에게는 기본생활보조금과 함께 의료비와 재활보조금을 제공한다.

이렇듯 적정 보편적 아동복지제도는 아동을 고아, 곤경아동, 곤경가정 아동과 일반가정 등 4가지로 구분하였다. 이러한 분류는 전통적으로 정부가 특수아동(고아·장애아동)과 일반아동 등 2가지로 구분한 것을 보완했는데, 이는 이론과 현실에서 모두 중요한 의미가 있다.

아동서비스 제공방식 측면에서 적정 보편적 아동복지의 실현을 위해서는 4가지 시스템이 필요하다. 적정 보편적 아동복지를 포함하는 구체적 정책, 적정 보편적 아동복지의 표준시스템, 적정 보편적 아동복지시스템과 적정 보편적 아동복지의 업무평가시스템이다(卢廷明, 2009).

2) 적정 보편적 아동복지제도의 수립 · 실천

적정 보편적 아동복지제도는 일정 기간의 축적된 연구를 통해 수립되었다. 특히, 곤경아동의 구조보호 분야에서 큰 발전을 이루었다. 전체적으로 고아, 장애아동과 유랑아동이 서비스의 중심이 되는 것 외에도 기타 곤경아동에 대해 당사자와 가정에 금전적 지원(복지보조금)을 제공하는 것에 중점을 둔다. 〈표 15-1〉은 곤경아동의 기본생활보장 복지보조금 현황이다.

〈표 15-1〉 중국 아동복지 보조금 현황: 기본생활보장

명칭	수혜 대상자	보조금액	실시시간	정책
아동촌*	아동촌 고아	• 청년촌 고아는 매월 생활비 91위안에서 125위안으로 증가 • 고중 식비 70위안, 의복비 25위안, 청결유지비(용)(사워, 이발) 8위안, 수도세 및 전기세 7위안 • 아동촌 고아 생활비 매월 91위안에서 105위안으로 증가 • 고중 식비 60위안, 의복비 20위안, 문구용품 등의 비용 13위안, 청결유지비(용)(사워, 이발) 5위안, 수도세 및 전기세 7위안	1992년	민정부 사무처의 〈아동촌 종사자 급여와 고아생활비 기준 및 복지대우 문제에 관한 통지〉
에이즈 영향과 아동복지보장	에이즈아동	• 기본생활은 해당지역의 생활평균수준의 양육기준보다 낮아서는 안 됨 • 다른 아동과 동등한 교육의 기회 • 기본의료조건, 취업과 생활서비스 제도 • 에이즈아동에게 적절한 일자리 제공	2009년	민정부의 〈강화된 에이즈환자 아동의 복지보장작업에 대한 의견〉
복지시설아동의 최저양육 기준	복지시설아동	• 복지시설아동의 최저양육기준은 1인당 매월 1천 위안으로 고정 • 식사비, 의류·침구비, 생활용품비용, 교육비, 의료비, 재활비 포함 • 중병의료자인과, 수양가정의 노동비용 포함하지 않음	2009년	'복지시설아동의 최저양육 기준에 관한 가이드'
고아 보조금	고아 전체	• 복지시설아동의 최저양육 기준은 1인당 매월 1천 위안 • 흩어져 사는 고아의 최저기준은 1인당 매월 6백 위안	2010년	민정부 재정부의 〈고아 기본생활비용에 관한 통지〉

〈표 15-1〉 중국 아동복지 보조금 현황: 기본생활보장(계속)

명칭	수혜 대상자	보조금액	실시시간	정책
일부 애국열사 자녀의 장기 생활보조금	농촌거주와 도시 무직자, 18세 이전에 정기적 국가유공자 연금을 받지 못했고, 만 60세가 넘은 열사의 자녀	• 중앙재정보조금 기준 1인당 매월 130위안 • 지방정부는 보조금 인상 혹은 다른 방식을 통한 보조만 가능	2011년 7월	〈일부 애국열사자녀의 정기생활 보조금에 관한 통지〉
농촌 의무교육학생의 영양식사 보조	농촌 의무교육학생	• 2011년 기을학기부터 학생 1인당 매일 조등학생 4위안, 중학생 5위안	2011년 가을	〈농촌 의무교육학생 영양개선계획에 관한 의견〉
에이즈 감염아동의 생활비	에이즈 감염 아동	• 각 성(자치구, 직할시)은 도동의 생활수준을 근거로, 아동 성장의 필요와 재정 상황이 해당지역의 평균생활수준의 기준보다 낮지 않도록 함 • 합리적인 감염 아동 생활비의 기준 확정 및 구체적 기준을 참고하여 해당 고아의 기본생활비 전액 집행	2012년	민정부 재정부의 〈에이즈 감염 아동의 기본생활비에 관한 통지〉
고아 최저양육기준	고아	• 전국적으로 통일된 사회분산 거주 고아의 최저 양육기준 제정 • 기준은 1인당 매월 6백 위안 • 해당 기역의 경제발전수준에 따라 최저양육기준을 기본으로 해당지역 고아의 양육기준을 정하며, 평균 생활수준과 물가상승지수 등을 고려하여 자연적으로 증가할 수 있도록 제정	2012년	〈고아의 최저양육기준을 제정하는 데 관한 통지〉

주: * 주로 정부가 출자해 운영하는 복지원과는 달리, 아동촌은 민간 자선기구로서 일반적으로 양쪽 부모가 사망한 고아를 대상으로 운영함.

기본생활보장에 속하는 아동복지보조금은 주로 고아, 에이즈병 감염아동, 열사자녀와 농촌 의무교육 아동을 대상으로 한다. 아동복지보조금은 크게 두 가지로 구분된다. 첫 번째는 복지시설의 아동보조금이며 여기에는 아동복지기관의 아동 최저양육 기준과 고아의 생활비 기준이 포함된다. 두 번째는 비시설 곤경아동의 보조금이다. 여기에는 분산되어 거주한 고아의 최저 양육 기준과 에이즈병 감염아동 및 에이즈 영향을 받은 아동의 생활비 기준, 농촌 의무교육 학생의 영양식사 보조금 기준, 열사자녀의 정기적 생활보조금 기준을 포함한다.

보조금의 설립시기를 살펴보면 아동촌 종사자의 급여와 고아 생활비용 기준 및 복지 관련 대우가 1992년에 수립된 반면, 기타 보조금은 2009년 이후에 수립되었다. 이것은 중국의 적정 보편적 아동복지제도가 설립된 시간과 일치한다. 보조금 기준을 살펴볼 때, 복지시설 내 아동의 보장 기준은 비시설 아동보장의 기준보다 높다. 재원 출처를 살펴볼 때, 중앙정부뿐만 아니라 각급 정부에서도 일정 부분을 책임진다. 이것은 아동복지의 책임분담을 분명히 보여주는 것으로 중앙정부의 책임과 각급 지방정부의 책임을 동시에 강조한다.

2013년은 적정 보편적 아동복지제도 수립에서 중요한 해였다. 중앙정부와 각급 지방정부의 추진 아래 전국적으로 곤경아동보장제도를 수립·계획하였다. 그러나 각 지역 곤경아동보장제도의 발전정도가 동일하지는 않다. 현재 전국 15개 성에서는 곤경아동(일부 곤경가정의 아동 포함)에게 기본생활보장을 제공하고 있는데, 그중 9개 성에서는 일부 지역과 시범지역의 곤경아동에게 기본생활을 보장하고 있다. 신장, 티베트, 간쑤 등 경제가 발달하지 못한 지역에서는 아직 곤경아동보장제도를 수립하지 못하였다. 이 밖에도 11개 성에서는 곤경아동에게 교육감세, 교육보조금, 재활보조금 등 혜택을 제공하고 있다. 〈표 15-2〉는 2013년 일부 성·시의 곤경아동 기본생활보장에 관한 현황이며, 〈표 15-3〉은 2013년 일부 성·시

〈표 15-2〉 중국 일부 성·시의 곤경아동 기본생활보장 현황

(2013년)

지역	아동분류	수립 여부	시간	내용 혹은 문건
베이징시	곤경아동	○	2013. 8	적정 보편적 복지제도 수립, 곤경아동의 사회보장체계에 편입
톈진시	유랑아동(도시에 살고 있지만 도시호적을 소유하지 못한 유동인구의 자녀)	○	2013. 4	곤경에 처한 유동 부녀자·아동의 보조금 신고에 관한 통지
장쑤성	곤경아동	시범지역	2013	곤경아동 분류 보장제도와 실질 무보호 자아동의 보장제도가 쿤산에서 시범사업이 실시되었고, 2014년 성 전체로 확대
저장성	곤경아동	일부 지역	2013	저장성의 보편적 아동복지제도의 "선행 선시범" 시범사업 실시방안
안후이성	고아, 곤경아동	○	2013. 12	2013년 안후이성 33개 항목의 민생프로젝트 실시방안, 취약계층 공공부조 실시방안
산둥성	곤경아동	일부 지역	2013. 12	칭다오시 실질 무부양보호자 아동의 보장사업에 관한 통지
후난성	곤경아동	시범지역	2013	오위일체(五位一體, 공양, 빈곤구제, 의료구조, 교육구조, 취업구조) 시스템
후난성	곤경아동 일부 지역	시범지역	2013	곤경아동 기본생활보장 시범사업
광둥성	실질적으로 부양을 못 받는 아동	일부 지역	2013. 12	곤경아동 관심 생활비보조금
하이난성	장애아동	○	2013. 7	하이난성 중증장애인 생활보조금 실시방안
충칭시	실질적으로 부양을 못 받는 아동	○	2013. 10	실질 무부양보호자 곤경아동의 생활보조금제도 수립의 통지
쓰촨성	곤경아동, 고아	일부 지역	2013	고아와 특수곤경아동 부조보장체계
구이저우성	곤경아동	일부 지역	2013. 10	육위일체(六位一體, 주택구조, 교육구조, 의료구조, 빈곤구제, 공양, 취업구조) 부조사업
산시성	장애아동	○	2013. 12	산시성의 장애인 생활보조금 실시의견 및 보충 통지

자료: 北京师范大学中国公益研究院儿童福利研究中心编(2013).

의 곤경아동 교육과 재활보조금에 관한 현황이다.

〈표 15-2〉와 〈표 15-3〉에서 보다시피, 첫째, 중국 대부분 성·시에서는 곤경아동보장이 아직 수립되지 않아 모든 곤경아동에게 적용되지 못하고 있다. 현재 보장정책은 특정한 아동유형에게만 적용된다. 여기에는 장애아동, 중병아동 및 유랑아동, 혹은 전통적 특수아동 등이 포함된다. 그러나 현재 복지제도는 곤경에 처한 아동에게만 적용되기 때문에 가정문제로 곤경에 처한 아동은 적용받지 못한다.

둘째, 생활보장제도를 수립한 성·시는 교육과 재활구조제도를 제공하

〈표 15-3〉 중국 일부 성·시의 곤경아동 교육구조와 재활구조 현황

(2013년)

지역	범위	수립 현황	시간	내용 및 문건
푸젠성	중증아동	○	2013. 1	아동 의료위생서비스 사업 실시의견
	장애아동	○	2013	특수교육 학생에 대한 삼면일보(三免一補, 교재비, 잡비, 문구비의 지원과 곤경 학생의 보조금)의 전면적 실시와 보조금 기준 강화
구이저우성	곤경아동	일부 지역	2013. 10	육위일체(六位一體, 주택구조, 교육구조, 의료구조, 빈곤구제, 공양, 취업구조) 부조사업
장시성	곤경아동	○	2013	장시성의 학령 전 교육 3년 행동계획 (2011~2013년)
산둥성	장애아동	○	2013. 4	장애아동 재활구조방안
톈진시	곤경아동	○	2013. 7	톈진시 학령 전 교육보조금 관리방안 (임시시행)
윈난성	빈곤아동	일부 지역	2013. 6	학령 전 교육가정의 경제적 곤란 보조금기금
닝샤성	곤경아동	○	2013	학령 전 교육 1년 교육보조금제도
산시성	고아, 장애아동, 곤경아동	○	2013	산시성 학령 전 교육보조금제도의 실시방안에 관한 통지
랴오닝성	빈곤아동, 유랑아동	○	2013	학령 전 3년간 가정 경제곤란 아동에게 보조금 제공, 유랑아동의 동등한 대우
광시성	고아, 장애아동, 빈곤아동	○	2013	광시성 학령 전 교육보조금 관리 임시 실시방안의 통지

자료: 北京师范大学中国公益研究院儿童福利研究中心编(2013).

는 성·시보다 훨씬 많다. 그러나 곤경아동의 교육과 재활구조가 포함하는
범위는 생활보장보다 훨씬 넓다. 일부 지역에서는 곤경아동의 교육과 재활
구조가 유랑아동에게 적용되고 있다. 이 밖에도 수많은 지역에서 유아교육
을 부조범위에 포함하며 적정 보편적 아동복지제도의 범위 대상과 범위 영
역을 끊임없이 확대하고 있다. 적정 보편적 아동복지제도 역시 생활, 교
육, 재활의 세 가지 항목이 중점이 될 뿐이고 모든 곤경아동 유형을 포함하
지 못하고 있다.

셋째, 보장형식에서 볼 때 대다수 지역의 곤경아동보장은 생활구조가
중심이 되며 일부 지역에서는 곤경아동에게 교육, 의료 등 부조를 제공하
거나 기초 의료시설을 건설하고 있다. 그러나 전체적으로 곤경아동에 대한
복지서비스는 부족한 편이어서 중국의 적정 보편적 아동복지제도는 아직
시작단계에 불과하다.

일부 지역에서는 몇 년 전부터 적정 보편적 아동복지서비스 제공모델을
모색하기 시작했다. 2010년 7월 UN 아동기금회, 민정부, 베이징사범대
중국공익연구소가 연합하여 5개 성 12개 현 가운데 120개 촌에서 아동복지
시범구 프로젝트를 실시했다. 아동복지 시범구 프로젝트의 촌에는 모두 종
합 아동복지서비스시설을 건립하였다. 여기에는 어린이집이 포함되는데
모든 어린이집에 주임이 배치되어 전문적으로 아동복지서비스사업을 책임
졌다. 아동복지 시범구 프로젝트는 중국에서 가장 빈곤한 농촌지역에서 적
정 보편적 아동복지서비스의 모델을 모색하는 데 유익한 자료를 제공했다.

경제발달지역에서는 민정부가 저장성 하이닝시와 장산시 및 장쑤성의 쿤
산시와 쑤저우시를 선행시범지역으로 선정해 '도농 4급'의 일체화된 아동복
지서비스체계의 수립을 모색하였다(이하 4급 아동서비스체계). 즉, 위탁 공
립사회복지원은 아동복지서비스의 컨트롤센터를 설치하고 가도와 향촌에
는 아동복지서비스센터를 설립하였으며 주민위원회와 마을위원회에서는
전문 아동복지감독원을 배치하여 상-하식과 지역사회와 향촌 침투형 '국-

원-스테이션-원'의 4급 사업네트워크를 형성하였다. 2014년 4월 18일 민정부가 발표한 〈적정 보편적 아동복지제도 건설 시범사업을 전개하는 데 관한 통지〉는 최초로 적정 보편적 아동복지제도 수립 시범사업의 기초상에서 결정되었고, 46개 시(현, 구)에서 두 번째 시범사업을 전개하였다.

3. 아동복지의 쟁점과 발전방향

1) 아동복지의 문제점

개혁개방 이후 아동복지제도를 수립한 지 30여 년이 지났다. 중국 곤경아동의 부조보호제도는 기본적으로 수립되었다. 그러나 현재 상황에서 볼 때, 다음의 일부 방면에서 아동문제는 여전히 심각하다.

(1) 농촌 유수아동 문제

부모가 도시로 나가 일을 하는 경우는 농촌에 남겨진 유수(留守) 아동에게 아주 큰 영향을 준다. 첫째, 한 세대를 넘는 세대 간 보호(조부모의 보호)로 지나친 돌봄이 발생할 수 있고 농촌에 남겨진 유수아동의 물질적 욕구를 중시한 채 다른 정신적, 도덕상의 단속은 경시될 수 있다. 둘째, 노인의 문화수준 한계로 인해 아동의 학습지도가 쉽지 않고 아동에 대한 지나친 돌봄으로 건강한 학습자세와 생활습관을 형성하기 어렵다. 셋째, 장기적으로 부모가 아이 곁에 없을 때 농촌에 남겨진 유수아동의 인성과 행동에 문제를 유발할 수 있다. 어떤 의미로는 '고아' 혹은 '편부모아이'가 될 수 있다. 넷째, 농촌에 남겨진 유수아동의 보호자가 대다수 조부모 혹은 친구이므로 보호자가 익사, 감전, 싸움 등 뜻밖의 사건사고에 휘말릴 가능성이 있으며 심지어는 인신매매나 범죄 등 악성 사건사고가 발생하기도 한다.

(2) 장애아동 문제

현재 중국에서는 장애영아를 유기하는 행위가 심각한 사회적 문제로 떠올랐다. 중국은 현재 영아유기행위에 대해 법적, 정책적으로 제재할 뿐 관련 사회서비스정책이 부족해 부모의 스트레스를 감소하거나 부모의 영아유기 행위 발생을 예방하기 어렵다.

일부 지역에서는 장애아동의 복지정책 홍보가 미흡해 장애아동가정은 관련 정책의 존재도 모르고 있어, 장애아동의 가정은 양육부담에 생활고를 겪는다.

(3) 학령 전 교육과 보육서비스

학령 전 교육과 보육서비스 역시 현재 중국에서 시급하게 해결해야 할 아동복지문제이다. 구체적으로 다음과 같이 두 가지 문제가 지적된다. 첫째, 농촌 유치원의 조건이 열악하고 대우가 좋지 못해 정식 학력을 갖추고 체계적으로 학령 전 교육을 전공한 전문 유아교사 대부분은 농촌 유치원에서 종사하기를 원치 않는다. 이로 인해 현재 농촌 민간 유치원교사의 자질이 상당히 낮은 편이다. 이 밖에도 농촌의 학령 전 교육시설 대부분이 민간에서 설립한 것이기 때문에 관리 · 감독 방면에서 관련 규정이 미흡해 안전사고 예방이 쉽지 않다.

둘째, 도시지역(특히, 대도시)에서는 유치원에 입학하기 힘들거나 탁아소에 입소하기 힘들며 고도의 상업화 현상이 두드러진다. 최근 들어 유치원에 입학할 아동 수가 급증하고 우수한 학령 전 교육에 대한 열망이 커지면서, 학령 전 교육부터 자녀가 불리한 출발선에서 시작하는 것을 원치 않는 사회적 분위기로 인해 중학교 입학처럼 학령 전 교육을 선별하는 현상이 생겨났다. 이것은 유치원 입원이 생각보다 쉽지 않은 현실을 반영한다.

2) 아동복지제도의 개혁

아동복지의 범위도 경제발전과 사회문화의 진보에 따라 확대된다. 아동복지는 전통적 고아, 장애아동으로부터 시작해 기본적으로 전체 곤경아동을 대상으로 실시되며 최종 목표는 모든 아동에게 적용되는 것이다. 이로 인해 아동복지제도의 발전설계는 가정을 중심으로 가정유형에 따라 대체성 아동복지, 보충성 아동복지와 지원성 아동복지로 구분된다.

구체적으로 정상적인 가정에 돌아갈 수 없는 아동(예를 들면 고아, 유기된 영아 등)은 대체성 아동복지를 선택할 수밖에 없어 시설에서 보호되거나 입양된다. 문제가정(예를 들어 가장이 마약을 하거나 절도 등의 위법행위를 하거나 혹은 학대, 박해 및 자녀를 유기하는 등의 가정)에서 생활하는 아동은 객관적으로 부모가 아동을 보호하거나 양육할 수 없다고 판단될 때 보호권을 이전할 수 있다. 아동복지기관에서는 이러한 문제가정의 아동에 관한 보호권을 일시적으로 혹은 영구적으로 이행할 수 있다.

아동복지에 있어 가정이 가장 우선이라는 생각에 기초를 두고 시설에서 보호받는 아동을 위해 최대한 가정양육의 환경을 만들어야 하기에 '유사가정'의 양육방식을 채택해서 복지시설 아동의 심리문제 발생을 줄여 사회에 순조롭게 적응할 수 있도록 한다.

일부 취약가정(빈곤가정, 편부모가정, 보호자가 장애나 질병을 앓는 가정 등)에서 생활하는 장애아동은 관련 보충성 아동복지를 통해 가정의 기능을 보완할 수 있으며, 가정에서 아동의 기본적인 욕구를 최대한 충족시키고자 한다. 가령, 이러한 가정을 위해 복지서비스를 제공하거나 가정에게 현금지원을 제공한다.

정상적인 가정에서 생활하는 아동에 대해서는 지원성 아동복지를 통해 가정의 기능을 더욱 개선할 수 있다. 가령 아동에게 면역예방이나 의료보험 등을 제공해 아동의 의료위생 조건을 개선할 수 있다. 또한 무료로 급식

을 제공해 아동의 영양상태를 개선할 수 있다. 아울러 탁아서비스를 제공
하여 가정의 부담을 줄일 수 있고 기초교육서비스의 수준을 향상시켜 저소
득가정의 아동의 교육조건을 개선할 수 있다.

■ 참고문헌

해외 문헌

戴建兵·曹艳春(2012). 论我国适度普惠型社会福利制度的建构与发展.〈华东师范大
　　学学报〉(哲学社会科学版), 2012年第1期.
窦玉沛(2011). 儿童福利: 从补缺型向适度普惠型转变.〈社会福利〉, 2011年第4期.
卢廷明(2009). 实现适度普惠型儿童福利的构想.〈社会福利〉, 2009年第7期.
林闽钢(2011). 中国适度普惠型社会福利体系发展战略.〈中共天津市党校学报〉, 2011
　　年第4期.
郑功成(2003).《中国社会保障制度的变迁与评估》. 北京: 中国人民大学出版社.
彭华民(2011). 中国组合式普惠型社会福利的构建.〈学术月刊〉, 2011年第10期.

기타 자료

北京师范大学中国公益研究院儿童福利研究中心编(2013). 中国儿童福利月度分析.
　　2013年第12期.

16

주택 및 주거서비스

1. 머리말

살아가는 데 있어 주택은 필수품이다. 적합한 주택을 가질 권리는 기본적 인권이며 인격의 존엄과 가치를 체현·보호하는 전제이자 표현이다. 또한 현대국가 국민의 기본적 사회권리이며 대다수 가정의 생활 질 및 행복과 직결된다. 국민의 주택권리를 보장하기 위한 주택보장체계의 발전·보완은 전 세계 모든 국가가 관심을 두는 영역이다. 중국에서도 '집'에 관한 관심이 높아지고 있다.

개혁개방 이후 중국경제는 급성장했다. 도시화와 공업화가 추진되면서 중·저소득층의 주택난은 도시문제로 부각되었으며 치솟는 주택가와 기본 주거를 위한 주택 수요의 모순은 갈수록 심화되고 있다. 주택보장을 발전·보완하기 위해서는 중·저소득층의 주택문제를 해결하는 것이 급선무이다. 기본적 주택 수요의 만족은 중국사회가 주목하고 있는 핵심 문제일 뿐만 아니라 중국국민을 위해 해결해야 할 국가의 핵심 사업이다. 중국공산당과 각급 정부기관은 보장성 주택 건설을 매우 중시하고 있으며 중·저소득층의 주택 수요를 만족시키고 주택 질을 향상시킴으로써 사회평등을 촉진하고자 한다.

21세기(특히, 12·5 규획 시기)에 접어들면서 중국정부는 주택보장에 주력하고 있다. 최근 보장성 주택 건설에 명확한 요구를 제시하고 다양한 주택보장 대책을 마련하며 폭넓게 주택 건설을 추진함으로써 가시적 효과를 거두었다. 또한 시장경제체제 개혁에 부합되는 계층별 주택보장체계를 구축·개선함으로써 중·저소득층의 주택문제가 크게 개선되어 국민복지가 지속적으로 향상되었다. 그러나 도시 주택문제를 뼈저리게 느낀 개인과 가정은 부지기수이며 주택보장은 여전히 많은 문제에 직면하고 있어 앞으로 지속적인 개선이 요구된다.

중국 주택보장 개혁의 발전과정, 현황과 성과를 총정리하고 현재 문제와 도전을 분석함으로써 미래의 발전방향을 제시하는 것은 이론과 실천에 있어 매우 중요한 의의를 가진다.

2. 주택보장의 발전과정

주택보장의 발전과정은 주택제도 개혁과 동시에 진행되었다. 전통 주택보장에서 점차 시장경제에 부합하는 다층 주택보장체계로 전환되는 과정이었다.

1) 전통 실물분배 주택체계하의 주택보장: 1949~1994년

계획경제시기의 복지주택 분배체제 아래에서는 사실상 중국정부가 도시주민의 기본주거권을 책임졌으며 거의 모든 도시주민에게 기본주택보장을 제공하였다. 당시 많은 도시주민이 각종 주택문제를 겪고 있었는데, 주택이 부족하고 지속적인 주거관리가 미흡했기 때문이었다. 그러므로 당시 주택문제는 단웨이(單位, 직장)별로 분산되거나 주택문제 자체가 은폐되었다. 단웨이는 소속된 근로자의 주택문제를 책임졌으며 단웨이가 없는 도시 빈곤가정의 주택문제는 소재 지방정부에서 책임졌다. 국가에서는 주로 단웨이에 소속되지 않은 취약계층과 주택난을 겪는 가정 등 극소수를 위해 기본적 주택보장을 제공하였다.

계획경제시기에 전통 도시주택보장의 핵심 내용은 주택 현물분배로, "정부가 계획하고 단웨이가 분배"하는 방식이 특징이었으며 이러한 방식으로 주택의 상품성과 시장성을 부정하였다. 구체적으로, 국가가 주택을 제공하였으며 단웨이의 행정등급을 바탕으로 개인이나 가정의 소득과는 무관하게 주택분배를 실시하였다. 중국정부는 현물분배 형식의 주택복지제도를 통해 대다수 도시주민에게 기본적인 주택보장을 제공함으로써 사회 안정을 유지하고자 했다.

그러나 심각한 주택부족과 주택의 질 저하, 주택관리 미흡과 주택분배의 불공평성 등의 문제가 발생하였다. 이로 인해 1970년 말 주택제도 개혁이 시작되었으며 저소득층의 주택문제를 제기하면서 주택보장을 중시하기 시작했다. 1982년 전국총공회(全國總工會)와 국가도시건설총국(國家城市建設總局)에서는 '공건민조'(公建民助)와 '민건공조'(民建公助) 등의 방식으로 주택공급을 증가해 주택환경을 개선하였다.

1988년 주택 개혁이 전면적으로 시행되면서 빈곤층에 대한 감·면세와 보조금 지급이 추진되어 빈곤층이 저가로 주택을 구매하도록 장려하였다. 1990년 9월 건설부와 전국총공회에서는 〈도시 거주 극빈곤층의 주택문제를 해결하는 데 관한 몇 가지 의견〉을 제시하였고, 처음으로 도시주민의 주택난을 의제에 포함시켰다. 1993년 중국정부는 관련 조치를 제시하여 주택난을 겪는 가정이 다양한 방식을 통해 주택 건설기금 조성에 참여·조직하도록 장려하였다.

2) 주택보장체계의 기초 형성과 안거공정의 시작: 1995~2006년

20세기 중반부터 중국에서는 저소득가정을 위한 주택보장체계를 구축하기 시작했다. 1994년 국무원의 〈도시주택제도 개혁 심화에 관한 결정〉에서 최초로 단계별 주택공급체계의 구상을 제시했고 시장과 보장이 상호 결합된 새로운 주택보장체계를 구축한다는 개혁목표를 제시하였으며 주택기금 (住房公積金)과 경제실용주택(經濟适用住房)을 전면적으로 개발하여 광범위한 중·저소득가정의 주택문제를 완화하고자 했다.

1988년 국무원의 〈도시주택 개혁을 더욱 심화하여 주택 건설을 가속화하는 데 관한 통지〉에서는 소득에 따른 3단계 주택공급체계를 제시하였다. 즉, 최저소득가정에게는 정부 혹은 단웨이가 염가임대주택(廉租住房)을 제공하고 중·저소득가정은 경제실용주택을 구매하며 기타 고소득가정은 시장가격의 주택상품을 구매하거나 임대하여, 경제실용주택이 중심이 되

〈표 16-1〉 주택과 경제실용주택 투자유치액

(1998~2010년, 단위: 억 위안, %)

구분	1998	1999	2000	2001	2002	2003	2004
주택	2,081.56	2,638.48	3,311.98	4,216.68	5,227.76	6,776.69	8,836.95
경제실용주택	270.85	437.02	542.44	599.65	589.04	621.98	606.39
경제실용주택 투자유치액이 주택에서 차지하는 비율	13.0%	16.6%	16.4%	14.2%	11.3%	9.2%	6.9%
구분	2005	2006	2007	2008	2009	2010	
주택	10,860.93	13,638.41	18,005.42	22,440.87	25,613.69	34,026.23	
경제실용주택	519.18	696.84	820.93	970.91	1,134.08	1,069.17	
경제실용주택 투자유치액이 주택에서 차지하는 비율	4.8%	5.1%	4.6%	4.3%	4.4%	3.1%	

자료: 중국통계연감 2011.

는 주택보장 형식이었다.

2004년 건설부, 국가발전개혁위원회(國家發改委), 국토자원부와 중국 인민은행은 연합하여 〈경제실용주택 관리방법〉을 발표하였고 경제실용주택은 정부가 제공하는 정책 우대, 기준 제한, 공급 대상과 판매가격 등의 측면에서 보장성 주택상품이라고 명시하였다. 1988년 주택화폐화 개혁 이후 경제실용주택의 투자액은 지속적으로 늘어났지만 전체 주택 투자에서 차지하는 비율은 점차 낮아져 1998년 13.0%에서 2010년에는 3.1%까지 낮아졌다.

이와 동시에 염가임대주택의 건설이 점차 중국 주택보장제도의 중심이 되었다. 2006년 말 중국 657개 도시 중 512개 도시에서 염가임대주택제도를 수립하였고, 이는 전체 도시의 77.9%를 차지했다. 그중 287개 지급(地級) 이상 도시 가운데 283개 도시가 염가임대주택제도를 수립하였고, 이는 전체 지급 이상 도시의 98.6%를 차지했다. 마찬가지로 370개 현급(縣級) 도시 중 229개 도시에서 염가임대주택제도를 수립하였고, 현급 도시의 61.9%를 차지했다(新华社, 2007. 2. 14). 이로써 중국에서는 염가임대주택, 경제실용주택, 주택기금제도 등을 주요 내용으로 한 주택보장체계가 기본적으로 형성되었다.

1995년 1월 20일 〈국가 안거공정 실행방안〉이 실시됨으로써 안거공정(安居工程, 저소득층을 위한 주택 시범정책)이 정식으로 시작되었다. 이전 주택 건설의 기초하에서 안거공정 건축면적을 1억 5천만 제곱미터로 늘리고 5년 내외로 완성하기로 계획하였다. 안거공정주택은 원가 그대로 중·저소득가정에게 판매하였으며 무주택가정, 위험주택가정과 주택난을 겪고 있는 가정이 우선적으로 구매권을 제공받았다. 동등한 조건일 경우 주택난을 겪고 있는 퇴직근로자와 교원에게 우선적으로 구매권을 제공하였으며 고소득가정에게는 판매하지 않았다. 주택제도 개혁 중 최초로 주택보장문제를 명확히 제시한 사례였다.

3) 다층 주택보장체계의 개선과 안거공정의 강력한 추진: 2007년~현재

주택화폐화 개혁으로 복지주택 분배제도가 폐지되었고 부동산 개발투자가 급성장하면서 주택가격이 치솟았다. 2000년 주택상품 가격은 2천 위안 이하였는데 2014년에는 평균 6천 위안에 근접하였으며, 주택문제는 정부의 신속한 대책이 요구되는 사회·정치적 쟁점이 되었다. 2007년 이후 중국정부는 보장성 주택 건설에 많은 관심을 보였다. 건설부 전 장관 왕광다오(汪光燾)는 2007년 1월 전국건설사업회의에서 "주택은 인간의 기본적 권리이자 사회보장이며 10여 년 개혁과 모색의 실천과정에서 시장시스템에만 의지하고서는 주택 영역의 사회공평문제를 해결할 수 없다"라고 발언하였다.

중국정부는 주택보장의 책임을 중시하기 시작하였고 처음으로 국민의 주택권리보장을 인정하였다. 2007년 8월 국무원에서는 〈도시 저소득가정의 주택문제를 해결하는 데 관한 몇 가지 의견〉을 발표하여 각급 지방정부가 도시 저소득가정의 주택문제를 주택제도 개혁의 중요한 내용이자 공공서비스의 중요한 임무로 여기도록 했고 염가임대주택을 주택보장의 핵심으로 처리할 것을 처음으로 제시했다. 이와 동시에 토지 순이익 중 10% 이상을 염가임대주택보장 재원으로 사용해야 한다고 명시했다.

염가임대주택과 경제실용주택 등의 건설이 정책적 지원에 힘입어 점차 확대되면서 도시 저소득가정의 주택조건은 어느 정도 개선되었다. 그러나 주택보장범위의 변두리, 즉 주택보장의 '사각지대'에 관한 문제가 불거졌다. 도시 평균 이하 소득층의 주택난은 앞서 말한 주택보장범위에 포함되지 못해 임대할 여력이 없거나 혹은 주택 구매력이 없는 신입근로자와 외지근로자(농민공)는 단계별 주택을 지불할 능력이 부족했고, 주거조건의 개선이 시급한 상황이었다. 2010년 6월 주택건설부 등 7개 부처에서는 〈공공 염가임대주택의 신속한 발전에 관한 지도의견〉을 발표하여 전국적으로 공공 염가임대주택 건설계획을 실행하였다. 중·저소득 주민, 신입근로

314

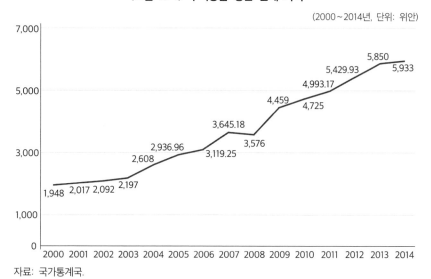

〈그림 16-1〉 주택상품 평균 판매 가격

(2000~2014년, 단위: 위안)

자료: 국가통계국.

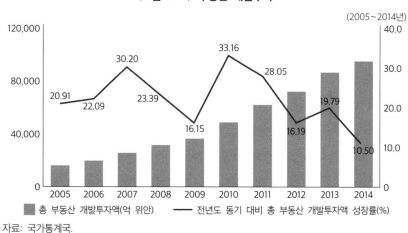

〈그림 16-2〉 부동산 개발투자

(2005~2014년)

■ 총 부동산 개발투자액(억 위안)　——　전년도 동기 대비 총 부동산 개발투자액 성장률(%)

자료: 국가통계국.

자, 외지근로자 등 '사각지대'에 놓인 계층의 주택난이 그 착안점이었다.

2013년 초부터 공공임대주택과 염가임대주택이 시행·운행되면서 자원 배치의 효율이 점차 향상되었다. 염가임대주택과 공공임대주택정책이 제정되던 초기에 보장 대상자와 사용에 관한 규칙이 정해졌다. 규칙이 어느 정도 실시된 후 주택보장체계, 보장성 주택자원의 통합, 자원배치 효율의 향상과 주택보장 공공서비스의 개선 등을 보완하기 위해 주택건설부, 재정부, 국가개발개혁위원회가 연합하여 〈공공임대주택과 염가임대주택의 통합 운행에 관한 통지〉를 발표하였다. 2014년부터 각 지역에서 공공임대주택과 염가임대주택을 통합하면서 공공임대주택이라 부르기 시작했다.

최근 몇 년 동안의 판자촌 개조정책은 판자촌 빈곤가정의 생활조건과 국가경제 성장을 촉진하기 위해 실시한 정부의 주요 주택정책의 하나로, 사회발전과 경제발전을 촉진하는 이중적 기능을 발휘했다. 2013년 시진핑정부가 출범한 이후 판자촌 개조정책은 대폭적 지원에 힘입어 2013년부터 2017년까지 1천만 채 판자촌 개조라는 중·장기 목표를 세웠다. 2015년부터 2017년까지는 1,800만 채의 판자촌 주택을 개조할 계획이며 이를 지속적으로 추진할 예정이다.

2011년 이후 보장성 주택 건설이 신속한 발전단계에 접어들면서 주택보장체계의 조정·개선이 이루어졌다. 5년 동안 3,600만 채 보장성 주택을 건설하는 데 주력하였고 중앙정부는 보장성 주택 건설 임무를 지방정부 평가의 중요한 지표로 삼았다.

다층 주택보장체계가 지속적으로 개선되면서 보장주택의 건설 유형에도 변화가 생겼다. 12·5 규획 이전 주택보장은 주로 염가임대주택과 경제실용주택을 위주로 실시되었고 12·5 규획 동안 도시 사각지대 해결을 위해 공공임대주택을 강력하게 추진하였으며 2013년 공공임대주택과 염가임대주택이 정식으로 통합되었다. 최근 몇 년간은 판자촌 개조사업이 중국 보장성 주택 건설의 실질적 중점이 되었다. 2011년부터 2014년까지 전국 도시 안거공정으로 3,230만 채가 건설되었다. 그중 판자촌 개조는 1,580만 채에 달해 49.5%를 차지했다. 2015년 10월 현재 도시 안거공정으로 747만 채가 건설되었다. 그중 판자촌이 575만 채에 달해 77%를 차지했다.

3. 주택보장의 현황

1998년부터 시행된 주택화폐 개혁 이후 주택보장은 가시적 성과를 이루었다. 구체적으로는, 시장공급을 중심으로 하고 정부가 보충적으로 제공하는 주택자원 배치체계가 구축되었다. 시장화 방향으로 전환하는 데 주력하고 주택자원의 분배과정에 시장시스템을 이용함으로써 도시 주택보장은 가시적 발전을 이루어냈고 대규모 안거공정이 추진되었으며 주택보장제도의 기본 틀이 마련되었다.

현재 주택보장은 현물 주택보장과 보조금 주택보장의 두 가지로 구분된다. 그중 현물 주택보장은 주로 보장성 주택을 뜻한다. 이러한 현물보장을 시행하는 동시에 시장에서 염가임대주택을 구하기 어려운 빈곤가정에게는 보조금을 지급하고 있다. 현재 현물 주택보장은 주로 공공임대주택, 판잣집, 경제실용주택, 공동소유주택 등을 포함한다.

1) 광범위한 안거공정 실시를 통한 중·저소득층의 주택환경 개선

중국정부는 안거공정 계획을 점차 확대하고 있으며 빈곤층 주택의 질 향상에 중점을 두고 있다. 통계자료에 따르면 도시주민과 농촌주민의 주택면적은 모두 크게 향상되었다. '주택도농건설사업 12·5 규획 강요'의 통계자료에 따르면 2011년부터 2015년까지 전국 도농 안거공정의 누적 건수는 4,013만 채였고 그중 기본건설이 2,860만 채였다. 12·5 규획 기간 동안

3,600만 채 건설계획을 초과 달성하여 도시 저소득층의 주택난은 크게 해소되었다. 만약 보장성 주택의 면적이 60제곱미터라고 한다면, 3,600만 채는 약 21억 6천만 제곱미터에 해당하는 어마어마한 수치이다.

2006년부터 2010년까지 5년 동안 전국 주택 판매면적의 합계는 35억 8,600만 제곱미터로 12·5 규획 기간 동안 전국 보장성 주택면적은 12·5 규획 기간 내 주택판매 면적 전체의 60.23%를 차지했다.

〈표 16-2〉 12·5 규획 기간 중국 보장성 주택 건설 목표와 완성도

(2011~2015년)

구분	건설목표(만 채)	신 시공(만 채)	실제 건수(만 채)	투자금(억 위안)
2011	1,000	1,043	432	1.30
2012	700	630	470	1.08
2013	630	660	540	1.12
2014	480	740	511	1.29
2015	790	783	772	1.28(10월 말 기준)

자료: 주택건설부 홈페이지와 국무원 정부업무보고 통계자료 정리.

〈표 16-3〉 1인당 주택 주거면적 현황

(1996~2013년, 단위: m²)

구분	1996	1997	1998	1999	2000	2001	2002	2003	2004
1인당 주택 주거면적	21.1	21.5	21.8	22.0	22.6	22.7	23.2	-	24.1
구분	2005	2006	2007	2008	2009	2010	2011	2012	2013
1인당 주택 주거면적	25.7	27.9	29.7	30.1	32.1	32.5	33.0	33.6	34.1

자료: 2013년 도농건설 통계연감.

〈표 16-4〉 농촌주민 주택 현황

(2005~2012년)

지표	2005	2006	2007	2008	2009	2010	2011	2012
농촌주민 1인당 평균 주거면적(제곱미터 / 명)	29.7	30.7	31.6	32.4	33.6	34.1	36.2	37.1
농촌가정 주택가격 (위안 / 제곱미터)	267.8	287.8	313.6	332.8	359.4	391.7	654.4	681.9

자료: 국가통계국.

각종 판자촌의 개조사업도 순조롭게 이루어지고 있다. 12·5 규획 기간 동안 전국 판자촌 개조사업 수는 총 2,191만 채였으며 1,398만 채가 완공되었다. 수많은 판자촌 주민이 '판자에서 주택으로' 입주하였으며 주거와 생활환경이 크게 개선되었다. 공공임대주택의 건설 역시 눈에 띄게 늘었는데 12·5 규획 기간 동안 전국적으로 시공에 들어간 1,359만 채 공공임대주택(염가임대주택 포함) 중에서 1,086만 채가 완공되었다.

주택기금의 수용력이 확대됨에 따라 실제 예금주와 예금지급액이 신속하게 증가하였다. 2015년 말 현재 전국 주택기금 예금주는 1억 1,800만 명이었고 예금지급액은 8억 9,500만 위안이었다. 주택기금의 인출조건이 점차 완화되면서 개인의 주택대출 여력도 커졌으며 타지 대출업무 역시 전면적으로 추진되어 예금주의 합리적인 주택구매조건을 지원하였다.

2) 시장경제체제 개혁에 부합한 공공임대주택 위주의 주택보장체계 구축

첫째, 공공임대주택을 위주로 한 주택보장체계의 구축을 통해 중국 특유의 분야별 주택보장체계의 기본 틀이 마련되었다. 2010년 이후 주택가격이 치솟으면서 수많은 중산층가정은 주택난에 휘말렸다. 이들은 염가임대주택정책의 혜택을 받을 수도 없었고 매물로 나온 주택을 구매하는 데도 어려움이 있었다. 정부는 도시 중산층의 주택난을 해결하기 위해 공동임대주택을 위주로 한 주택보장체계의 틀을 추진하였고 보장 대상자를 도시 저소득층에서 중·저소득층과 주택이 없는 신입근로자, 그리고 도시에 안정적인 직장을 가진, 외부에서 유입된 근로자까지 확대하여 주택난을 겪는 중소득층까지 주택보장제도의 혜택을 받을 수 있었다.

공공임대주택정책의 탄생은 정부가 중·저소득층의 주택 수요와 주택복지에 주목하기 시작했음을 의미한다. 동시에 공공임대주택과 염가임대주택의 운영정책은 신청의 편리성, 선택 폭, 퇴소 보장 등에서 우수할 뿐만

아니라 보장성 주택자원을 통합하여 주택보장의 효율성을 향상할 수 있었
다. 공공임대주택의 위치 조정에 따라 중국은 시장경제의 전환형 발전에
부합하는 공공임대주택, 주택기금제도, 제한가격주택, 경제실용주택과
공동소유주택 등 다층 주택보장체계의 기틀을 마련하였다.

둘째, 공공임대주택제도는 주택소유형식과 주택보장형식의 변화에 유
리했다. 임대 위주의 공공임대주택의 소유 형식은 국민의 주택소유방식과
주택선택의 자유를 향상할 수 있고 각급 정부가 경제성장을 위해 일방적으
로 주택산업정책에만 편중하는 현상을 피할 수 있다. 앞으로도 주택시장의
성공 여부에 관심을 쏟고 부동산 거품과 가격 폭등을 해소하며 진정으로
주민의 주택권을 보장하여 중국의 주택보장체계를 재건해야 한다.

3) 주택보장에 대한 정부의 재정투자 증가와 주택보장 지원

중국정부는 주택보장에 많은 관심을 보였으며 지속적 재정지원을 통해 주
택보장 건설을 강력하게 추진하였다. 중국공산당, 중앙정부와 국무원에서
는 대규모 주택보장건설사업의 추진을 통해 과학발전과 경제발전 방식의
신속한 변화에 기여하였으며 국민의 주택보장과 개선을 촉진하였다. 또한
중앙정부에서 지방정부까지 주택보장의 재정지원이 크게 증가하여 역사상
유례없는 대규모 프로젝트를 지원하였다.

〈표 16-5〉에서 보다시피, 2009년 전국 보장성 주택 재정지출은 고작
670억 위안이었으나 2011년 중국 주택보장의 재정지출은 2,376억 위안으
로 2년 만에 3배를 웃도는 성과를 기록했다.[1] 2010년 안거공정에 지출한
금액은 1,228억 위안이었는데 2011년 2,609억 위안으로 증가해 투자액의
증가세가 유지되었다.

---

1) 国家财政部: 2009年全国财政支出决算表를 참조하라.

<표 16-5> 중국 주택보장 재정지출 현황

(2010~2014년, 단위: 억 위안)

내용	2010	2011	2012	2013	2014
전국 재정주택보장 지출액	2,376	3,820	4,479	4,480	5,044
보장성 안거공정 부문 지출액	1,228	2,609	3,148	3,013	3,429
판자촌 개조사업 부문 지출액	231	555	580	713	886
지방 재정 주택보장 지출액	1,990	3,491	4,068	4,075	-

자료: 국가 재정부 전국 재정결산과 국가통계국 통계자료 정리.

더불어 주택보장에 대한 지방정부의 지원도 점차 증가하고 있다. 구체적으로 직접 자금투자를 제외한 세금우대정책의 향상, 대출이자의 할인정책, 일부 지역의 민관협력 시범사업(Public-Private Partnership: PPP) 등은 모두 안거공정 건설사업과 주택보장 건설사업을 신속하게 추진하는 데 유리하였다.

4) 사회·경제발전에 대한 판자촌 개조사업의 긍정적 성과

판자촌 개조사업은 빈곤가정의 주거조건을 개선하고 관련 사회문제를 해결하며 경제를 성장시킬 수 있다. 지난 5년 동안 중국정부는 판자촌 개조사업을 통해 국민의 생활환경을 개선하였는데 단기적으로 2015년부터 2017년까지 1,800만 채 개조사업을 목표로 정하였고, 장기적으로 "약 1억 채 도시 판자촌 개조사업"이라는 역사적인 목표를 선정하였다. 이는 중국이나 전 세계적으로 가장 많은 수혜층에게 제공되는 대규모 개조사업이다.

판자촌 개조사업은 경제성장을 촉진시킬 수 있으며 중·저소득층의 주택환경을 크게 향상시킬 수 있다. 동시에 취업, 빈곤과 치안 등 사회문제도 개선될 것이다. 2014년 말 전국 판자촌 개조사업 수는 총 2,080만 채를 기록하였다. 판자촌 개조사업은 주택보장체계를 완비하는 데 따른 장애물을 극복하려는 조치였다. 국민의 주택환경 개선에 대한 기대치를 만족시킴으로써 높은 평가를 받았으며 국가 경제발전을 크게 촉진하는 매개체가 되었다.

2014년 판자촌 개조사업 투자계획은 부동산 개발·투자 부문을 3% 성장시켰고 전국 부동산 투자 증가율을 24% 향상시켰으며 GDP를 0.29% 향상시켰다(张前荣·刘玉红, 2017. 7. 11).

5) 외지근로자를 위한 주택보장사업을 통한 농촌 붕괴주택 개조사업 가속화

외지근로자를 주택보장사업에 적용하면서 붕괴위험이 있는 농촌 주택의 개조사업에 박차를 가하였다. 현재 중국은 도시화의 신속한 발전단계에 속해 있으며 유입인구가 많아 그들을 위한 주택보장문제가 심각하다. 2013년 4월 19일 주택건설부는 최초로 지급(地級) 이상 도시에 2013년 말 이전 외지근로자의 주택보장 조건, 프로그램과 대기 규칙을 작성하라고 통지하였다. 중앙정부의 지도와 요구 아래 각 지역(광둥(广东)성, 장시(江西)성, 쓰촨(四川)성) 주택보장체계에 호적제한을 점차 줄임으로써 주택보장의 적용 대상자를 외지근로자까지 확대·적용하였다. 외지근로자를 주택보장범위에 포함하면 수억 명의 농민과 가정의 주거환경을 효율적으로 향상시킬 수 있고 신형 도시화 과정에서 기본공공복지 균등화를 실현하기 위한 중요한 돌파구가 되며 사회공평과 사회융합을 촉진하는 데 유리하다.

최근 몇 년간 농촌 주택보장 건설사업의 규모는 크게 확대되었으며 주택건설도 가시적인 성과를 거두었다. 개조사업이 전국으로 확대되면서 보조금 기준이 2008년 가구당 5천 위안에서 2012년 7,500위안으로 향상되었고 2014년 중앙정부 보조금 기준은 가구당 7,500위안으로 조정됨으로써 보조금 기준이 지속적으로 향상되고 있다. 2014년 말까지 전국 1,565만 채의 낡은 주택을 개조하고 농촌 주택보장의 발전이 가속화되면서 수많은 가난한 농민이 붕괴위험을 안고 있던 주택에서 벗어날 수 있었다(国发, 2015).

6) 혁신적인 주택보장 자금조성방식 시행

지방의 보편적 혁신정부와 사회자본 합작모델은 보장성 주택투자 건설과 운영·관리를 발전시켰다. 각 영역에서 운영정부와 사회자본 합작의 민관협력 사업모델을 적용하였고 자금압박을 받고 있는 지방재정 상황에서 공공임대주택과 판자촌 개조사업 투자건설사업 역시 민관협력 사업방식이 유치되도록 추진하였다.

정부와 사회자본 합작모델은 두 주체가 공공서비스 영역에서 장기 파트너십을 체결하여 합작 및 관리하는 과정이므로, 사회를 위한 공공서비스를 더욱 효율적으로 제공할 수 있다. 정부 역할을 전환하는 데 효과적이며 재정압박을 감소시킬 수 있을 뿐만 아니라 보장성 주택 자원사양의 효율성을 향상시킴으로써 주택보장서비스를 개선할 수 있다.

랴오닝(辽宁)성 판자촌 개조사업 진행과정의 9개 분야 혁신은 '정부 보조금, 정책감면, 기업모금, 개인모금, 시장활동, 은행대출, 사회기부, 단웨이 도움과 사업절약' 등으로 구성되었으며 이러한 융자모델은 전국 각지로 확대되었다. 2015년 이후 중앙정부의 직접적인 지도 아래 각 지역에서 적극적으로 공공임대주택의 민관협력모델을 시행하였고 신장(新疆) 자치구, 닝샤(宁夏) 자치구, 쓰촨(四川)성, 구이저우(贵州)성 등 16개 지역에서 시범사업을 실시하였으며 78건의 시범사업 프로젝트가 실행되었다. 이렇듯 다수의 이익을 목표로 하여 다양한 방식으로 참여할 수 있어야만 주택 건설의 질과 양을 담보할 수 있으며 안정된 기금지원을 보장할 수 있다.

정부는 지방의 주택보장 혁신 융자모델을 정책적으로 지원하였다. 2012년 6월 주택건설부, 재정부, 발전개혁위원회 등 7개 부처가 연합하여 〈안거공정 건설의 민간자본 참여 장려에 관련된 문제에 관한 통지〉를 발표했으며 안거공정 건설의 민간자본 참여지원, 장려, 유도 등에 대해 명확한 의견을 제시했다. 이 통지는 민간자본이 직접 투자, 간접 투자, 주식 참여, 위탁대리 건설 등 여러 방식으로 안거공정 건설에 참여하도록 장려하는 한편, 안거공정 건설에 참여한 민간자본에 대해 대출, 이자 감면, 기업 채권 발행, 세금 혜택 등 정책적으로 지원하였다.

2015년 4월 재정부, 국토자원부, 주택도농건설부 등 6개 부처가 연합하여 〈정부와 사회자본의 합작모델을 추진하여 공공임대주택 투자 건설사업과 운영관리를 추진하는 데 관한 통지〉를 발표했다. 정책혁신과 제도혁신 측면에서 정부와 사회자본의 합작모델을 통한 공공임대주택 투자건설과 운영관리는 안정된 성장, 구조조정과 민간혜택 등에 매우 중요한 의미가 있기 때문에 각 지역이 적극적으로 시범사업을 전개하도록 요구하였다. 아울러 국가발전개혁위원회 사무처의 〈기업채권 융자모델 혁신을 통한 판자촌 개조사업 건설의 확실한 추진과 관련된 문제의 통지〉에 따라 기업채권 융자모델 혁신으로 안정된 채무상환 자금을 가진 판자촌 개조사업에 대해서는 '융자-건설 투자-자금 회수'의 폐쇄적 운영모델로 판자촌 개조사업의 수익 채권 시범사업을 전개하였다. 또한 기업은 판자촌 개조사업 자금회수의 구체적인 현황에 따라 설계된 채권발행안에 근거하여 합리적으로 채권 기한, 선택권과 이자 상환방식을 결정하였다.

4. 주택보장의 문제점과 발전방향

1) 주택보장의 문제점

(1) 주택보장체계의 격차와 실행력 미흡

현행 주택정책구조 아래 정책 결정자는 주택권의 중요성에 대해 충분하게 인지하지 못하고 있다. 또한 주택보장의 발전방향이 명확하지 않고 주택복지체제가 아직 확립되지 않아 정책의 안정성과 연계성이 결여되어 있다.

중국정부는 부동산 경제를 국민경제의 중요부분으로 여기고 시장화의 지향과 확장성 부동산정책을 지원하는 경향이 있어 주택정책의 사회성이 경시되는 추세이다. 더 나아가 전체적으로 정책결정을 중시하되 정책집행력과 정책결정의 감시·평가를 경시하고 문책시스템이 미흡하여 정책효과는 전체적으로 크지 않다.

최근 통계자료에 따르면 보장성 주택 건설의 달성률은 미비했다. 통계자료에 거품이 끼어 있으며 시행과정에서 정책 공평성이 결여되었고 정책목표가 대상자에서 벗어나 있기 때문에 주거조건의 격차가 확대되고 있다.

(2) 뉴노멀 상태하의 주택보장기금 압박 심각

현재 주택보장기금은 정부투자 위주이며 기금조달 방식이 단편적이다. 따라서 경제 발전속도가 느려지는 현 상황에서 안정적으로 주택보장기금을 지원하기는 힘들 것으로 보인다. 지방정부의 재정압박이 심하여 주택보장 사업 의지가 흔들리고 효율성이 떨어졌다. 재정부 등 정부부처에서 관련 문건을 발표해 민관협력 사업모델을 장려함으로써 공공임대주택 투자건설과 운영관리를 추진하고 있지만, 구체적인 운영방식에 대해 명확한 의견은 제시하지 못했다. 이로 인해 보장성 주택의 건설과정에서 민관협력 사업이 실제적으로 실행되지 못했고 효과적인 장려정책이 부족해서 사회자본이 주택보장 투자에 적극적으로 참여하지 못했다. 사회자금의 유치로 보장성 주택을 건설하는 과정에서, 보장성 주택의 공익성으로 인해 사회자본의 예상수익을 담보할 수 없고 토지공급과 융자 등의 방면에서 정책적 우대가 미흡하여 사회자본의 유치를 유도하기에는 무리가 있어 민관협력 사업의 효과성에 한계점을 드러냈기 때문이다.

또한 주택기금 이용 효율성이 낮아 중·저소득가정의 보장기능을 제대로 발휘하지 못하고 있다. 지난 몇 년 동안 주택기금의 사용 효율이 낮았는데 용도가 제한적이고 인출이 어렵다는 점이 주요 원인이었다. 이로 인해 적립금이 남아돌아 심각한 인플레이션을 초래했고 휴면기금으로 변해 중·저소득가정에 주택보장의 기능을 제대로 발휘하지 못하고 있다. 주택기금은 원래 저소득층의 주택구매에 혜택을 제공하기 위해 설계되었다. 그러나 사실상 소득격차를 더욱 확대시키는 주요 원인이 되었다. 또한 정책설계상 상호 공제성의 기능을 제한해 공평성을 담보할 수 없다. 고소득층의 기금 적립금은 높은 편이어서 주택구매능력을 향상시키는 효과가 있는 반면, 저소득층의 기금 적립금은 낮은 편이어서 주택구매의 기금압박을 완화시킬 수 없다.

(3) 주택보장 혜택으로부터 배제된 외지근로자

신형 도시화를 추진하는 과정에서 농민공과 그 가족은 도시 주택과 사회참여와 관련해 제도적으로는 주택보장에 적용되지만 정책 집행력이 부족해 주택보장의 혜택을 받는 데 어려움을 겪고 있다. 조사결과에 따르면, 2013년 농민공 수는 총 2억 6,894만 명으로 조사되었다. 외지농민공의 거주장소는 직장기숙사가 28.3%, 작업장 판잣집과 직장이 17.2%, 염가임대주택이 36.9%로 조사되었다. 이를 미루어보아 염가임대주택과 직장에서 제공하는 판잣집이나 숙소에 거주하는 방식이 농민공의 주요 주거방식이며 주거조건이 열악해서 도시 내 취약계층에 속함을 알 수 있다.

주택보장은 대규모 자금투자와 관련되고 호적제도로 인해 사회복지의 장벽에 막히며 정책설계가 농민공의 욕구에 부합되지 않는 등 많은 문제가 있으며, 각 지역에서 시행 중인 주택보장정책에서 외지근로자가 실질적으로 혜택을 받는 부분은 극히 적다. 극소수 농민공의 주택환경을 개선할 뿐이다. 2016년 광저우(广州) 시에서 600채 공공임대주택을 농민공에게 제공하였으나 수요와 비교했을 때 분배된 공공임대주택량이 터무니없이 적어 농민공의 실질적 욕구를 만족시킬 수 없었다. 일부 지방정부에서는 주택보장을 활용해 인재를 모집하고 점거와 혼용으로 주택자원을 보장하고 있어 농민공의 주택보장 이익을 보장하는 데 불리하다.

(4) 보장성 주택 소유방식의 한계

'세만 내어주고 판매하지 않는' 보장성 주택의 주택보장방식은 일정한 경제
능력을 갖춘 중소득가정의 주택구매 기대치를 배제함으로써 중·저소득층
의 다양한 주택 수요를 만족시킬 수 없었다. 또한 무소유식 주택보장 방식
은 정책집행의 왜곡을 피할 수 있기 때문에 일부 계층에서는 이를 자신의
이익수단으로 삼았다.

원래 이 방식은 이전의 정책방향을 바로잡는 방식이었다. 그러나 일부
지방에서 제안하는 '세만 내어주고 판매하지 않는' 정책은 실질적으로 주택
구매 기대치를 만족시키기 어려울 뿐만 아니라 주택보장범위 내의 '사각지
대' 계층의 객관적인 수요를 충족시키기 힘들다. 주택은 가정의 중요한 재
산으로, 국민이 기타 사회복지를 향유하는 데 막대한 영향을 미치며 가정
복지와 가정의 재화와 구성원 관계에 지대한 영향을 미친다. 주택을 구매
할 능력이 없는 빈곤가정에게 무소유식 공공임대주택제도는 합리적인 정
책에 속한다. 그러나 주택을 구매할 능력이 있는 사각지대 계층의 실질적
수요를 무시하거나 경시해서는 안 된다. 주택가격이 치솟고 있는 현재, 보
장성 주택자산과 주택 소유권은 중·저소득가정의 핵심 이익과 행복감에
밀접하게 연관되기 때문에 세만 내어주고 판매하지 않는 주택정책의 일방
적 실시에 무척 신중해야 한다.

(5) 판자촌 개조사업의 난도 상승

지난 몇 년간의 노력과 지원의 도움으로 대규모 판자촌 개조사업은 판자촌
주민과 가정에게 많은 혜택을 제공하였다. 그러나 중국공산당, 중앙정부
와 국무원에서 목표한 1억 인구 판자촌 개조사업과 성중촌(城中村, 도시 내
마을) 사업과 비교해 보면 그 목표달성이 결코 쉬워 보이지 않는다.

그 이유는 구체적으로 다음과 같다. 첫째, 남아 있는 판자촌 대부분이
외진 곳에 있고 상업적 개발가치가 낮으며 주거환경이 열악하고 주택의 질

이 낮은 편이다. 주거환경의 개선에 필요한 판자촌은 상당수에 이른다. 판자촌 개조사업에 대규모 재원이 지출되어야 하기 때문에 상업적 개발가치가 높은 지역이 우선적으로 개조사업에 선정될 확률이 높다.

둘째, 판자촌 개조사업의 주택징수사업이 쉽지 않아 개조사업 비용이 높아졌고, 이는 개조사업 추진에 부정적 영향을 미쳤다. 국토자원부의 조사결과에 따르면 전국 각종 판자촌 개조사업에 사용된 토지의 총면적은 21.37 헥타르로, 개조사업에 필요한 면적의 절반 이상에 달했다. 그중 도시 판자촌 개조사업의 면적은 각종 판자촌 개조사업 면적의 90%에 달했다. 또한 성중촌 개조사업 면적은 도시 판자촌 개조사업 면적의 50%를 넘었다.

셋째, 판자촌 개조사업의 융자경로가 단편적이어서 민관협력 사업이 실질적으로 어려움을 겪고 있다. 판자촌 개조사업의 자금원은 대부분 국가가 발행한 대출이 위주이고 융자경로가 단편적이라 지방정부의 재정압박이 크다. 일부 경제가 발달한 도시에서는 높은 부동산 가격 덕분에 사업수익이 커서 자체적 사업자금으로 균형을 맞출 수 있다. 반면 경제상황이 여의치 못한 도시의 경우에는 개조사업을 통해 얻을 수 있는 수익이 적어 사업자금 부족에 시달리고 있다. 중국정부가 추진하는 민관협력 사업은 사실상 시작단계에 머물고 있으며 기업에 대한 장려시스템이 명확하지 않아 사회자본 참여의 적극성이 떨어진다.

2) 주택보장의 발전방향

주택보장은 사회보장체계의 중요한 요소이자 민생의 핵심 의제이다. 12·5 규획 기간 중국정부는 주택보장을 지속적으로 제공하기 위해 노력했다. 지난 5년 동안 중국정부는 정부 업무보고와 안거공정 계획건설에 대한 명확한 요구를 제시했고 공공임대주택, 판자촌 개조사업, 농촌 붕괴위험 노후건물의 개조사업, 주택기금 등 주택보장체계의 기본 틀을 구축했다.

그러나 아직 완전한 틀이 마련되거나 체계가 확립된 것은 아니다. 그러므로 중국정부는 주택보장체계를 구축하는 데 박차를 가하고 주택 영역의 근본적 문제를 해결하는 데 힘써야 하며 국민의 주택 수요를 만족시키고 주거권을 보장하는 데 중점을 두어야 한다. 또한 부동산 경제주도의 관념을 주택정책의 사회성이라는 관점으로 바로잡고, 주택정책으로 국민에게 적합한 주거조건과 환경을 제공함으로써 국민의 주거권을 보장하고 사회·정치적 안정을 촉진한다는 최종목표를 실현해야 한다.

(1) 공정한 주거권 견지와 주택정책 규범 확립

주택보장의 최상층 설계(頂層設計, top level design)를 강화하고 중국 특색의 다층화되고 다양한 방식의 주택보장체계를 구축하여 경제·사회발전 수준에 적합한 주택복지체제를 구축해야 한다.

구체적 방향은 다음과 같다. 첫째, 주택보장의 목표설정을 통해 주택권을 기초로 한 주택보장체계를 구축하고 점진적으로 전 국민에게 주거할 공간보장을 실현해야 한다.

둘째, 부동산시장 발전과 주택보장 간의 관계를 인식·처리하는 과정에서 사회정책을 강조하는 주택정책의 척도와 시각을 강화함으로써, 편파적인 부동산시장 발전을 위한 경제정책이라는 패러다임을 바꿔야 한다. 또한 주택보장의 사회성을 중시하여 주민에게 적합한 주거환경을 제공하는 사회성 주택정책의 새로운 패러다임을 구축해야 한다. 그래야만 중·저소득층이 효과적으로 제도보장의 혜택을 누릴 수 있다.

셋째, 주택보장 수준에 있어서 이성적으로 주택복지의 강성(剛性, rigidity)을 이해하고 경제·사회발전과의 관계를 정확히 인지·파악해야 한다. 앞으로 주민의 주택조건 개선과 사회발전이 경제·사회의 조화로운 발전으로 융합될 것이다. 뉴노멀 상태에서 주택복지는 경제발전의 객관적 현실과 따로 떼어놓을 수 없기 때문에 경제발전과 상호 협력해야 할 것이다.

넷째, 주택보장단계에 있어서 단계별 목표를 명확히 제시하고 계층별로 다양한 목표를 세워 주택보장체계를 확립해야 한다.

(2) 주택보장의 입법화 가속화와 국민 주거권의 보장

주택보장과 관련된 입법 강화와 가속화는 국민 주거권 보장의 전제이다. 개혁개방 이후 도시 주택보장체계는 지속해서 발전해왔으나 주택보장의 입법은 현실적 요구와 비교했을 때 매우 지체되어서 현행 정책법규에 명확한 체계가 구축되지 못했다. 예를 들어 공공임대주택과 주택기금은 제도 관리와 재정 측면에서 독립되었지만 조율시스템이 결여되고 보장성 주택을 위한 용지(用地) 공급이 부족해 기본법률보장의 기능을 발휘하지 못하고 있다. 비록 수많은 정책이 제정되었으나 실행과정 중에서 모두 집행력이 부족해 제대로 실행되지 못했다. 이것은 정책성 규정이 임의적이고 불안정해서 발생한 결과이다. 관련 법규의 제정과 출범을 서둘러 정책의 안정성과 권위성을 강화해야만 정책이 제대로 실행될 수 있다.

(3) 주택보장과 기타 사회복지사업 간 관계에 대한 전체적인 계획

주택복지는 사회복지의 핵심 제도로서 얼마나 신속하게 실현되느냐의 여부가 기타 사회복지를 누릴 수 있느냐에 대한 초석이 된다. 그러므로 사회복지 개선과정에서 주택보장과 기타 사회복지사업 간의 관계를 합리적으로 처리해야 한다.

현재 사회보장제도의 분절화는 심각한 수준이다. 분절화문제가 심각하게 드러나 주택보장과 기타 사회보장정책 간의 연결과 기능강화가 요구된다. 그러므로 주택보장, 공공부조정책, 빈곤구제정책, 보건의료정책, 아동복지제도 등을 개인 및 가정의 정보와 관련된 기타 사회보장 간의 관계를 고려해서 전체적으로 계획해야 한다. 유지할 것은 유지하되 중복문제와 공백문제를 해결하여 자원 효율성을 향상시켜야 한다.

또한 주택연금 개혁안 시범사업에서 정부는 지속적으로 기본양로보장의 책임을 주도하고 노숙인을 위한 주택구제정책의 완전한 수립을 강구하며 노숙인을 위한 주택구조제도의 개선을 고려하여 노숙인의 임시 주거난과 장기 주거난을 해결하기 위해 차별화된 제도를 준비해야 한다. 아울러 빈곤가정이 주택기금을 중병 치료비에 사용할 수 있는 방침을 세워야 한다.

(4) 정책수단의 혁신

정책수단의 혁신을 지속적으로 장려하고 각 지역에서 계획한 주택보장의 효과적인 방법과 경험을 총정리하여 확대·적용함으로써 점차 복잡해지는 주택보장 관리의 문제점에 대응해야 한다.

구체적으로는 다음과 같다. 첫째, 주택 임대시장을 대폭으로 확장하는 데 주력하고 공동소유권 주택제도를 꾸준히 추진해야 한다. 부동산의 건전한 발전과 관련하여, 거시적 계획이든 잉여주택 완화를 목표로 한 단계성 정책이든 간에 임대와 판매를 모두 고려하는 주택보장제도를 주요 목표로 세워야 한다. 지방에서 시행한 도시연구를 바탕으로 공동소유권 주택제도의 혁신을 지속적으로 장려해야 하며 사적 공간을 합리적으로 줄여나가 정부와 개인의 소유권 비율 혹은 몫을 확정하거나 최적화해야 한다.

둘째, 주택 취약계층의 주택구매에 대한 재정적 지원을 확대하거나 혁신해야 한다. 국제적 경험을 토대로 주택임대와 주택구매의 개인소득세 우대정책 시범사업을 전개해 조건에 충족하고 능력과 의향이 있는 사각지대 계층에게 주택구매를 장려해야 한다. 개인과 가정이 보장성 주택과 공공임대주택을 구매할 때 개인 연간소득의 일정액을 감면하거나 혹은 세금혜택을 제공해야 한다.

셋째, 다양한 주택모델을 개발해야 한다. 합자건축운동에 대해 더욱 수용적인 태도를 취해 합자건축운동의 각종 요구를 직시하며, 여러 제한을 완화함으로써 관련 정책을 제정하여 긍정적 방향으로 나아갈 수 있도록 지원해야 한다.

넷째, 주택연금(以房養老, 역모기지)의 제도성 장애물을 없애고 적극적으로 노인의 부양방식과 방안을 보강해야 한다.

다섯째, 새로운 정책을 통해 주택금융의 위험(risk)을 낮추거나 분산시킴으로써 주택투자의 다원화를 추진해야 한다. 정책성 융자기관(특히, 주택은행)의 설립은 주택보장 융자경로에 활기를 불어넣음으로써 주택 수요를 효율적으로 증가시키고 중·저소득가정의 주택 수요를 보장한다. 주택기금제도를 바탕으로 한 정책성 주택금융기관(혹은 국가주택은행)의 설립은 주택소비를 증가시키는 효율적인 조치이다. 국가주택은행을 설립하기 위한 사회적 분위기는 점차 무르익고 있다.

5. 맺음말

적합한 주거환경은 인류의 기본조건이자 현대국가에서 국민이 누릴 수 있는 기본권리 중 하나이다. 주택문제의 해결 여부는 사회안정, 지속적 경제 발전과 정치의 합법성과 관련된다.

중국의 주택보장은 지난 수십 년간의 개혁과정을 통해 발전하면서 기본적으로 시장경제 사회주의에 적합한 다층 주택보장체계를 구축하였고 주택보장의 적용범위도 지속적으로 확대되었으며 도농주민의 주택환경과 질도 전체적으로 향상되었다. 동시에 주택보장의 주요 모순도 일반주택의 부족에서 도시주민의 주택 부담능력 부족으로 바뀌었다.

물론 주택보장문제의 심각성과 문제는 여전히 산재한다. 주택보장체계를 완비하기 위해 과거부터 강조했던, 국내경제에 미치는 부동산 발전의 작용과 주택의 사적 소유를 지향하는 정책방향을 조정할 필요가 있다. 또한 국민의 주택문제에 관심을 두는 사회정책적 의미에서 주택정책의 새로운 규범을 마련하고 주택보장 관련 입법화를 신속히 추진하며 정책학습을 통해 국내외 경험을 바탕으로 주택문제를 해결할 정책수단을 강구해야 한다. 아울러 주택보장과 기타 사회복지제도 간의 관계에 주목하여 합리적으로 처리함으로써 주택보장제도를 개선하고 내 집 마련의 꿈을 실현해야 한다.

■ 참고문헌

해외 문헌

国发(2015). 《国务院关于进一步做好城镇棚户区和城乡危房改造及配套基础设施建设有关工作的意见》, 37号.

기타 자료

2013城乡建设统计年鉴.
2014年度的数据为一般公共预算支出.
国家统计局.
国家财政部历年全国财政决算和国家统计局统计数据.
住建部网站和国务院政府工作报告.
中国统计年鉴 2011.

新华社(2007. 2. 14). 截至2006年底全国有512个城市建立廉租住房制度. http://www.gov.cn/jrzg/2007-02/14/content_527544.htm.
张前荣·刘玉红(2017. 7. 11). 棚户区改造: 稳增长惠民生一举多得. 〈上海证券报〉.

国家财政部. 2009年全国财政支出决算表. http://yss.mof.gov.cn/2009nianquanguo-juesuan/201007/t20100709_327128.html

17

민간복지사업

1. 머리말

중국 민간복지사업의 역사는 매우 길다. 고대의 자선구제는 정부와 사회대중이 취약계층을 위해 무상으로 지원하는 행위였으며 전통적 의미의 자선구제에 속한다. 현재 민간복지사업은 사회기부를 바탕으로 취약계층을 돕는, 사회공익을 위한 사회사업인데 이는 사회보장체계의 보충·보완에 있어 매우 중요하다(郑功成, 2005).

현대적 의미에서 자선의 개념을 살펴볼 때, 중국 고대의 관방(官方) 구제 혹은 관방 자선기구에 의한 구제는 자선행위가 아닌 사회보장의 범주에 속한다. 취약계층의 구제 혹은 재해구제는 정부가 마땅히 책임을 져야 할 부분이자 민중의 권리였기 때문이다. 중국의 민간복지사업은 과거에서 현재까지 유교, 불교, 도교의 문화적 관점이 주도해왔다. 한편으로는 전통 민간복지사업 문화의 합리적인 부분을 취하고 다른 한편으로는 전통 민간복지사업 문화 중 시대에 뒤떨어진 내용 혹은 잔재를 골라내거나 혹은 버려냄으로써 매우 다양한 민간복지사업 문화사상과 의장(義莊)[1], 양로, 보육, 보건소 등이 중심이 된 자선구제체계를 형성하였다. 이는 현대 유럽·미국의 민간복지사업 방식과는 확연히 다르다(周秋光·王猛, 2015; 中国社会保障学会, 2016. 9. 7).

이번 장에서는 먼저 역사적 시각에서 중국 민간복지사업의 발전과정을 되짚어보고 중국 민간복지사업의 현황에 관하여 서술할 것이다. 이어 중국 민간복지사업의 문제점을 살펴보고 마지막으로 중국 민간복지사업의 향후 발전방향에 대해 전망하고자 한다.

2. 민간복지사업의 발전과정

중국은 유구한 민간복지사업의 역사를 가졌다. 그 역사는 선진(先秦, 진나라 이전) 시대로 거슬러 올라가는데 유가의 '인애'(仁愛), 도가의 '덕행'(積德), 불가의 '자비'(慈悲)와 묵가의 '겸애'(兼愛) 등 여러 전통사상의 영향을 받아 당시 통치자는 재해구제, 의료구제, 아동·노인보호를 위주로 구제제도를 실시하였다.

1876년 중국 북부지역에 역사적으로 보기 드문 자연재해가 발생했는데 일부 우국지사가 자발적으로 힘을 합쳐 대규모 민간 구제활동을 전개하면서 민간복지사업 활동이 하나둘씩 조직되었다. 이러한 민간 구제활동은 전통적 민간복지사업에서 근대형 민간복지사업으로 바뀌는 전환점이 되었다.

1949년 신중국 성립 이후 만능주의 국가이념 아래 국가는 모든 민간복지사업을 중지하는 한편, 민간복지사업을 사회사업으로 편입하여 관리하기 시작하였다. 개인적 선의에서 발현된 자선활동은 모두 '위선'이라는 꼬리

---

1) 중국에서 동족(同族)이 공유하는 전답을 두고 거기서 나오는 소득으로 부조(扶助)하던 시설이다.

표를 달게 되었다.

제11기 중국공산당 중앙위원회 전체회의 개최를 기점으로 개혁개방시대로 접어들었으며 민간복지사업은 점차 부흥하기 시작하였다. 1981년 중국아동소년기금회(中國兒童少年基金會)의 설립부터 1994년 〈인민일보〉에서 "자선을 위한 올바른 명분"이라는 제목으로 게재된 글, 그리고 1994년 중화자선총회(中華慈善總會)의 설립에 이르기까지 일련의 과정을 통해 중국국민은 민간복지사업을 새롭게 인식하게 되었고 민간복지사업 단체가 많이 설립되었으며 각종 자선활동도 대규모로 전개되었다. 그러나 이 기간의 민간복지사업은 여전히 정부의 주도 아래 놓여 그 역량을 충분히 발휘하기에는 한계가 있었다.

이후 14년간의 발전과정을 거치다가 2008년 발생한 쓰촨(四川)성 대지진으로 인해 '전 국민 자선활동'이 일어났다. 이는 중국의 민간복지사업이 근대에서 현대로 전환되는 상징적 사건이었다.

새로운 글로벌 민간복지사업의 열풍이 불면서 급속한 경제성장, 빈부격차의 심화와 과학발전 이념이 민심에 스며들기 시작하면서 민간복지사업은 전대미문의 발전을 이룩하였다. 자선단체의 수, 자선기부금, 자선 관련 연구에서 자선업계 관리수준에 이르기까지 모든 영역이 눈에 띄게 발전했다. 현재 민간복지사업은 아직 전환기에 있는데 최근의 2년은 제2차 전환단계에 속한다고 볼 수 있다. 2016년 〈자선법〉, 〈해외 비정부단체(NGO) 국내활동 관리법〉의 출범과 2014년 〈자선사업의 건전한 발전을 촉진하는 데 관한 지도의견〉 등 관련 정책들이 발표되면서 민간복지사업의 제2차 전환단계를 촉진하는 데 유익한 환경과 조건을 마련하였다. 제2차 전환단계가 신속하게 발전하고 그 목표를 순조롭게 달성할 수 있느냐는 현재의 도전 과제이자 검증계기가 될 것이다.

3. 민간복지사업 현황

지난 몇 년(특히, 12·5 규획) 동안, 국가 거버넌스 능력과 거버넌스 체계의 현대화 요구가 제기되면서 민간복지사업의 사회 거버넌스도 많은 관심을 받고 있다. 정부와 민간 간의 협력을 추진하는 과정에서 〈자선법〉의 수립, 자선단체의 수, 자선기부금과 자선업계의 관리수준 등이 모두 눈에 띄게 발전했다.

1) 〈자선법〉 수립의 중대한 발전

(1) 〈자선법〉의 신속한 추진

중국정부는 〈자선법〉과 〈해외 NGO 국내활동 관리법〉을 적극적으로 제정하고 건전한 민간복지사업의 발전과 제도환경을 전체적으로 형성하였다. 〈자선법〉은 민간복지사업의 발전을 위해 제정되었다. 중국공산당 중앙위원회는 민간복지사업의 법제화를 매우 중시하고 있다. 2013년 11월 〈자선법〉은 제12기 전국인민대표대회에서 제1종 입법항목인 우선 입법사항으로 선정되었으며 전국인민대표대회의 내무사법위원회가 앞장서서 초안을 구성하였다. 2015년 제12기 전국인민대표회의 상무위원회 제17차 회의와 제18차 회의에서는 〈자선법〉(초안)을 심사하였다. 2016년 3월 16일 제12기 전국인민대표대회 제4차 회의에서 〈자선법〉의 통과가 표결되었고 2016년 9월 1일에 정식으로 시행되었다. 이로써 중국 민간복지사업은 의법행선 (依法行善), 의법촉선(以法促善)과 의법치선(依法治善)의 새로운 단계에 접어들었다.

　〈해외 NGO 국내활동 관리법〉의 입법 목적은 해외 비정부단체의 중국 내 활동을 규범·지도하는 데 있었다. 2014년 12월과 2015년 4월 제12차 전국인민대표대회 상무위원회는 두 차례에 걸쳐 법률 초안을 심의한 후 사회에 공표함으로써 의견을 구했다. 2016년 4월 28일 〈해외 NGO 국내활동 관리법〉이 제 12기 전국인민대표대회 상무위원회에서 통과되었고 2017년 1월 1일부터 정식으로 실시되었다. 이것은 중국 내 해외 NGO에 관한 최초의 입법이다. 이 법은 본 취지를 위하여 민간복지사업이나 혹은 비영리사업 활동을 전개하려는 NGO에게 합법적 신분을 부여하며 정부부처가 NGO의 명의로 전개된 위법활동·행위를 법적 근거에 따라 규제할 수 있다.

(2) 민간복지사업 발전을 위한 정책법규의 개선

자선 법제화가 추진됨에 따라 민간복지사업 발전을 위한 정책법규가 점차 개선되고 있다. 민정부가 발표한 〈중국 자선사업 발전 지도강요〉(2011~ 2015년)에는 12·5 규획 기간 내 민간복지사업 발전의 전체 계획이 포함되어 있다. 2014년 11월 24일 국무원에서는 〈자선사업의 건전한 발전을 촉진시키는 데 관한 지도의견〉(이하 〈의견〉)을 하달하였는데 실시주체, 참여 방식, 업무체계, 세금, 사회지원 등 민간복지사업의 건전한 발전을 위하여 시스템을 구축하였다. 이는 신중국 성립 이래 중앙정부의 명의로 발표한 최초의 민간복지사업 발전 규범화에 관한 문서이다. 2014년 12월 15일 민정부에서는 〈〈의견〉을 철저히 실현하는 데 관한 통지〉를 배포하여 〈의견〉에 관한 규정에 세분화를 진행하였고 명확한 요구를 제시하였다.

이와 동시에 정부의 서비스 구매, 자선단체의 직접 등록 관리, 자선단체의 인증, 자선단체의 내부 거버넌스, 자선단체의 공개모금, 자선신탁, 자선단체의 정보공개, 자원봉사서비스 등에서 관련 정책이 마련되었다.

2) 자선단체의 수와 수행능력의 대폭 개선

(1) 자선단체 수의 증가

현재까지 협의적 자선단체에 대한 통계는 적은 편이며 사회조직 중 비율이 높은 것은 광의적 자선활동에 참여한 활동들이다. 그러므로 사회조직 수의 변화는 어느 정도 자선단체 수의 변화를 나타낸다고 볼 수 있다. 2011년부터 2015년까지 전국 사회조직의 수는 상승하는 추세이며 전체 수는 각각 46만 2천, 49만 9천, 54만 7천, 60만 6천, 66만 2천 개로 집계되었다. 5년 동안 사회조직이 20만 개가 증가하여 상승 폭이 컸다(〈표 17-1〉 참조). 자선단체를 포함한 사회조직 수의 증가는 민간복지사업 발전에 있어 조직적 기반을 마련하였다.

〈표 17-1〉 사회조직 전체 발전 현황

(2011~2015년)

증가 현황 ＼ 연도	2011	2012	2013	2014	2015
사회단체(만 개)	25.5	27.1	28.9	31.0	32.9
민영 비기업단체(만 개)	20.4	22.5	25.5	29.2	32.9
기금회(개)	2,614	3,029	3,549	4,117	4,784

자료: 민정부 연도별 사회서비스 발전 통계공보.

(2) 자선단체 공익 지출액의 증가

자선단체의 공익성은 자선단체의 대표적 특징으로 공익 지출액은 자선단체가 갖춘 자선자원의 능력을 보여줄 뿐만 아니라 자선단체의 관리운영 효율성도 구체적으로 보여준다. 12·5 규획 강요 이후 자선단체의 공익 지출은 전체적으로 상승하는 추세이다. 기금회를 예로 들면 2015년을 제외한 나머지 연도에는 모두 공익 지출이 감소했다. 전반적으로 공익 지출의 증가 폭은 감소하고 있지만 그 수는 여전히 증가세를 보이고 있다.

3) 자선자원 총량의 증가와 인터넷 기부 열풍

(1) 자선자원 총량의 안정된 증가

자선자원은 주로 사회기부품의 총량이자 자원봉사 시간의 환산과 복권 공익금 등을 포함한다. 사회기부의 총량에는 자연재해 등 돌발상황의 영향으로 인해 12·5 규획 이후 파동이 있었지만 전체적으로 증가 추세를 보

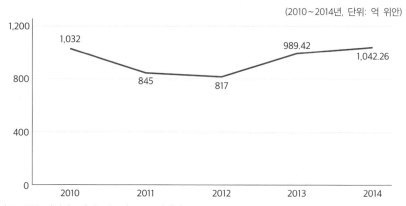

〈그림 17-2〉 국내외 사회기부 접수 현황

(2010~2014년, 단위: 억 위안)

자료: 중국 자선정보센터. 연도별 중국 자선기부 보고.

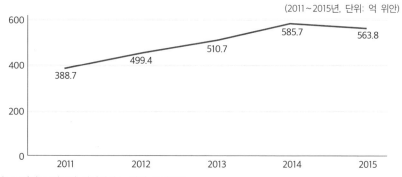

〈그림 17-3〉 복권 공익금 현황

(2011~2015년, 단위: 억 위안)

자료: 민정부 연도별 사회서비스 발전 통계공보.

였다(〈그림 17-2〉 참조).

자원봉사 시간을 살펴볼 때, 2013년 각 기관에서 정식 통계로 추산된 자원봉사자는 총 7,345만 명으로 자원봉사 시간은 약 8억 3천만 시간이었는데, 이를 금전적 가치로 환산하면 83억 위안에 달했다. 2015년 중국 등록 자원봉사자는 1억 명인데 실제로 자원봉사에 참여한 인원은 9억 4,870만 명이었다. 자원봉사시간은 15억 5,900만 시간으로 금전적 가치로 환산하면 600억 위안에 달했다. 2013년과 비교하였을 때 2015년 자원봉사자의 수, 봉사시간과 금전적 환산 가치 모두가 큰 폭으로 증가했다. 여기서 강조해야 할 것은 자원봉사의 발전이 자선활동의 전개에도 도움이 될 뿐만 아니라 자선이념이 효과적으로 형성되는 데 도움이 된다는 것이다.

복권 공익금의 발전을 살펴보면 민정부에서 2011년부터 2014년까지 4년 동안 모은 복권 공익금은 지속적으로 증가하였다(〈그림 17-3〉 참조). 2015년 복권 공익금은 전년도 동기 대비 조금 줄어들었지만 2011년과 비교하였을 때 전체적으로 상승하였으며 그 증가 폭은 45.04%에 달했다.

(2) 자선모금과 기부방식의 다양화

12·5 규획 이후 자선모금이나 기부방식에 새로운 특징이 나타났다. 자선모금 방면에서 대중매체가 중요한 역할을 수행하게 된 것이다. 2011년 텐센트 웨이아이(微愛) 온라인, 2012년 신랑웨이(新浪微) 공익, 2014년 알리페이 'E' 공익 플랫폼의 등장과 2015년 "인터넷+"의 열기로 인해 대중매체의 모금이 자선자원의 모금을 위한 중요한 방식의 하나로 자리 잡았다. 2016년 10월 이바오(易宝) 공익권이나 이바오 공익지불 포트를 통한 인터넷 모금 적립금은 7,036만 위안에 달했고, 18만 5천 명의 시민이 모금에 참여했다. 이렇듯 인터넷을 통한 모금방식은 민간복지사업과 자선모금의 연결고리를 위한 중요한 플랫폼으로 자리 잡고 있다. 2015년 말 873건 공익사업이 크라우드 펀딩(crowd funding)에 성공하였고, 약 60만 회의 모금

을 통해 적립금은 3,432억 7천만 위안에 달했다. 자선모금 방면에 있어 인터넷을 플랫폼으로 하는 모금방식이 점차 중요한 기능을 발휘하고 있다.

자선기부를 살펴보면 공익신탁, 주식기부, 부동산기부 등이 점차 거액 기부자의 관심을 끌고 있다. 2014년 알리바바 창업자인 마윈(马云)과 차이충신(蔡崇信)은 공익신탁기금회를 설립했고, 2011년 뉴건성(牛根生)은 본인 이름으로 해외에 멍뉴(蒙牛) 주주권을 헝신(Hengxin)신탁으로 이전하였다. 2013년 하이항(海航)그룹은 그룹 주식의 20%를 츠항(慈航)공익기금회에 기부하였고 타오신보(陶欣伯)는 신진링(新金陵)호텔 주식의 25%를 타오신보기금회에 기부하였다. 주주권 기부는 민간복지사업의 희망을 구체화할 수 있을 뿐만 아니라 기업의 정상적 경영에 영향을 크게 미치지 않기 때문에 빠르게 성장했다.

4) 자선업계의 자율과 관리 · 감독의 실질적 이행

민간복지사업의 자율성은 일정한 체제를 바탕으로 이루어진다. 조직 측면에서 볼 때, 2013년 4월 중국자선연합회가 설립되었는데 연합성과 주축성 자선조직의 자선업계에 자율성을 부여하는 조직체제이며 자선업계의 자율성을 추진하는 중요한 기반이었다. 이후 베이징(北京), 청두(成都), 광저우(广州) 등 지역에서도 관련 자선조직연합회가 설립되었다.

자선업계의 데이터플랫폼을 살펴보면 12 · 5 규획 이후 자선업계는 중국 공익자선사이트, 기금회센터사이트, 중국자선데이터플랫폼, USDO 자율바(bar) 내에 여러 자선단체의 투명성을 평가 및 관리 · 감독할 플랫폼을 구축하였고 중국 공익자선단체의 투명성 평가시스템, 중앙기금회 투명성지수, 연도별 투명성 순위표 등의 다양한 체계를 개발하였다. 이러한 플랫폼과 평가시스템의 구축은 자선단체의 투명성을 향상시키고 전체 자선업계의 자율성에 중요한 기능을 발휘했다.

자선업계 행위수칙과 자선업계 자율행위를 살펴볼 때, 일부 자선기구는 투명도를 향상시키기 위해 연합으로 행동하였다. 예를 들어 2013년 기금회 센터 웹사이트는 여러 기금회와 공동으로 "중국 기금회 '4-20' 구제행동 자율연맹"을 체결하였고 기부금 사용처, 지출과 진행과정을 모두 공개적으로 발표하기로 약속하였다. 이러한 자선업계의 자율성은 민간복지사업의 건전한 발전을 촉진시키며 자선업계의 공신력을 향상시키는 중요한 경로이다.

4. 민간복지사업의 문제점과 도전

민간복지사업은 그동안 가시적인 성과와 발전을 이루었다. 그러나 현재 자선사업의 제도적 구성, 자선단체의 내부관리와 민간복지사업의 관리·감독 등에 존재하는 문제를 묵인해서는 안 된다. 이러한 요소는 민간복지사업의 발전에 있어 주요한 방해요소로 작용할 수 있다.

1) 자선정책 관련 시스템의 미흡

〈자선법〉의 일부 규정은 구체적인 편이지만 일부 규정은 원칙성에 지나지 않거나 혹은 임의적 조항에 불과하다. 관련 정책이 지속적으로 제정되고 있지만 일부 원칙적인 규정은 충분히 구체적이지 못하다. 이러한 규정은 실제 실행과정에서 실행력이 부족하여 자선단체의 등록관리, 세수와 혜택정책 등에서 문제점이 드러난다.

(1) 자선단체 직접 등록 관리정책의 미흡

〈자선법〉 제 17조에 의해 자선단체를 등록하거나 인증하는 기관은 일괄적으로 민정부가 책임지며, 자선단체에 대해 직접 등록제도를 일괄적으로 실행한다. 자선단체의 직접 등록제도는 자선단체 설립의 이중관리체계를 극복하고 민간복지사업의 발전과 조직 생성단계에 생기는 제약을 해소하였다.

그러나 〈사회단체 등록관리조례〉, 〈민영 비기업단체 등록관리 임시시행조례〉 그리고 〈기금회 관리조례〉 등의 수정안에 따르면 오직 농촌구빈, 생활구제, 노인구제, 고아구제, 장애인보조, 재난구제, 의료보조, 교육보조 등과 같은 자선단체만이 직접 등록이 가능하고 기타 자선단체는 여전히 이중관리체제를 실시하고 있다. 이러한 업무범위는 전통적 자선개념이며 〈자선법〉에 해당하는 '대자선'(大慈善)이라 할 수 없다.

이중관리체제는 계획경제체제하에서 사회조직 통제를 위주로 했던 사상적 산물로서 자선단체의 독립성과 자치성에 부정적인 영향을 끼칠 뿐만 아니라 자선단체의 시장유입과 경쟁을 통한 자선자원의 효율성 제고에도 부정적 영향을 끼쳤다. 심지어 자선단체의 사회공공서비스 제공과 현대화 과정에서 적극적 기능을 발휘하는 데 어려움이 되기도 했다. 그러므로 민간복지사업을 더욱 발전시키기 위해서는 이 분야에 관한 심도 있는 연구를 통해 직접 등록제도를 안정적으로 실시해야 한다.

(2) 세금우대정책의 개선과 철저한 이행

세금우대정책에 있어 중국은 현재 〈공익사업기부법〉, 〈기업소득세법〉과 〈개인소득세법〉 등 다양한 법률로 관련 규정을 마련했다. 이러한 규정들은 다음과 같은 의미가 있다. 첫째, 〈자선법〉의 의의는 법률을 통해 자선활동 참여자의 세금감면 권리를 규정한 것이다. 둘째, 구빈과 빈곤구제 관련 자선활동은 특별한 정책혜택을 받을 수 있다. 셋째, 기업의 자선기부금에 대한 세금공제 결산제도를 규정하였다. 이와 같은 규정이 마련되었음에도 세금우대정책에는 여전히 다음과 같은 문제가 존재한다.

첫째, 개인 자선기부금에 대한 세금공제 결산제도가 미흡하다. 〈자선법〉은 기업 자선기부금에 대한 세금공제 결산제도를 규정하였지만 이 조항은 개인에게는 적용되지 않아 개인이 거액을 기부하기에는 부담을 느낀다. 이는 자선자원의 획득과 건전한 자선 분위기를 형성하는 데 부정적 영향을 끼친다.

둘째, 실물기부 등 신형 기부방식의 면세제도가 정책적 장애물에 부딪히고 있다. 2016년 5월 10일 재정부와 국가세무총국에서는 〈공익 주주권 기부 기업소득세 정책문제에 관한 통지〉를 발표하였는데 이는 일부 주주권 기부의 세금우대정책 관련 문제를 해결하였다. 민간복지사업이 발전하면서 부동산기부, 지식재산권기부 등 여러 가지 기부방식이 자선기부의 주요 형식이 되었으나 개인기부는 세금공제의 범주에 포함되지 않으며 관련 법규도 사실상 공백상태여서 많은 자선기부의 기회를 상실했다.

셋째, 세금공제정책이 보편적이지 않다. 현재 규정에 의거하여 공익성 기부 세금공제 자격은 보편적이지 않다. 등록·인증을 받은 자선단체와 법적으로 규정된 단체만이 자격을 얻을 수 있는데, 기부자는 등록·인증된 기관에 기부해야만 세금혜택을 받을 수 있다. 그러므로 신설된 자선활동 사회단체는 자연스럽게 배제될 수밖에 없어서 민간복지사업의 적극성이 감소한다.

이 밖에도 2015년 재정부, 국가세무총국과 민정부가 발표한 〈공익성 기부 세금공제 자격 확인심사 관련 사항에 관한 통지〉에 따르면 '공익성 기부공제 자격 확인'을 취소하는 한편, 이를 비행정 허가사항으로 규정하였다. 2016년 재정부와 민정부가 발표한 〈공익성 사회조직의 공익사업 기부어음 신청발급에 관한 문제에 대한 통지〉에서는 공익사업 기부어음의 신청발급 과정과 관련 공익단체의 범위를 명시하였다. 이러한 규정은 업무과정을 간소화하고 자선단체의 부담을 줄여주었으나 자선 세금제도 통합과는 다소 거리가 멀다.

2) 자선단체 거버넌스 능력의 향상

자선단체는 민간복지사업의 구체적 실행자이다. 현재 상황으로 볼 때, 자선단체의 수나 모금능력 등에서 좋은 성과를 거두었지만 관리능력은 더욱 향상되어야 한다.

(1) 자선단체 내부 거버넌스의 부재

내부 거버넌스 능력은 자선단체가 법률과 규정에 따라 활동을 전개하는 동시에 자선목표와 취지에 어긋나지 않도록 하는 핵심 요소이다. 영국과 미국의 법적 계통(法系)과 유럽대륙의 법적 계통은 모두 자선단체의 내부 거버넌스에 관한 법률 개정을 진행하였고, 자선단체 내부 권력의 제약과 내부 거버넌스를 통해 민간복지사업의 공신력을 보장하였다.

한편 대다수 중국 자선단체는 민정부와 밀접하게 연관되는데 일부 자선단체는 책임자와 직원이 공무원이기 때문에 특정 소수가 정책을 장악하거나 심지어 정책이 개인에 의해 결정되기도 한다. 또한 민간 자선단체도 소수 리더에 의해 결정되기 때문에 민주적 정책이나 내부 거버넌스 제도가 거의 존재하지 않는다.

(2) 자선단체 전략계획과 혁신 능력의 결여

비영리 민간복지사업은 관련 영역으로 좀더 확대되었으나 여전히 다음과 같은 문제가 존재한다. 첫째, 대다수 자선단체가 설립 당시에 조직의 명확한 목표를 제시하지 않고 자선서비스의 자세한 계획에 있어 전체 전략이 미흡하여 미래 발전을 위한 자선영역의 선택이나 프로젝트 결정에 있어 사회이슈를 단체의 발전방향으로 선정하려고 한다. 이로 인해 자선단체가 설립 시 원래의 목표에 충실하지 못해 민간복지사업 내부 프로젝트와 사업의 동질화 현상을 초래한다. 둘째, 브랜드 구축 의식이 결여되어 있다. 일부

대형자선단체만이 브랜드 구축을 전개할 뿐 기타 자선단체는 브랜드 구축 의식이 부족하거나 혹은 브랜드 구축이 기타 자선단체와 차별성을 갖지 못 한다.

(3) 자선자원의 비합리적인 배정으로 인한 조직구조의 기능 미흡

자선단체는 주로 재정자원과 인력자원 등 두 가지 자원으로 구성된다. 재 력자원 방면에서는 자선자금의 흡수력과 가치 상승능력 부족 등의 문제가 발생하고 있다. 왜냐하면 첫째, 자금획득에서 사회가 전체적으로 자선기 부에 의심을 가져 개인모금을 통한 기부금이 극히 제한적이기 때문이다. 따라서 대부분의 자선단체는 정부 재정지원에 의해 운영되고 있다. 둘째, 기금유지와 증식에 있어 기금회의 기금운영을 예로 들면, 대다수 기금회는 주로 은행저축, 국채구매 등 매우 안정된 방식으로 기금을 관리하기 때문 이다. 따라서 전체 수익에서 공익성 투자의 비율이 매우 낮다.

인력자원 방면에서는 민간복지사업의 전문인력이 매우 부족한 편이다. 이는 전체 자선업계의 공통된 문제이며 원인은 주로 조직 내부의 장려시 스템이 마련되지 않았기 때문이다. 첫째, 공익업계 종사자의 임금이 매우 낮아 인력 유실률이 매우 높다. 2014년을 예로 들면 공익업계 종사자의 평균 소득과 희망 소득 간의 격차는 2,500위안으로 종사자 중 20%가 임 금이 낮다는 이유로 사직하였다(王会贤, 2014. 9. 23). 둘째, 조직 내부 관리구조의 형성을 중시하지 않는 경향이 있다. 자선단체의 장기적이고 지속적이며 건전한 발전을 위해서는 정식적 조직구조와 우수한 인력이 필 요하다. 그러나 자선단체는 '유명인사의 지명도를 중시한 채 조직구조를 경시하는' 경향이 있다. 이는 자선단체가 인재를 끌어들이는 데 매우 불 리하게 작용한다.

(4) 자선단체의 부적합한 정보공개

정보공개의 투명성은 자선단체의 운영·발전에 있어 매우 중요하다. 그러나 그런 필요성을 전혀 느끼지 못해 전체적으로 자선단체의 정보공개가 제대로 이루어지지 않아서 사회적 요구와 큰 차이를 보인다.

중민(中民) 자선기부 통계센터는 2009년부터 2014년까지 〈자선투명보고〉(慈善透明報告)에서 두 종류의 데이터를 발표했다. 하나는 통계 공개를 기반으로 "완전성, 즉각성, 정확성, 대중 획득 편리성"의 네 가지 지표 평가를 통해 산출한 자선단체(참여기관은 기금회, 민영 비기업, 자선회, 적십자회 등 1천 개 단체 포함)의 평균 점수이며, 다른 하나는 60점 이상을 획득한 자선단체의 비율이다(평가 참여단체의 점수는 다음 〈그림 17-4〉를 참조). 이러한 통계는 자선단체 연도별 보고서의 공개 태만문제를 반영하였는데 공개 관리·감독시스템이 효율적으로 전개될 수 없는 어려움을 간접적으로 보여준다.

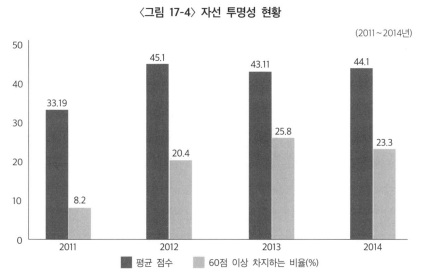

〈그림 17-4〉 자선 투명성 현황

(2011~2014년)

자료: 중국 자선기금정보센터에서 발표한 2009년부터 2014년까지의 〈자선투명보고〉 정리.

3) 민간복지사업 관리체제의 시급한 체제 전환

민간복지사업 관리체제의 핵심은 정부와 자선 간의 관계이며 민간복지사업 업계의 자율성과 민간복지사업에 대한 기타 사회역량의 관리·감독과도 연관성이 있다. 민간복지사업의 관리체제 문제는 제도설계와 민간복지사업 발전 간의 모순에서 드러나는데 구체적 문제는 다음과 같다.

(1) 민간복지사업 발전 중 농후한 행정화 색채

1994년 중화자선총회 설립 이후 지금까지 자선단체 중 공립 자선단체가 빠르게 성장했다. 그러나 민간복지사업의 주체가 정부이기 때문에 다음과 같은 문제를 피할 수 없었다.

첫째, 민영 자선단체의 발전을 제한하였다. 각종 자선회, 적십자회 등 정부지원을 받는 자선단체는 강력한 경쟁력을 바탕으로 전체 사회기금에서 차지하는 비중이 크다(〈그림 17-5〉 참조). 반면 상대적으로 규모가 작은

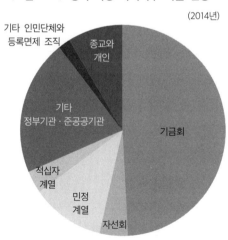

〈그림 17-5〉 중국 각종 사회기부 비율 현황

(2014년)

기타 인민단체와 등록면제 조직

종교와 개인

기타 정부기관·준공공기관

기금회

적십자 계열

민정 계열

자선회

자료: 楊団主(2016).

민영 자선단체는 기금 조성에 어려움을 느껴 성장속도가 더디다.

둘째, 자선문화가 중국에서 자리를 잡는 데 어려움이 있다. 중국인은 잠재의식 속에 자선단체를 정부의 부속기관으로 인식하여 자선의 관심, 민간복지사업의 참여와 관리·감독에 대한 자발성이 떨어진다. 그러므로 정부는 민간복지사업에서 역할과 위치정립을 통해 민간복지사업의 전반적 발전을 도모해야 한다.

(2) 자선 관리 · 감독 기능의 미흡

민간복지사업은 사회자원을 동원하며 그 운영과정에서 다양한 주체와 관련된다. 민간복지사업의 관리·감독은 민간복지사업의 건전한 발전에 있어 매우 중요하다. 현재 민간복지사업의 관리·감독에는 여러 문제가 산재하며 구체적인 문제는 다음과 같다.

첫째, 정부의 관리·감독 효과가 미비하다. 민간복지사업 운영과정 중에서 단체조직과 행위에 관한 정부의 관리·감독이 미흡하며 민정, 세무, 회계감사 등 여러 관리·감독의 직무 이행과정에 역할중복과 역할미흡 등의 문제가 있다.

둘째, 업계 자율성과 삼자 평가 효율성이 바람직하지 못하다. 현재 삼자 평가기구는 자선단체를 대상으로 점수와 순위를 매기지만 관련 통계 공개와 장려시스템이 제대로 작동되지 않을 뿐만 아니라 삼자 평가를 통해 얻을 수 있는 영향력이나 권위가 부족하여 대중 기부로 이어지지 않는다.

셋째, 사회 관리·감독이 합리적이지 못하다. 현재 사회 관리·감독 대상자는 주로 대형자선단체로, 예를 들어 현재 집중보도되는 대상자는 적십자회, 일기금(壹基金) 등이다. 반면 소형자선단체 중에서 민정부에 등록하지 않은 자선단체는 사회 관리·감독을 받아야 한다. 사회 관리·감독을 통해 정부 관리·감독의 미흡함을 보완할 수 있다.

이 밖에도 민간복지사업에 대한 사회 관리·감독 주체의 이해가 부족하다. 현재 민간복지사업에 대한 대중의 요구는 너무 높은 수준이며 사회기부 행위에 대해 편견을 갖거나 의심을 품기도 한다. 또한 민간복지사업 중 발생한 문제를 과대해석하고 관용과 배려가 부족해 소극적인 자선문화가 형성되었다(刘杰·袁泉, 2014).

5. 민간복지사업의 미래 발전방향

〈자선법〉의 발표·실시에 따라 민간복지사업은 새로운 발전 국면에 접어들었다. 중국공산당 제18기 제5중전회에서 통과된 〈중국공산당 중앙위원회의 국민경제와 사회발전 제13차 5개년 규획 제정에 대한 건의〉에는 "자선사업 발전을 지원하고 사회역량을 동원하며 사회 상호협력과 자원봉사활동을 광범위하게 전개할 것"이라고 명확히 제시하였다. 이러한 배경 아래 13·5 규획은 민간복지사업의 중요한 발전단계가 될 것이다. 이 기간의 민간복지사업의 발전추세는 다음과 같다.

1) 관련 정책의 개선과 민간복지사업 발전의 법제화

민간복지사업의 건전한 발전에는 〈자선기본법〉의 보장과 함께 관련 법률, 법규, 정책의 협력이 필요하다. 현재 자선단체의 등록과 세금우대정책과 관련된 법률 제정·수정 업무가 시급히 필요하다.

자선단체의 등록관리 방면에서 이전의 이중관리체제는 점차 직접 등록 체제로 통합되고 있다. 현행 체제에서 모두 새로운 체제로 전환될 수는 없지만 방향과 목적이 흔들려서는 안 될 것이다. 〈자선법〉이 정식으로 실시되었기 때문에 관리체제를 신속하게 바로잡고 위치를 정립해야 한다. 동시에 직접 등록시스템으로의 통합과 과정·관리방법을 구축·개선하여 직접 등록관리체제로 방향을 정리해야 한다. 동시에 직접 등록의 대상자는 자선단체이므로 각급 민정부처는 신중하게 자선단체의 인증기준을 연구하고 몇 해 동안 공익 사회조직 인증의 성공사례를 분석해 해외 공익인증의 효율적인 방식을 참고해야 한다. 실제 사례에서 착안점을 두고 일부 시범사업과 경험을 총정리하여 중국 특색의 자선단체 인증시스템을 신속하게 구축해야 한다. 또한 〈자선법〉 발표 이후 자선단체의 등록관리와 인증구조의 효율적인 운영을 확보하기 위해 자선단체의 설립승인에 상응하는 퇴출시스템도 마련해야 한다.

민간복지사업의 세금우대정책은 민간복지사업의 발전에 활력소가 될 것으로 보인다. 이 정책은 세금입법을 통해 확실히 실현되어야 한다. 민간복지사업의 세금우대정책은 세금감면 대상단체에게 '보편적 혜택'을 제공함으로써 모든 기부자를 대상으로 통일된 세금감면정책을 실시해야 하고 기부자가 자기 의도에 맞게 모금단체를 선택할 수 있어야 한다. 아울러 국제적으로 통용하는 세금우대정책을 구축해야 한다. 자선단체의 독자적인 세수어음제도를 수립함으로써 자선기부의 면제과정을 간소화해야 한다. 목표한 액수의 달성을 장려하며 기업의 초과액 기부에 대해 3년간 세금공제를 제공함으로써 자선기부를 장려하고 민간복지사업의 자금원 경로를 넓혀야 한다. 또한 빈곤구제를 위한 자선활동의 실시에 대해 특별세금우대를 제공해야 한다. 세금우대를 개선하는 동시에 법률책임시스템도 강화해야 하며 민간복지사업 중 개인, 기업 혹은 사회단체 명의로 탈세하는 등의 위법행위는 엄중히 처벌해야 한다.

2) 민간복지사업 관리체제의 전환 촉진

민간복지사업 관리체제 전환의 착안점은 민간복지사업과 관련된 각 관계의 처리와 조정에 둔다. 12·5 규획 동안 개선·조정사항은 주로 다음과 같다.

(1) 정부와 민간복지사업 발전 간의 관계 조정

민간복지사업은 일반적으로 민간성과 사회성을 가지고 있는데 민간복지사업의 발전·성숙을 위해 민간사회와 일반대중의 관심, 참여, 인정과 보호가 요구된다. 정부 역량만을 의지하고서는 지속적인 민간복지사업의 발전을 기대할 수 없다. 그러므로 13·5 규획 기간 동안 정부와 민간복지사업 간의 관계를 기존의 '정부주도'에서 점차 '민간운영과 관리협력'으로 전환하여야 한다. 구체적인 착수방안은 다음과 같다.

첫째, 자선단체의 법적 위치를 명시하고 법에 따라 설립된 자선단체를 독립법인으로 인정해야 한다. 민간복지사업은 사회성원 개인의 자선의지와 도덕성에 기반을 두고 설립된 민간 공익사업으로, 정부권력을 통해 진행되는 공공부조와는 다르다. 정부 역시 자선단체를 정부의 부속기관으로 여겨서는 안 된다. 그러므로 13·5 규획 기간 동안 자선단체가 독립법인의 지위를 확립하여 탈행정화 및 전문화를 추진하는 것은 민간복지사업의 발전을 촉진하는 데 있어 매우 중요하다.

둘째, 정부직책을 명확히 제시하고 정부기능을 전환해야 한다. 자선단체는 민간복지사업의 주체이며, 자선단체의 설립·발전 장려는 정부가 민간복지사업을 추진하는 데 매우 중요하다. 정부의 주요 직책은 민간 역량이 자선사업을 전개하도록 양호한 외부환경을 제공하는 것이다. 다양한 민간복지사업의 광고방안을 마련하고 대중의 민간복지사업 참여의식을 일깨우는 한편, 사회성원의 자선행위를 모범표창이나 귀감으로 삼는 방식으로 사회 전반에 건전한 자선토양을 형성해야 한다. 민간 자선역량은 기본적인 규범을 준수하면서 자아혁신과 관리능력을 향상시켜야 하며 정부와 공동으로 민간복지사업의 건전한 발전을 위해 노력해야 한다.

(2) 민간복지사업의 자율과 조직 자치능력의 강화

민간복지사업의 자율과 조직 자치능력을 개선하면 단체 스스로 관리와 감독을 할 수 있을 것이다. 또한 정부의 관리·감독 부담 과중, 관리 능력 부족과 정부의 과도한 관여로 인한 민간복지사업 발전 가능성의 축소 등의 문제를 피할 수 있을 뿐만 아니라, 민간복지사업을 관리 및 관리·감독하는 데 드는 자본을 줄일 수 있다. 13·5 규획 기간 동안 다음과 같은 방면에서 민간복지사업의 자아관리·감독의 개선에 착수해야 한다.

첫째, 자선업계 연합조직의 구축을 강화해야 한다. 13·5 규획 기간 동안 중국정부는 자선 연합단체의 설립과 구체적인 발전을 더욱 장려함으로써 자선단체 간 상호협력을 통해 민간복지사업의 관리·감독을 강화하며 운영의 투명성과 공개성을 향상해야 한다. 동시에 자선업계 기준을 마련하여 자율성을 담보해야 한다.

둘째, 자선단체 삼자 평가기구의 작용을 발휘하도록 해야 한다. 삼자 평가기구와 자선단체에는 어떠한 이해관계도 존재하지 않아야 한다. 13·5 규획 기간 동안 관련 자격을 갖춘 삼자 평가기구가 자선단체를 평가하도록 하여, 삼자 평가기구의 지표체계에 대한 신빙성을 높이고 효과적으로 자선단체 자체의 관리능력을 향상하도록 해야 한다.

셋째, 자선단체 내부 거버넌스에 중점을 두어야 한다. 자선단체의 자치권은 민간복지사업 발전에 있어 중요한 전제이자 기초이다. 자선단체 자치권 행사와 관련하여 13·5 규획 기간 동안 다음과 같은 방면에서 조정을 진행해야 할 것이다. 자선단체의 내부 거버넌스 체제를 개선하여 이사회와 감사회의 기능을 충분히 발휘하는 동시에 중요 정책결정은 이사회에서 최종 결정을 내려야 한다. 일상적인 운영은 직능(職能) 부문과 전문 관리인원이 구체적으로 집행하고 감사회가 관리·감독하는 동시에 단체 내부규정을 작동하여 자선단체의 일상적 운영에 관한 규정을 준수해야 한다. 또한 자선단체 내부 조직문화를 배양하며 운영의 직업화와 규범화를 추진해야 한다. 직업적 도덕성을 갖춘 전문 관리인을 채용하여 자선단체를 관리함으로써 규범적이지 못한 행위의 발생 가능성을 줄여야 한다.

3) 민간복지사업의 현대화 추진

민간복지사업의 현대화는 사회분업의 결과로서 공익을 목적으로 하는 이념이 견지되는 동시에 시장화, 산업화, 사회화, 전문화 등의 추세를 보인다. 현재 중국 민간복지사업은 과도기에 위치하여 전통 민간복지사업의 일반적 특징이 나타나는 동시에 현대 민간복지사업의 요소도 존재한다. 13·5 규획 기간 동안 민간복지사업의 현대화는 주로 다음과 같은 방면으로 착수해야 한다.

(1) 자선이념의 현대화

현대 자선이념의 형성은 민간복지사업 현대화에 빠질 수 없는 중요한 조건 중 하나이다. 중국은 오랫동안 전통문화를 계승해왔고 대다수 자선은 대중이 참여하는 자선이 아닌, 부자의 자선이나 종교적 의미의 시혜 등 전통적 성질에 가깝다. 그러므로 13·5 규획 기간 동안 자선이념의 현대화를 추진해야 한다.

첫째, 자선에 대한 국민의 인식을 바꾸어 현대 자선관념의 형성을 촉진함으로써 민간복지사업은 정해진 규칙에 따라 운영되는 것임을 인지시키고 자선단체의 경영활동이나 금융수단을 통해 기금 유지와 증식을 허용해야 한다. 동시에 자선업계 직원의 특성과 기본수요를 이해함으로써 자선업계에 대해 더욱 관용적인 자세를 발전시켜야 하며 발전할 여지를 제공해야 한다.

둘째, 자선에 대한 국민의 관심과 자선활동에 참여하는 습관, 이념을 배양해야 한다. '자선이란 정부와 부자만의 일'이라는 관념은 민간복지사업 발전에 도움이 되지 않기 때문에 자선에 대한 국민의 열정과 긍정적인 분위기를 형성해 자선을 사회사업으로 발전시켜 그 본질을 되찾아야 한다.

(2) 자선단체 능력과 관리의 현대화

현대 자선관리의 틀에 있어 자선단체는 특수성과 일반성을 가진다. 자선단체의 관리능력 향상은 민간복지사업 발전에 매우 중요한 부분인데, 13·5 규획 기간 동안 다음의 문제를 해결하는 데 집중해야 한다.

첫째, 자선단체 자체의 발전목표와 전략계획을 명확히 제시하여 합리적인 내부 거버넌스를 마련해야 한다. 자선단체 설립 초기에 발전방향을 위한 위치를 확립한 이후 전략에 맞춰 실시하는 동시에, 실제 상황에 따라 전략적 위치를 재설정하여 자선단체 자체의 발전특징과 유동성을 유지해야 한다.

둘째, 자선자원의 확보능력을 향상시켜 전문 자선관리 인력양성에 힘써야 한다. 시장시스템을 통해 자선 자원관리 효율을 향상시킴으로써 민간복지사업의 영역을 교육, 문화, 위생, 공공시설, 환경보호 등으로 확대시켜야 한다. 이런 기초 아래 조직 내부 장려시스템을 조정하여 단체 인원의 혁신능력을 배양함으로써 민간복지사업의 질과 수준을 향상시켜야 한다. 자선봉사 및 상품 동질화와 이로 인해 발생한 자선자원 배치 효율성의 저하 등 나쁜 결과를 피해야 한다. 아울러 정부의 힘을 빌려 자선관리인력을 양성해 실제 운영과정에서 자선인력의 직업구축을 강화해야 한다.

(3) 자선자원 동원시스템의 현대화

민간복지사업 사회동원이란 자선단체에게 필요한 각종 사회역량을 뜻하는데, 여기에는 인력, 물력, 재력, 정보, 미디어 등 사회자원이 포함되며 자원동원시스템은 민간복지사업이 존재·발전하기 위한 기초가 된다. 13·5 규획 기간 동안 다음과 같은 방면을 통해 자선자원 동원시스템의 현대화를 실현해야 한다.

첫째, 지역사회 자선의 발전을 추진해야 한다. 지역사회의 기초자치조직은 민간복지사업을 위한 자원동원 과정에서 중요한 역할을 발휘한다. 지역사회 자선활동의 추진과 발전을 통해 자선에 대한 대중인식의 변화를 기대할 수 있으며, 대중참여와 함께 자선에 대한 열정을 불러일으킬 수 있다. 더불어 각 지역사회의 자선동원시스템은 전체적인 민간복지사업의 발전을 위해 자원기반을 제공해 자원봉사에 대한 대중의 인식과 태도에 긍정적인 영향을 끼침으로써 민간복지사업을 크게 발전시킬 수 있다.

둘째, 민간복지사업 광고를 중시해야 한다. 자선단체와 민간복지사업의 광고는 민간복지사업 사회동원시스템의 중요한 부분으로 작용한다. 13·5 규획 기간 동안 정부가 각종 경로와 방법을 통해 자선에 대한 대중인식에 변화를 도모해야 한다. 이는 단순히 정부주도의 자선을 의미하는 것이 아니라 자선활동에 있어서 적합한 환경을 제공하는 것이다. 또한 자선단체 자체의 이미지 구축·광고에 중점을 두어야 하며 현대 과학을 자선단체의 활동과 자선사업의 광고에 충분히 사용할 수 있어야 한다. 더 나아가 대중과의 상호작용을 통해 자선단체에 대한 대중의 관심과 이해도를 향상시켜 건전한 조직 이미지를 구축함으로써 자선활동의 대중참여를 향상하고 자선자원의 사회동원을 실현해야 한다.

6. 맺음말

중국 민간복지사업은 1980년대부터 부흥하기 시작한 이래 이미 20여 년간의 발전과정을 거쳤다. 〈자선법〉의 수립과 지속적인 추진을 통해 민간복지사업 발전을 위한 제도적 환경도 점차 향상되고 있으며 자선단체의 전통적 이중관리체제방식에서 직접 등록제도로의 전환과 자선단체 수의 급증 등의 쾌거를 이루어냈다. 또한 "인터넷+"와 같은 열풍으로 인해 대중매체를 통한 모금이 중요한 자선방식으로 자리 잡았으며, '모두가 공익에 참여할 수 있다'는 분위기를 형성하였다. 동시에 자선업계의 자율성과 관리·감독 역시 실질적인 발전을 이루었다.

그러나 현대적 의미에 있어 중국의 민간복지사업에는 아직 많은 과제가 산재한다. 여기에는 관련 정책의 결여, 자선단체 관리·감독능력 향상, 자선사업 관리체제의 전환 등이 포함된다.

지난 5년 동안 민간복지사업의 발전, 법률제도의 제정, 대중참여 등의 성과를 거두었고 향후 5년은 자선업계가 크게 성장할 수 있는 황금기가 될 것이다. 그러므로 민간복지사업 관련 정책의 보완을 통해 성공적으로 자선관리체제의 전환을 이루어서 정부와 자선단체 간의 관계를 강화하고 민간복지사업의 현대화를 추진함으로써 민간복지사업의 새로운 발전을 도모해야 한다.

■ 참고문헌

해외 문헌

刘振杰(2015). 我国慈善事业发展研究: 一种社会运行视角〔J〕.〈我国机构改革与管理〉, 2015(1), 6~10.

刘杰·袁泉(2014). 转型期我国慈善事业发展的困境及路径选择〔J〕.〈江海學刊〉, 2014(3): 104~109.

刘威(2014). 重新为慈善正名: 写在《人民日报社论》"为慈善正名"发表二十周年之际〔J〕.〈浙江社会科学〉, 2014(9), 68~76.

毛飞飞(2012). 我国慈善事业促进机制探讨〔J〕.〈理论导刊〉, 2012(3), 16~19.

杨团主(编)(2016).《中国慈善发展报告》. 社会科学文献出版.

翟雁·辛华(2016). 2015年我国志愿者捐赠价值报告〔R〕. in 杨团主(编).《我国慈善

发展报告》(78~115). 社会科学文献出版社.

郑功成(2005). 现代慈善事业及其在我国的发展[J]. 〈学海〉, 2005(2), 36~43.

程楠(2016). 慈善组织登记管理制度怎么改: 专访全国政协委员, 清华大学公益慈善研究院院长王名[J]. 〈中国社会组织〉, 2016(6), 22~23.

朱健刚(2014). 从计划慈善走向公民公益: 2013我国慈善事业发展综述[R]. In 杨团主(编). 《我国慈善发展报告》(19~29). 社会科学文献出版社.

周秋光·王猛(2015). 当代我国慈善发展转型中的抉择[J]. 〈上海财经大学学报〉, 2015(1), 78~87.

기타 자료

基金会中心网.

民政部历年社会服务发展统计公报.

中民慈善信息中心. 历年中国慈善捐助报告(연도별 중국 자선기부 보고).

中民慈善捐助信息中心. 2009年至2014年公布的 〈慈善透明报告〉(자선투명보고).

易宝公益圈官网. http://gongyi.yeepay.com/index/1. 2016. 10. 24 인출.

王会贤(2014. 9. 23). 2014年中国公益行业人才发展现状调查[OL]. http://www.gongyishibao.com/html/yaowen/7014.html. 2016. 10. 24 인출.

中国社会保障学会(2016. 9. 7). "从传统慈善走向现代慈善" 研讨会在南通召开[OL]. http://www.caoss.org.cn/article.asp?id=227. 2016. 9. 26 인출.

互联网金融创新及监管四川省协同创新中心·众筹网(2016. 4. 15). 2015年中国公益众筹发展报告[R]. http://www.ngocn.net/news/2016-04-15-dda0245735ff5-d76.html. 2016. 10. 24 인출.

주요 용어

ㄱ

· 街道	가도
· 可支配收入	가처분소득
· 看病贵	진료비가 비싸다
· 看病难	진료받기 힘들다
· 康复	재활
· 纲要	요강
· 个人帐户	개인계좌
· 巾帼	건귁
· 建立	수립
· 缴纳	납부
· 缺位	결위
· 经济适用住房	경제실용주택
· 经办	처리, 취급
· 计划生育	계획출산
· 高级农业生产合作社	고급농업생산합작사

· 困境儿童	곤경아동
· 公费医疗	공비의료
· 公私合营	공사합영
· 工伤保险	산재보험
· 工人	근로자
· 工资	임금
· 共享	공향
· 官方	관방
· 救贫开发	구빈개발
· 国家发展和改革委员会(发改委)	국가발전개혁위원회
· 国家城市建设总局	국가도시건설총국
· 国内生产总值	국내총생산
· 勤工助学	근로장학생
· 给付	급여
· 机关事业单位养老保险	국가기관·준공공기관 직원 연금
· 基尼系数	지니계수

ㄴ·ㄷ·ㄹ

· 南巡讲话	남순강화
· 老年人福利	노인복리
· 农民工	농민공
· 单独两孩	단독양해
· 单位	직장
· 大同社会	다퉁사회
· 大数据	빅데이터
· 大额	거액
· 待业保险	대업보험
· 代替率	대체율

· 登记失业	등록실업
· 廉租住房	염가임대주택
· 老年扶养比	노년부양비
· 留守儿童	유수아동
· 留宿	유숙
· 六位一体	육위일체

ㅁ · ㅂ

· 无障碍	무장애
· 抚恤事业	무휼사업
· 民政部	민정부
· 返贫	다시 빈곤해지다
· 封闭	폐쇄
· 妇女福利	부녀자복리
· 扶贫攻坚计划	구빈퇴치계획
· 扶养比	부양비
· 分散供养	분산공양

ㅅ

· 社区	사구
· 社会救济	사회구제
· 社会救助	사회구조
· 社会救助暂行办法	사회구조 임시시행방안
· 社会保险法	사회보험법
· 社会保险	사회보험
· 社会福利	사회복리
· 社会风险	사회위험(social risk)
· 社会化	사회화

• 三免一补	삼면일보
• 三无	삼무
• 三医	삼의
• 三铁	산톄
• 生育保险	생육보험
• 西藏	티베트
• 城市化	도시화
• 城中村	성중촌
• 城镇职工养老保险	도시근로자 연금
• 城镇职工医疗保险	도시근로자 기본의료보험
• 城乡居民养老保险	도농주민 기본연금
• 城响居民医疗保险	도농주민 기본의료보험
• 小康社会	샤오캉사회
• 巢空家庭	(자녀가 성장하여 모두 떠나고) 노인만 사는 가정, 독거노인 가정
• 小儿扶养比	유년부양비(*youth dependency ratio*)
• 属地	속지, 해당 지역
• 碎片化	파편화
• 数据	데이터, 통계 수치
• 收益确定方式	확정급여형 퇴직연금(*defined benefit*)
• 受灾人员救助	수재민구조
• 收支	수지
• 水平	수준
• 试点	시범사업
• 失能老年人	일상생활에서 자립이 불가능한 노인
• 失业保险	고용보험
• 十三五	13차 5개년 규획

ㅇ

· 安居工程	안거공정
· 安置	안치
· 养老保险	연금보험
· 馀额	잔고
· 捐赠	기부
· 营业税改征增值税(营改增)	부가가치세 통합정책
· 豫期寿命	예상 수명
· 五保供养	오보공양
· 五位一体	오위일체
· 温饱社会	온바오사회
· 完善	개선, 향상
· 邮电	체신
· 有收无支	수입은 있되 지출은 없음
· 医疗保险	의료보험
· 义庄	의장
· 人民公司	인민공사
· 认定	검정
· 人户分离	호적지 이탈
· 壹基金	일기금

ㅈ

· 自救	생산자조
· 残疾人福利	장애인복리
· 残疾人	장애인
· 赤脚医生	맨발의 의사
· 转移支付	이전지급
· 转型时期	변형체제시기

· 节能环保	절전 · 환경보호
· 政务院	정무원
· 定点	정점
· 造血	조혈
· 住民消费者价格指数	소비자물가지수
· 住房公积金	주택기금
· 住房和城乡建设局	주택 · 도농건설국
· 筹集	조달하다, 마련하다, 모으다
· 住宅公积金	주택공직금
· 中国梦	중국몽
· 中华慈善总会	중화자선총회
· 中华全国总工会	중화전국총공회
· 增值税	부가가치세
· 徵收	징수

ㅊ · ㅌ

· 参保	보험가입
· 创新	혁신
· 铁饭碗	철밥통
· 体制	체제
· 总和生育率	합계출산율
· 最低生活保障制度	최저생활보장제도
· 春蕾	학습지원
· 层次	층차, 단계
· 统筹基金	사회통합기금
· 退职	사직
· 退休	퇴직
· 特困人员供养	특수빈곤인원공양

· 版块	제도, 플레이트
· 办法	방안, 방법
· 八零後	바링허우
· 标准	기준
· 协调	균형